声と運動と他者

情感性と言語の問題

山形頼洋・著

萌書房

はじめに

本書には大きく分けて三つの目標がある。

一つは身体の本質を運動として捉えることである。自ら動く、自分で動くという自発的運動が、身体の本質であり、さらに一般化すれば、生命の本質である。自ら動くという身体の本質を、ラントグレーベに従ってキネステーゼとして定義する。

身体が運動であるということや身体をキネステーゼとして特徴づけることは、メルロ＝ポンティの身体論のおかげで、今では言い古された事柄に属するかのような趣がある。しかしながら、メルロ＝ポンティの身体運動の概念やキネステーゼ論には限界があって、あくまでも、知覚を中心に、身体の知覚活動の説明原理として考察されているにすぎない。例を挙げると、メルロ＝ポンティの運動的、キネステーゼ的身体というのは、ものを見るときのまなざすという運動とか、ものに触るとき手を動かしながら触るというような、知覚のための運動を主題にしている。さらに、後期の彼の、見るものと見えるものとの可逆性に基づく「肉」の存在論に明らかなように、メルロ＝ポンティの思想においては、身体運動は知覚と切り離しては考えることはできない仕組みになっている。

しかし、我々の日常の経験に照らしても自明なように、確かに運動するためには知覚が必要ではあるが、身体運動は単に知覚活動に従属しているのではない。むしろ、場所を移動したり、ものを摑んだり、投げたり、動かしたりすることの方が本来の身体運動として根本にあり、そのような本来の運動の必要上知覚が成立していると考えるべきである。実際、すでにベルクソンはそのように考えた。このような立場から、本書はまず、身体運動・キネステーゼを、知覚から切り離して、独立に、運動そのものとして捉えることを目指す。したがって、本書は、身体やキネステーゼを知覚との関係においてしか理解できない従来の現象学を批判することになるが、その批判は、時間を本質とする知覚や表象や意識を我々の世界経験の根底に置く時間の現象学に対して、運動の現象学を対置することで遂行されるだろう。

ところで、その本質が時間である知覚や意識が我々の根源的な経験を構成することを拒否し、時間に基づく経験はかえってさらに深い運動的な経験から派生したものにすぎないという主張に立つならば、これまで意識や知覚の言葉で説明されてきた我々の基本的な経験、自我、世界、言葉や反省などを、どのようにして、運動の言葉で表現することができるのだろうか。この可能性についての考察が、本書のもう一つの課題となる。

それでは、どのようにして自我を運動によって定義することができるだろうか。意識の言葉で定義された自我は、「我思う」である。これに対して運動的自我は、「私はできる」である。この自我の定義も、デカルト的自我に対置して、しばしば繰り返されてきたが、しかし、その正確な哲学的内容は、未規定のままに放置され、使用されてきた。本書では、この自我「私はできる」に、運動から出発して十分な現象学的内実を与えることを試みる。

また、言葉の問題について、声という現象を分析して、声を発するという身体運動に、言葉における意味と記号との結合の源泉を見る。簡単に言えば、言語活動を声という身体運動として把握し直そうとするのであるが、このことは、英米の言語哲学の言う、いわゆる言語行為論と、一見似ているように見えるけれども、現実には根本的に異なる。言語行為論は、言語を出来事についての記述として捉えるのではなくて、出来事そのもの、行為そのものとして見ようとする。確かに、本書も、言葉の本質を声を発することとして、その意味で身体的行為として理解する点で、言語行為論と似通ったところもある。しかしながら、本書が、言葉の可能性である記号と意味との結合そのものを身体運動であるキネステーゼから、行為から、明らかにしようとするのに対して、言語行為論は、記号と意味との結合としての言語の存在を認めた上で、言語の機能に関して、出来事についての記述なのか、それとも出来事・行為そのものなのかを問題にしているのである。

さらに、反省という思惟の根本原理を、運動から出発して考え直す。従来の定義によれば反省とは、フッサールが的確に表現したように、自己の行為や思惟作用を後から意識する・確認するという意味での、行為する自分とそれを見る自分との関係である。しかし、本書では、反省は、創造的な行為を遂行することによって自己を拡大し、自覚を深化させることにあると考えられる。反省についてのこの考え方を、カンディンスキーの抽象絵画を手がかりにして展開する。この反省概念に立てば、哲学者の思索も、芸術家の創作活動も、また、ピアニストの演奏活動も、同じく、自覚の深化拡大による自己の生の拡張と充実として捉えることができる。

しかしながら、知覚主体としての身体をより根源的な「私はできる」の身体、すなわち運動的身体によって基礎づけたとしても、それで現実の身体の全体が把捉されたわけではない。運動的身体はさらに快苦を感受する情感的身体に支えられている。というのも、行為である限りでの身体運動は、目的を持った運動でなければならない。言い換えると欲求に動機づけられた運動である。行為は、一般的にいって、欲求の充足を目指している。あるいはレヴィナスの含蓄ある定義に従って、充足を長引かせること、充足の維持発展が欲求の実質であると考えることもできる。身体運動が欲求に突き動かされるのは、充足の減退をできるだけ遅らせるためである。できれば充足を維持し、さらには発展させるためである。したがって、充足の情感性の身体が運動的身体の根本にある。レヴィナスは充足を表す身体を噛みしめ味わうことで象徴し、欲求を満たすために働く運動的身体を物を摑む手によって象徴するが、味わい舌鼓を打つ身体が労働する手の根元にある。他方、労働は労働の成果である作物を来るべき充足として保存する住処・家を必要とするから、労働と家とは、労働が充足と切り離すことができないのと同じ理由から、別々に考えることができない。そして、家には女性性としての他者がいると『全体と無限』のレヴィナスは主張する。充足の持続は他者と労働とを必要とする。『存在するとは別の仕方で、あるいは存在の彼方に』では、快である充足の側面からではなくて、苦である外傷性や傷つきやすさの側面から他者との関係が情感性としての身体のうちに読み取られているが、いずれにしても、運動的身体の基礎づける情感的身体はその本質において、他者との存在論的な絆を組み込んでいる。

「私はできる」の運動的身体が、意志的で自由な身体が、快苦の情感的身体に基づいていることは、アンリにおいても、レヴィナスとは別の仕方で、確認される。アンリは運動的身体についての我々の現象学的な直接的経験を、ビランにならって、努力の感情のうちに見る。そこから、運動的身体はその根源においては、努力の感情として情感性の一様態ということになる。ところで、情感性の本質はその絶対的受動性にある。あらゆる感情に共通する根本性質は、我々が感情を否応なしに被らざるをえないところにある。感情の経験において私は自分自身を絶対的受動性において受け取り被っているのである。感情を根本的に規定しているこの絶対的受動性の意味をさらに問うアンリは、私の生命を可能にしている大文字の生命に行き当たる。大文字の生命は自分で自分を与える自己贈与として考えられ、その生命の自己贈与の運動の中で、その運動のおかげで、私は自分自身を受け取ることができるのである。私の感情の絶対的情動性は、私の生命が、大文字の生命の自己触発の内部で、その自己触発によって初めて可能となっている弱い自己触発として、自己自身を被る自己感受として、成立していることの証明である。そしてこの大文字の生命すなわち強い自己触発こそ、私の自己の根拠であるばかりでなく同時に他者の根拠でもあるものとして、根源的な意味での他者を意味している。したがって、アンリにおいても、情感性の身体は、アンリの言葉で言えば肉としての身体は、他者との本質的な関係を生きるものとして理解されている。

身体が情感性として、言い換えると、肉として、他者との本質的な関係において捉えられることによって、運動としての身体の次元において見いだされた言葉の意味も、あるいはもっと一般的に言って、表現としての言語の意味も異なってくる。一言で言えば、言語は他者を前提としているということである。逆に言えば、他者は言語の意味でありえない、他者を言語の意味に還元することはできないということである。言語の意味に還元することのできない他者の意味が、レヴィナスにおいては苦しみ痛みとして否定的に語られる情感性であり、アンリにおいても、肉としての身体が体現する情感性のうちに理解されるべきものである。運動的身体の次元で理解された言語・表現と意味との関係は、肉としての身体の次元でもう一度捉え直されることを要求している。この要求に応えようとして、芸術における表現と意味との関係が改めて問われ、メルロ゠ポンティとアンリの肉の概念が比較分析される。

レヴィナスとアンリにおいて他者や自我の問題を考える中で、彼らの問題設定と西田哲学における私と汝の関係の扱い方にある種の親近性があるのではないかと思うようになった。そこで西田哲学をフランス哲学の文脈で読み解くことを試みた後、西田における場所と個物との関係として展開される我と汝の問題を論じた。この作業を通して、レヴィナスの、とりわけ、アンリの他者論で出会った問題に西田哲学の側からのヒントを得ることを期待していたのであるが、後期西田哲学の研究が不十分なこともあって、まだ確たる結論に達していない。

二〇〇三年七月二〇日

山形 頼洋

声と運動と他者——情感性と言語の問題——●目　次

声と運動と他者

——情感性と言語の問題——

第Ⅰ部

第一章

コギトの声・現前する反復

本章は、別のところで〔1〕メーヌ・ド・ビランの記号論に触れた際に、不十分にしか論じられなかった問題群を主題的に論じるためのスケッチである。したがって、この小論において重要なことは、主要な問題の所在をつきとめ、差し迫った体系的考察のための準備をすることである。具体的には、「声」をめぐってデリダが提出した問題を、デカルトの「第一省察」ならびに「第二省察」冒頭に舞台を取って、メーヌ・ド・ビランの「聞く」という概念と、アンリの「能力・反復」としての内在的身体によって、再検討する。

一　すべてを疑う自分の声を聞いているデカルト

デカルトが「省察」をウィトゲンシュタインのように、と言っても「寝ころがって」ということではなくて（多分デカルトにとってもそれが真実かもしれないが）、声に出して、行っていると考えよう。言い換えると、『省察』を彼の形而上学的モノローグであると見なし、デカルトの肉声にまで返って、すなわち、『声の省察』においてデカルトの第一哲学を考えてみよう。要するに『省察』を読むのではなくて、「聞く」のである。それもデカルトの声を、別の私が聞くのではなくて、デカルト自身が、ハムレットのように自問自答、逡巡している自分の声を聞いているのである。遠い声ではなくて、近い、限りなく近い自分の声である。

「第一省察」の全部と「第二省察」の最初をデカルトが沈思黙考しているのではなくて、声に出して疑い、「私在り」と大声でわめいている（！）ということが、このスケッチの大前提である。デカルトが声に出して、すべてを疑っているとしよう。そして、その懐疑の過程とともに、その懐疑の感性的な遂行形態である声・言葉がどのような形而上学的変容を被るか、観察しよう。

「第一省察」においてデカルトはまず、離れたところにあるという意味での「遠い感覚」や、またかすかな印象しか与えない「弱い感覚」を疑った。我々の仮定によって、この疑いを彼が声に出して遂行しているとすると、その彼の感性的肉声の存在ないしは確かさは、その声が表明している懐疑の影響を受けない。というのは、この段階で疑いの対象となっているのは、感覚のうちでも遠いものと弱いものなどのぼんやりとして曖昧なものであり、これに対して自分の声は、自分の手足と同じほど近く、はっきりとして感じられるからである。

懐疑の第二段階になると、自分の手や頭や身体の存在についての感覚的確信が、すなわち近い明瞭な感覚が問題視される。このために夢の仮説が持ち出されるが、この段階になると、自分の声も懐疑の射程のうちに入ってくる。「本当に私には身体があるのだろうか、あるという夢を見ているだけで現実にはないのではないか」という疑惑を口にしている私の声・言葉もまた、夢の中の出来事ではないのか。私は実際はしゃべっていないのではないか。

最後は悪霊の仮説である。悪霊は方法的懐疑の仕上げとして、夢の仮説によってもなお生き残っている実在の残余を一掃するために持ち出される。すなわち、すべてが夢であるとしても、夢を組み立てている素材は、やはり現実の世界から取られたものでなければならない。そのまだなお現実的な「一般的で単純なもの」を、非現実の不確かなものに変えてしまうための強力な触媒が悪霊の仮定にほかならない。ここまで来ると、私の見聞きするすべてが虚偽となる。それに伴って、「この世界のすべては疑わしい」と言明している私の声・言葉も、第二段階の懐疑においてはまだ残っていたかもしれない現実的なものを完全に失うことになる。

デカルトの懐疑の声・言葉は、こうして、まったく非現実で存在しないものとなるが、しかし、そのことによって、記号としての声・言葉もその有効性を失ってしまったのであろうか。感性的な声の存在が不確かになることによって、記号・言葉としての声の存在も括弧に入れられて機能しなくなったのであろうか。

二　再現前としての記号の存在

デカルトの懐疑の独白は、その独白の内容そのものの懐疑にからめ捕られて、もはや実効的な表出ではなくなった。私はすべての物事を疑いに付す作業を声に出して独り言を言いながら、実施しているつもりであるが、実は、悪霊に欺かれて、そう信じ込んでいるにすぎない。それらすべては単にデカルトが想像しているだけの虚構にすぎない。しかしながら意外なことに、その場合でも、言葉としての声は機能しているのである。というのも、言葉においては、現実と表象・想像との区別は意味を持たないからである。言い換えると、記号一般の構造のうちには、すでに想像的なものがその本質的な成素として含まれているのである。(2)

たった一度しか使えないようなものは記号の役割を果たすことができない。記号として存在するためには、反復して使用できるということが必然的に要求される。したがって、記号・言葉は、それが感覚的に与えられて、経験的に現前しているということによって存在しているのではない。単に今ここで、このように直観されているばかりでなく、別のときに他のところで、違ったふうに直観されることもできるということも、記号の存在には内属しているのである。例えばダリヤという語は、人によってさまざまな声音で発音されるが、にもかかわらず、同一の意味を指すものとして働くのである。記号・言葉の本質は、それが直観において直接現前しているというところにあるのではない。今ここでの現前（Präsentation, Gegenwärtigung）ではない、別のときの異なる場所での現前、したがって間接的な再現前（Vergegenwärtigung）・想像的、代理表象的な存在に参与していないならば、言葉は存在しえない。言葉はその本性上反復可能なものであり、その反復可能性のゆえに、言葉は想像的な、間接現前的なものとして現れる。そこから、私が現実に話していようと、想像の中で（例えば夢の中で）話していようと、言葉にとっては何の違いもないということになる。

言葉におけるこの現実的なものと想像的なものとの区別の無意味、というよりも、この区別が意味をなさないがゆえに言葉はまさしく言葉であるという事実は、直ちに、話すという行為における現実と想像との差異を無効にする。話すということにおいては、実際に話しているという現実と、話していると想像していることとの間には、何の違いも立てられない。現実の話すという行為は、記号の使用である以上、同時にまた必然的に、その行為の反復可能性を、言い換えると、その行為の間接的な現前を、すなわちその想像された行為を含んでいる。(3)

三　「私はできる」としての反復可能性は表象・想像としての再現前化ではない

しかし、本当にそうだろうか。

記号はその本質において、単に直観的な現前であるばかりでなく、同時に再現前でもある。ところで、記号の構造に再現前が内属しているのは、それは記号の使用に、一度きりということはありえず、一度記号として用いられるならばそのとき、無際限の反復使用が、そのたった一度の使用のうちに含意されているからにほかならない。すなわち、記号の再現前という性質は記号の理念性を意味し、またその理念性は記号の汎時間性のことにほかならないから、その使用の反復可能性に由来している。ここまでは認めなければならない。しかしながら、だからといって、現実の発話が同時に、しかも必然的に想像的発話行為を伴っていなければならないということになるのだろうか。したがって、話者である「私が在る」ということは、単に今直接的に存在するばかりでなく、再現前的に想像的にも存在する、というよりもむしろ、本来、再現前的に遅れて在るからこそ今現在において現前しうると結論しなければならないのだろうか。

確かに、記号の使用行為にはいつも、その使用行為を思い出すことができるという意味での再現前化が伴っている。しかし、今問題になっているのはそのことではない。問われているのは次のことである。或る行為を反復実行できるのは、その行為の再現前化ができるからだろうか。真実は反対で、或る行為なり運動を反復実行できるからこそ、我々はその行為を再現前化することができるということではないか。

注意しなければならないのは、再現前化とは今の議論の文脈では表象的、知覚代理的、想像的なものである。なぜならば、現前化は、これまで、一貫して時間の今における直観的提示として取り扱われているからである。したがって、作用、とりわけ身体の運動が現実に遂行されているということの意味は、その行為や運動が、例えば感性的な存在である声の現実の知覚の場合とまったく同じように、時間の今現在において直接与えられているということに尽きている。それ以上では決してありえない。

以下のように問うてみることにしよう。私がある行為を、運動を、想像的に再現前化できるということは、私がその行為や運動を現実にも実行することができるということを意味するだろうか。決してそういうことは言えない。ある運動の想像可能性からその運動の実行可能性が引き出せないのであれば、ある運動の再現前性からその運動の反復可能性を導き出すことはできない。『物質と記憶』においてベルクソンが学課の記憶と朗読の思い出とを分けたのはこの限りでは、当を得ている。もちろん、運動の反復可能性からその運動の再現前化の可能性を言うことはできる。しかし、その逆では決してない。

現実の発話行為に伴っているのは再現前化としての想像された同じ行為ではない。したがって、現実の話者としての私に必然的に内包されているのは想像的な私・再現前的で表象的な、もう一度言い換えれば、知覚的な私の、知覚に代わる代理物ではない。そうではなくて、運動的な反復可能性である。「私は意識する・考える」ではなくて、言葉の正確な意味で、「私はできる」である。

ここによく考えなければならない命題がある。それによれば、記号の使用だけでなく、さらに一般的に、身体の作用や運動はそれが一度実行されるならば、その実行は同時にその運動の反復可能性をも伴っているというのである(4)。例えば、たった一度しか見ないということは権利上は不可能なことであって、見るという働きは、その作用の本質として、その働きの反復可能性を具えている。だからこそ、一度或る色を知覚することを学んだ魚は、同時に、色そのものを知覚することも習得するのである。

自分に固有の身体、対象ではない現象的で主観的な身体は、私に他のものとは異なる仕方で与えられるのでなければならない。さもなければ、私は自分の身体に対して、そこにある机や木などのような、一つの知覚対象を前にしているときと同じように面接していることになり、決して自分の身体で運動を実現することはできないであろう。私が対象・物体を動かすことができるのは、私が自分の身体を対象とは異なる仕方で知っているからである。対象は私の身体を介して間接的に私に与えられるが、私の身体は直接私に与えられる。

身体の対象と言っても、厳密には、身体の運動の対象と、身体的作用としての知覚の表象的対象とに分けなければならないが、ここでは両者の区別の規定には立ち入ることはできない。しかし、私の運動としての身体の直接的な認識に対立するものとして、ここで取り上げなければならないのは、知覚的表象的対象の方である。というのも、この章でずっと問題となっている現前と再現前は、運動においてではなくて、表象・意識における対象の与えられ方であるからである。

ところで、知覚や表象・意識の本質は時間である。知覚対象は時間における綜合の働きによって構成される。そして、対象の個別性・個体性は、その対象が時間の今において占める時間場所の特異性によって定義されている。これに対して、私の身体の運動が私に直接与えられるということは、その運動は本源的には時間対象ではないという意味である。すなわち、私の身体は超越の対象ではなくて、内在の対象であるということになろうが、私の運動は時間的な規定を被る経験的対象ではないがゆえに、「この」運動という個別化の限定を免れている。これが、私の或る現実の運動は必然的に反復可能性を含んだものとして現れることの、言わば、消極的理由である。

他方、私の運動を私は直接に知るということは、私の運動の反復可能性のための積極的理由でもある。この運動の直接的経験においては、知るということは行うということに文字通り等しいからにほかならない。或る対象を、例えば自転車を運動的に知っているということは、自転車に乗ることができるということを意味する。単なる知覚の、あるいは表象的、観念的、理念的な対象においては、こうはならない。知ることと、言葉の本来的な意味での行うこととは分裂したままである。なぜか。運動においては、私は自分の運動を直接知るからである。もちろん、知覚においても、作用としての知覚は私によって直接知られる。だからこそ私は見たいときに見ることができるのである。見たいものがないときは想像したり、思い出したりすることができるのである。

私は自分の遂行する身体の運動を直接知る。あるいはむしろ、直接知るからその運動を実行することができるのである。私の身体においては、知ることと行うこととは一致しているのである。そして、現象的、主観的身体におけるこの一致のゆえに、一度知ることが知っていることとなるように、一度行うことは行いうるものとして、反復可能性となる。身体の運動はこの反復可能性のゆえに、個別の運動であるよりも、優れて能力として現れるのである。個々の運動は、能力の一具体例の趣を持って現れるのである。

身体の運動は、その知られ方の、その私にとっての現れ方の特性のゆえに、本質的に反復的であり、この身体運動の反復性格が習慣の存在を可能にしているのである。また、さらには、この身体の習慣性格によって、表象的と言われる記憶も可能となっている。その意味でベルクソンに反して、習慣こそ本来的記憶であると言わねばならないが、また逆に、彼の言う通りでもある。というのも、身体の記憶としての習慣は、時間の中にはなく、過去という規定を受けないからである。いずれにせよ、本当に持続的なものは、身体運動としての行為であって、時間ではない。

私の身体は時間の中にはない。しかし、そう言うことによって、身体を永遠なものにするつもりはない。デカルトにとってたとえこの世界に三角形が存在しなくてもその内角の和が二直角であることに何の変わりもなかったが、幾何学のような超時間的で永遠なア・プリオリな本質と考えられてきたものも、実は起源と伝統とを持つ歴史的な存在であることが明らかになった(5)。ア・プリオリなもののイデア的性格は、実は、それの永遠性によるのではなくて、「いつでも」という汎時間性に基づいている。ここで重要なのは、このようなア・プリオリなものの時間化、歴史化が逆に今度は、歴史そのものの概念を定義し直すという事実である。この側面はあまり注意されていないが、歴史はもはや時間空間的に限定された経験的な個体・事実を本性として成立しているのではない。諸事実の個体性、個別性を貫いて、或る変化しない恒常的なものが繰り返し反復されていて、そのために、単に一回きりの出来事の並列ではない、始まりがあり、発展があり、終わりのある生成・流れとしての歴史が存在するのである。本源的に反復可能性として存在する身体の在所は、永遠ではなくて、このような反復としての歴史、流れ・持続の中にある。しかし、この反復は時間の中にはない。この持続は時間の持続ではない。なぜなら、身体の運動の現前は、時間の今における現前ではないからである。時間の現在の現前を可能にしている原―現前である。

四　コギトの声の現前――「私が在る」と呼ばわるのは誰の声か

「第二省察」の初めの部分は、「第一省察」の全般的懐疑を、おそらく確かなことは何もないということだろうと、要約する。しかし、直ちに続けて、私が今吟味したものとは異なる、どのようなわずかの疑いからも免れているものは何もないと、私はどこから知るのだろうかと自問する。或る神がいて、この彼自身の考えを私に移し入れているのではないだろうか。そして自答して、その必要はない、自分がその考えの作者でありうるからと言う。そこでさらに、それでは、私は少なくとも何者かではないかとたたみかける。しかし、私は自分に感覚があることも身体があることも否定した。その上、私をいつも欺いている悪霊さえも仮定したのである。それでもまだ私は何者かでありうるだろうか。

『省察』のこの部分を、我々に仮定によって、デカルトは自分の声として聞く。

確かなものは何もないと言っているのは、自分の声だろうか、それとも誰か神のごときものがいて、彼の声を私は聞いているのだろうか。おそらく、これは私自身の声なのだ。それでは少なくとも私は何者かではないか。こう言っているのは私自身ではないか。この声は私の声ではないか。しかし、私には身体も、口も耳もないと仮定した。さらには、狡猾な悪霊も仮定した。これは私の声ではないのに、悪霊にだまされて、他人の声を、あるいは他の音を自分の声と誤って思い込まされているのではないのだろうか。

『省察』の我々が問題にしている部分の、そして『省察』全体の第一の結論は「我在り」である。したがって、たとえ悪霊がいて全力を尽くして私を欺いていると仮定したとしても、私が自分は何者かであると実際に声に出して、あるいは心の中で言っている限り、私が聞いている声は自分の声である。たとえそれが感性的な声であるとしても、あるいは実在に関して括弧に入れられた現象学的声であるとしても。

「我思う」と「我在り」との関係は、こうして、「我思う」という声がどうして自分の声であると分かるのか、という問題に置き換えられる。逆に言うと、どのように解釈するにしろ「我思う、我在り」が成立する以上、私は自分の声を間違いなく自分のものとして聞いているのである。さもなければ、あの比類のないコギトの経験はありえないことだろう。

もし私が自分が話すのを時間の現在において聞き、しかも、この現在、生ける現在がハイデガーの意味で自己触発において成立しているのであれば[6]、言い換えれば、私が話すことと、それを私が聞くことが、脱自の時間的空間的な差延において引き離されているならば、どうして私は自分の声を自分のものとして確実に、いかなる疑いの影もなく知ることができるのだろうか。時間の脱自の差延において世界は現象として、具体的には知覚において現れる。しかし、デカルトが悪霊の仮説によって鮮やかに懐疑の淵に沈めたのは、まさしく、この時間の脱自的・脱立的な現象性、ギリシャ的光の現象性にほかならない[7]。言い換えると、もしコギトにおいて、話すことと聞くこととの間に時間の自己触発の差延が差しはさまれているならば、コギトにもまた他のすべてのものとともに疑惑の暗雲が差し、「我在り」の絶対的経験はありえないことだろう。しかし、だからといって、コギトの声が不可分の現在の現前の透明さにおいて澄み渡って響くというわけではない。というのも、時間はその本性からして隔たりであり、その隔たりゆえに、時間は流れるのであるから。

コギトの声は時間においては響かない。話す作用の直接的な内在の認識において、私は自分の声を限りなく親しい自分の声として聞くのである。メーヌ・ド・ビランによれば[8]、聞くという受動的な作用は話すという能動的な作用によって相補われ、話す作用と密接な関係にある。聞くということは、内的に繰り返して話すということを必然的に伴っている。したがって、私が或る声を聞くとき、私はその同じ声を私の内声において反復しているのである。もしその声が私自身の声であったらどうなるか。当然その私の声は内声において反復される。他方、私自身の声は他の声とは違って、私自身の努力によって産出される。この身体の産出の努力は、すでに述べたように、顕在的な作用として発現すると同時に、反復可能なものとして生成する。自分の声を聞く場合、発話の顕在的な作用の内包する反復可能性が、聞かれた声の内声における反復と一致する。聞いた声を内声において反復するとき、私は発話作用の反復可能性に基づいて、あるいはそれをなぞることによって内面の声を響かせているのである。

注

(1) 山形頼洋『感情の自然』法政大学出版局、一九九三年、第七章。
(2) Jacques Derrida, *la voix et le phénomène*, Presses Universitaires de France, 1967, p. 54sqq.
(3) *Ibid.*, p. 63sq.
(4) Michel Henry, *Philosophie et phénoménologie du corps*, Presses Universitaires de France, 1965, p. 131sq.〔中敬夫訳『身体の哲学と現象学』法政大学出版局、二〇〇〇年〕
(5) J. Derrida, *op. cit.*, p. 93.
(6) *Ibid.*
(7) Michel Henry, *Généalogie de la psychanalyse*, Presses Universitaires de France, 1985.〔山形頼洋・宮崎隆ほか訳『精神分析の系譜』法政大学出版局、一九九三年、第一章「見テイルト私ニ思ワレル」〕
(8) Maine de Biran, *Oeuvres complètes*, VIII-IX, Slatkine, 1982, p. 480.

第二章

声と生き生きした力

・・フッサールとメーヌ・ド・ビラン・・

声ということで、ここでは、自分の声を問題にしたい。私の声もまた、一定の空気の振動として、物質の出す音と同じく物理学的に記述されうる。しかし、声は現象学的には音とは異なる経験の領域に属する。さらに、問われているのは「私」の声であって、他人の声や動物の声ではない。私の声はまさしく「私」の声として、他人の声からも区別されている。私の声の置かれた現象学的状況は、私の身体が物質に対して、また他人の身体に対して自分を見いだす状況と非常によく似ている。私は自分の身体を、ある限界内においてではあるけれども、他人の身体や物質と同じように知覚する。しかも、重要なことは、そのように他の物と同じように自分の身体を知覚しながら、他のいかなる物とも、また他人の身体とも、知覚的に区別しているということである。

私は物の音を聞くように、自分の身体を聞くだろうか。そもそも自分の身体を聞くということがあるのだろうか。自分の身体を聞くということはいったい、どういうことだろうか。例えば、耳鳴りがするとき、私は自分の耳の立てる音を聞いているのだろうか。このことについてフッサールは、「耳鳴りやそれに似た、耳の中の主観的な音」は耳に局所づけられた耳自身の音ではなくて、それはちょうど、ヴァイオリンの音が外の空間の中にあるように、耳の中にあるにすぎないと言っている(1)。また、手で自分の身体をピシャリと叩くとき、私は私の身体の立てる音を聞く。このとき私は、どの意味での私の身体を聞いているのだろうか。物体としての私の身体であろうか。それとも物体とは異なる生命体・有機体としての身体であろうか。あるいは私自身の身体そのものとしての私の身体であろうか。

私は自分の手を自分自身で自由に動かすことができる。他方、ひとが私の手をもてあそび動かすがままにすることもできる。前者は私の能動的な手の運動であり、後者は受動的な運動である。手で自分の身体を叩いてその音を聞くとき、それは、運動で言えば、受動的な運動ではないだろうか。ひとが私の身体を叩いても、私自身が叩いても、私の身体は同じように音を発する。しかし本来の私の身体運動とは、私自身の意志による能動的運動にほかならない。この意志的運動は他人によっては引き起こされることはできず、ただ私自身によってのみ可能である。意志的で自由な身体運動に対応する、私の身体の音というものは果たしてあるのだろうか。あるとすれば、それは何か、私のどのような経験に与えられているか。

フッサールは『イデーンⅡ』の或る脚注で、次のような注目すべき考えを述べている。この考えは彼の身体論や他者論の中では決して展開されなかったように思われるだけにいっそう特異である。「幽霊と自身の自我を持った主観性の受肉化との区別を際立たせるために、幻像（Phantom）をひっぱり出すのはまったく正しいというわけではない。しかも、もともと与えられている自分の声帯筋のキネステーゼに属する、自己産出した自分の声において声に出しうること（Verlautbarung）の根本的に本質的な役割への顧慮が払われていない。そのこともまた、最初に素描された、そして何よりも先に完成されるべきである感情移入の説には欠けることである。私の観察によれば、子供においては、自分自身が発する声と、それに加えて類推的に聞かれる声とが、まず自我の対象化、もしくは『他者』の形成のための橋渡しの役を演じるように見える。その後やっと子供は自分の視覚的な身体と『他人』のそれとの感性的な類比を知るのであり、また知りうるのである。ましてや他人に触覚的な身体と意志的身体とを付与しうるのである」（*Ideen II*, 95）。自分の声を聞くということ、それは取りも直さず声を出すということであるが、このことこそ、自分自身の身体を自分の身体として知覚するという意味で自分の身体を聞くことにほかならない。自発的で自由な身体運動に対応する身体の音は、自分の発する声を聞くということである。

ところで、いかにして我々は自分の声をほかならぬ自分自身の声として知るのだろうか。これまで見てきたことから、この問題は、いかにして我々は自分自身の身体を聞くことができるかという問いに、さらに一般化すれば、いかにして自分自身の身体を知覚することができるかという問いに置き換えることができる。そこでまず、フッサールが自分の身体の知覚的構成の問題をどのように考えたかを、『イデーンII』に沿って考えることにする。

一　フッサールの場合

あなたは今右手で自分の左手を触っている。あなたは右手に、「指示的な運動感覚（anzeigende Bewegungsempfindungen）」と、物「左手」に特徴として対象化される「表象的触覚感覚（repräsentierende Tastempfindungen）」を感じる。しかしそればかりではなく、あなたは、触られている左手にもまた、その左手に「局所づけられた（lokalisiert）」一連の触覚感覚があるのに気づく。しかもその触覚感覚は（その左手という物的事物の、ざらざらや滑らかさなどの）特性を決して構成しないという点で、触っているあなたの右手が左手から感じる触覚感覚とは性質を異にする。「物理的事物としての左手について語るとき、私はこれらの感覚を捨象する（鉛筆にはこのような感覚はないし、また、私の身体ではない『単なる』物理的事物にもない）。私がそれらの感覚をつけ加えることによって、その物理的事物は豊かになるのではなくて、身体となるのである、それは感覚するものとなるのである」（*Ideen II*, 145）。

さらに、あなたが右手で自分の左手を触っているときには、ちょっと注意の向きを変えることによって、逆に、左手が右手を触っていると感じることもできる。そのときには、今さっき、触れている左手にあった「局所づけられた」感覚が、今度は右手にもあることになる。もちろん左手には、今さっき右手にあった「指示的な運動感覚」も、とりわけ「表象的触覚感覚」もある。こうして、あなたの身体のある部分が他の部分に触る場合、一方の身体部分の持つ感覚をすべて、他方の身体部分においても、その具体的な内容こそ違え、見いだすことになる。フッサールの表現を借りれば、「身体の一部が同時に他の身体部分にとって外的対象である場合には、我々は二重感覚(それぞれの身体部分は自分の感覚を持つ)を持ち、また、物理的対象としての一方の、もしくは他方の身体部分の特徴としての二重の統握を持つ」(*Ideen II*, 147)。

自分の身体ではなくて、他のものを、例えば机の表面を手で撫でるときはどうだろう。私は机と机の物理的規定とについて経験する。すなわち、机の表面のつるつるした滑らかさや固さ、冷たさを感じる。しかし、それればかりではない。私は同時に、それらの机の感覚が私の掌の上で感じられることも見いだす。また、ついでに述べると、「手の内部には、経験されている運動と平行して経過している運動感覚」(*Ideen II*, 146)も見いだすのである。

言い換えると、我々が触覚対象に対して持つ触覚感覚は、常に、身体の「上で」、あるいは場合によっては身体の「中で」与えられるので、我々は対象についての経験と同時に、自分自身の身体について経験する。「このようにして私の身体は一般的に言って、他の物質的なものと(叩く、押す、突くなどの)物理的な関係に入ると、身体と物とに関して、単に物理的な出来事の経験だけではなくて、我々が『感覚感(Empfindnisse)』と名づけるような或る独特な身体の出来事をも提供する」(*ibid.*)。

対象についての触覚感覚は必ず身体に局所づけられて与えられる。その触覚感覚の身体への局所づけの経験が感覚感を通して我々に与えられる。感覚感について、さらに詳しく見てみよう。フッサールによれば(*Ideen II*, 149)、感覚感の局所づけは、原理上、他の物質的な物規定の延長、すなわち、延長実体を特徴づける規定の意味での伸び広がりとは、別のものである。感覚感も例えば手の面上に、また手の中に入り込んで広がるけれども、それは手のでこぼこ、ざらざら、色などのような、感性図式と射映の多様性とによって構成される実的な(real)物性ではない。「触覚感覚感（Tastempfindnis）は物体・手の状態ではない。そうではなくて手そのものである」（*Ideen II*, 150）。

さらにフッサールは、すべての感覚感は魂に属すると断言したのち、続けて次のようにつけ加えて、デカルトの誇張された懐疑を、感覚感をめぐって、反復する。「ある知覚されている物についてそれがないと自分を説得し、自分を欺くならば、その物といっしょに、その物の延長のうちに延び広がっているものはすべて、抹殺されてしまう。しかしながら、感覚感は消失しない。ただ実的なものだけが、存在から消失する」（*ibid.*）。触覚においては外的対象とともに、「第二の対象である身体」（*Ideen II*, 147）が感覚感によって、同様に触覚的に構成される。触覚においては、私が何であれ対象に触るたびに、対象についての触覚感覚だけではなくて、同時に見いだされる感覚感によって、触っている右手を私の身体の右手として（少なくとも私の身体の一部として）知覚するのである。対象が私の身体の一部の左手であれば、私は、その左手にも感覚感を持つので、その左手も私の身体に属することを知ることになる。

視覚の場合はどうであろうか。私は見ることによって、自分の身体をまさしく自分の身体として知覚できるだろうか。フッサールはこの問いに否定的に答える。「私は私自身を、私の身体を、私が自分自身に触るようには、決して見ない」（*Ideen II*, 148）。というのも、視覚の場合には、感覚感がないからである。したがって、器官としての目や視覚感覚は、「本来的に局所づけられた感覚を媒介して、間接的な仕方で」（*ibid.*）私の身体の目や視覚感覚となるほかはないのである。そして、この本来的に局所づけられた感覚が、触覚感覚にほかならない。聴覚についても事情は同じである。感覚された音は耳の中には局所づけられないから、聞かれた音とともに私の身体の器官・耳は、触覚におけるように、同時には与えられない。

それでは、我々の問題である自分の声を聞く・自分が話しているのを聞くという経験は、どのように説明されるのだろうか。この問題を我々は、自分の身体に触るということや自分の身体を見るということと同列の事柄として、自分の身体を聞くこととして考えようとした。しかし、フッサールの分析では、我々は本源的には、自分の身体を見ることも、また聞くこともできないのである。我々の身体がそのようなものとして本源的に与えられるのは、ただ触覚感覚における感覚感においてのみである。自分の声を聞くという現象は、自分自身の身体に触るという経験に、本質上、還元できるのであろうか。

我々は自分の声を聞くとき、右手に棒を握り自分のほかの身体の部分に触るように自分の喉で、空気の振動を介して、自分の耳に・鼓膜に触っているのであろうか。口や喉に関しては触覚感覚に伴う感覚感がありうる。実際、我々は物を食べたり飲み込んだりするとき、はっきりと局所づけられた感覚を持つ。しかしながら、他方の聴覚に関しては、この感覚感の存在はフッサールによって否定されている。それればかりではない。たとえ自分の声を聞くことが、棒を握って自分の身体に触るようなものであったとしても、厳密に触覚に場面を限って、視覚も、また、すぐ後で述べる手の運動もないとしたら、右手の側に、握っている棒の感覚と同時にそれの局所づけられた感覚としての感覚感があり、他方の、身体の部分の側には、当たっている棒の触覚感覚とその感覚感とがあるだけである。これら両側の触覚感覚の四つの要素だけから、私が自分でその身体の部位を触っていると断言できるだろうか。例えば、私は棒で自分に触っているが、その棒は見えない不思議な棒（空気の棒）であるとしたら、その場合でも、私は自分で自分に触っていると感じるだろうか。棒を触っていることと、身体の他の部分に接触感があることとは、お互いに無関係な出来事となり、棒を持っている私の、例えば足を、何か他のものが触っているといったようなことになるのではないか。

自分の声を聞くという現象を、見えない空気の棒で自分の身体に触るということに置き換えて、今度は、棒を持つ手に運動を与えてみよう。そうすると手の内部に、フッサールが『イデーンⅡ』の三十六、三十七節において、運動感覚とかキネステーゼ感覚（Kinästhetische Empfindungen）とか名づけている感覚が見いだされる。(2)「手の内部に」とは言っても、フッサールの規定ではキネステーゼ感覚は本来的には局所づけられた感覚ではない。キネステーゼ感覚はその局所づけを根本的には、本源的に局所づけられた感覚である触覚感覚との絡みあいに負っている（*Ideen II*, 151）。したがって、運動と視覚だけに制限されて触覚のない主体は、自分で動かしている手を見ても、その手が自分の身体の一部であることを理解しないはずである。そのとき事態は彼にとって、「あたかもキネステーゼ的なものの持つこの自由と一体である自我が、物質的事物である身体を、直接自由に動かすことができるかのように」経過する。このように、局所づけに関しては定まらないキネステーゼ感覚ではあるけれども、身体と自由に運動する物（例えば視覚に与えられた手の運動）との間の統一をより緊密なものにするのに役立っているとフッサールは判断する（*ibid.*）。

見えない棒を持つ我々の手の例では、触覚感覚の伴う本来的な局所づけがあるから、キネステーゼ感覚はその手に定位される。その結果、私が動かす手の動きに対応して、一方の触られる側の身体部分に感覚感の変化が起こることが分かることだろう。すなわち、その身体部位の感覚の変化は、私自身が見えない棒を介して引き起こした結果であると分かるだろう。ただ、最大の困難は、すでに指摘したように、聴覚の場合には、局所づける感覚感がないことである。我々は音を聞くとき、その音の印象といっしょに、その音が耳の中に、鼓膜の上にあるという感覚感を決して持たないのである。したがって、自分の声を聞くという現象を、見えない棒で自分の身体を触るということに置き換えて考えることはできない。しかし、それではどうして我々は、音は鼻ではなくて、耳で聞くと言うのだろうか。この聴覚器官としての耳とその感覚の身体部位への局所づけも、本源的には、フッサールの言うように、触覚感覚によるのだろうか。目と視覚感覚の身体への帰属は、まず目が触ることのできるものとして触覚の対象であるからにほかならない。さらに、目そのものが、まばたきや、とりわけ、活発、繊細な眼球運動を通して触覚感覚ならびに運動感覚を提供する（*Ideen II*, 148）。しかし、耳についても同じことが言えるのだろうか。目は感覚器官の中でも優れて能動的な器官である。これに対して、耳は嗅覚と同じように受動的な器官である。耳に、目の経験する触覚感覚と運動感覚との等しいものを見いだすことができるだろうか。それとも、耳はまったく別の目の知らない、したがって触覚の知らない局所づけの感覚感を知っているのだろうか。

二　メーヌ・ド・ビランの場合

自分の声を聞くという現象を、メーヌ・ド・ビランとともに考えてみよう。彼はこの現象をそのものとして取り上げ、直接論じているけれども、我々は前節のフッサールのときと同じように、まず、メーヌ・ド・ビランに沿って自分の身体の認識の経験を分析することから始めたいと思う。この回り道は、フッサールにおける感覚感とキネステーゼ感覚との関係を、さらに根本的にキネステーゼ概念そのものを考察するのに、多くの手がかりを与えてくれることだろう。

メーヌ・ド・ビランによれば、私は自分の身体の存在を、我在りというコギトの経験とともに、しかも存在論的にも我在りと同じ卓越した特権性において知る、メーヌ・ド・ビランの用語を使えば、「自覚」する。コギト経験のうちには単に自我の存在だけではなく、私の身体の存在もともに与えられているのである。メーヌ・ド・ビランにとって自我とは生ける力としての、意志された努力であり、身体とはその努力が働きかけてまさしく努力そのものとなる適用項であると同時に限界項としての抵抗、意志の努力に従順に屈する生ける有機体的抵抗である。努力は努力の感情として覚知される。この努力の感情のうちで、自我の感情と身体にほかならない抵抗の感情とが、区別されるけれども分離不可能な二つの要素として、直接覚知される。[3] そして、この、力が力として我々に経験される覚知の構造こそ、アンリが内在の概念によって明示しようとしたものにほかならない。『顕現の本質』はそのことをまず、作用の経験、とりわけ表象作用の本質を成す超越の作用の経験の可能性の問題として主題化したのである。このことに関しては、すでに別のところで主題的に論じたことがあるので、ここでは省略する。[4] この覚知を我々は、身体の表面にまったく外的な物体を押し当てて触覚を引き起こさなくとも、また、他のすべて器官を確定するために一つだけ器官を使用したりして「身体を、触覚の行使によって表象や直観の対象としてまだ認識していなくても」（*E.* 382）持つのである。例えば、手で自分の身体を触ることによって我々は自分の身体を触覚的直観的対象として知るが、しかし、そのようにして身体全体を撫でまわしている手そのものは、それ自身を触診することができないから、触覚の対象とはなっていない。にもかかわらず、手の存在は知られているのであり、しかも先立って知られているからこそ、身体の対象的認識のための道具として供されるのである。

ここで、フッサールなら言うだろう、身体を触診している手は、それ自身をその手のうちにある感覚感（Empfindnisse）によって知っているから、覚知に訴える必要はないと。このような反論に対してはメーヌ・ド・ビランは、次のような思考実験を提案するだろう。運動性は損なわれていないとして、手も身体の表面全体も固いたこで覆われていると仮定しよう、あるいはあらゆる外部感覚が麻痺していると仮定しよう。そうすると、フッサールの言う感覚感は存在しないことになる。この場合でも、メーヌ・ド・ビランの考えでは「努力と、相互の抵抗とによる」（*ibid.*）応答さえあれば、「努力と抵抗の二重の応答」（*E.* 215）さえあれば、身体の諸部分が同じ一つの身体に属するものとして経験され、また局在化されるためには、十分である。

自己の身体の認識における触覚と運動との関係についてもう少しメーヌ・ド・ビランの考えを見てみよう。先の仮定で一部条件を変えて、一方の手だけが感覚（正確には外部に対する感受性（sensibilité extérieure））がなく、他方の手は感覚もあり運動もできるとした上で、後者の健康な手を麻痺した手の上に置くとする。フッサールの言う感覚感が、メーヌ・ド・ビランの言う「感覚の応答（réplique de sentiment）」が麻痺した手にはないから、この手は、「最初は、死せる抵抗を具えた外的物体として知覚される」（*E.* 382）。しかし、感覚麻痺の手も仮定により運動機能は損なわれていないから、意志がその感覚麻痺の手を動かして、生きた抵抗として他方の手に対立させると、麻痺の手の異他性は止み、ぶつかり合う二つの手の「努力の応答ないしは反復（réplique ou redoublement de l'effort）」（*E.* 383）は、それらの手を自我に本来的に属する身体の区別された部分として、自我に現前させる。

運動機能が損なわれていて、感覚だけが生き残っている場合もメーヌ・ド・ビランの検討の対象から免れてはいない。モンペリエ大学医学部の或る医者が、半身不随の手を布団の下で取り、その指を一本ずつ次々と強く押した例が引かれている（*E.* 209-10）。患者は指を押されるたびに痛みのために悲鳴をあげたけれども、その場所を特定することはできなかったという。この例はメーヌ・ド・ビランにとって、次のように定式化される一般的事象のうちの具体例の一つにすぎない。感覚印象、とりわけ痛みや快や触覚感覚が身体のある部位に局在化されるのは、それらの印象が、身体の意志的運動性の及ぶ領域に与えられるからである。言い換えると、身体が私の経験において原初的に与えられのは、ただ私の意志的努力が展開する対抗項・従順な抵抗としてである。もし身体が意志的努力の対抗項としてあらかじめ或る種の空間として与えられているのでなければ、どのような感覚も身体に定位することができず、一般的な情感（affection générale）として、見分けがつかないままであろう。メーヌ・ド・ビランにとって感覚とは、我々が受動的に受け取る印象が、意志に基づく能動的運動によって覚知された身体部分にたまたま「当たる」ことによって局所化されることである。したがって、感覚印象とその身体のある部位への局在とは、本質的には、偶然的な関係にすぎない。感覚の局在化にとって本質的なのは、努力によって展開される身体の運動である。「意志的運動は我々の身体諸部分の場所認識にとって、外的感性とはまったく独立に、本質的で第一の役目を果たすのであり、外的感性は、もしそれだけであったら、単独では印象を刻印された部分のそれぞれの位置を識別することはできない」（*E*. 383）。

手が、意志によって規定された一連の運動によって、身体表面をあちこちと経めぐるとき、「圧迫と生きた抵抗との感情の紛れもない応答（véritable réplique du sentiment de pression et de résistance vive）」（*E*. 383）がある。この二つとも、すなわち圧迫も抵抗も、触っている器官と触られている器官とにおいて実際同時に感じられ、また知覚される。この二重の応答が起こりうるのは、身体を触診する上の手の例に見るように、同じ身体のともに感じる（consentant）二つの部分間で、しかも、少なくともその部分の一つは意志的に動かされることができる場合に限られているのであるが、この二重の応答こそ、我々に属する身体を他の我々に異他的な物体から根源的に区別するのに役立つ唯一固有の条件であると、メーヌ・ド・ビランは明言する（*E*. 384）。しかし、これは混乱を招く言い方ではないか。なぜなら、我々は先にメーヌ・ド・ビランにとっては、「努力と、相互の抵抗とによる」（*E*. 382）応答さえあれば、「努力と抵抗の二重の応答」（*E*. 215）さえあれば、身体の諸部分が同じ一つの身体に属するものとして経験され、また局在化されるためには、十分であるということを、見たばかりではないか。なぜ今、努力と抵抗の二重の応答に加えて、さらに「圧迫」が、しかも二重の圧迫が新たに要求されるのか。結局フッサールが言うように、自分の身体の構成のための第一要件は、意志的運動ではなくて、感覚感、メーヌ・ド・ビランの用語法では圧迫、ではないのか。

実のところ、フッサールとは逆で、メーヌ・ド・ビランにおいては圧迫は本質的には、自分の身体の認識に関わるものではなくて、外的物体の知覚に関係している。メーヌ・ド・ビランにおいて自己の身体は、意志された努力の対抗項として、抵抗の感情のうちに、コギトと同じ原初的事実の明証性において、直接覚知される。次いでその後で、外的物体は、この意志に対して従順である身体の抵抗を介して、死せる絶対的抵抗として我々に与えられる。それでは、身体の直接的覚知から出発して、どのようにして外的物体の認識は導き出されるのであろうか。触覚と意志的運動のみに制限された個体を想定しよう。この個体が運動を始めるならば、遅かれ早かれ、彼の努力に逆らう障害に遭遇するであろう。運動が妨げられたり、停止させられたりするとき、この個体は、運動を阻害しているのは自分の意志ではないことにすぐさま気づき、自分の意志に対立する「非-我の原因（cause non-moi）」（*E.* 371）が存在することを思い知るであろう。しかし、この非我の原因が彼自身の身体ではないということがどうして分かるのだろうか。なるほど身体は彼の意志のままに従う。にもかかわらず、身体にも突然の麻痺や、また身体内部の何らかの理由によって自己運動の能力の行使が中断されることも起こり、身体が意のままに動かないこともあるではないか。意志的努力とその阻害というこの対照の感情において非我の原因の観念の起源は見つかるかもしれないが、彼の身体とは異なる抵抗する物体の現実の知覚の起源を見つけることはできないだろうと、メーヌ・ド・ビラン自身も認める（*E.* 372）。

したがって、「運動感覚（sensation du mouvement）」（*ibid.*）も、また対象の器官に対する単純な圧迫も、もしそれぞれ単独で考えられるならば、この問題の解決には役に立たない。しかし、自然においてそうであるように、これら二つの要素が結合しているならばどうであろうか、とメーヌ・ド・ビランは問い返す。触覚を持った運動体が障害物に出会うとき、身体である有機体的抵抗ないしは惰性の増大に、感覚運動的部分に対して加えられる圧迫が伴う。この抵抗の増大は意志された努力に相応するどころか、それに逆らい、意志は筋肉を緊張させようとするのに対して、筋肉の方は弛緩を強いられる。この結果、一部は努力に伴うものとしての能動的な筋肉感覚と、一部はこの努力を凌駕するものとしての受動的な筋肉感覚とが入り交じる、混合した筋肉感覚が生じる。もしこのような感覚だけであったならば、この個体は、自分の器官のエネルギーが交互に増減するのを感じるだけで、そこから自分の器官の認識とは異なるどのような認識も引き出せないことは明らかである、というのがメーヌ・ド・ビランの見解である（*E.* 373）。ところが、筋肉の惰性の増大は、運動的努力とは独立の触圧（pression tactile）と、いつも例外なく、結合している。同時に同じ器官において、現実の努力とは別に、感じられる圧迫と抵抗とのこの連合こそ外部との関係を完成し、外的物体についての我々の対象的、表象的認識のいっさいを基礎づけるのであるとメーヌ・ド・ビランは結論する（*ibid.*）。

触圧において物体の延長表面がすでに対象的に知覚ないしは表象されているとビランは考える（*ibid.*）。その意味で触圧は同時に、身体に対抗している対象の触覚延長（étendue tactile）でもあるだろう。「触覚の圧迫は、絶対的抵抗の感情と直接的に連合して非常に特別な仕方で、器官を圧すと同時に努力に抵抗している或る定まった積極的な力ないしは原因の存在の記号である。非人称的で抵抗する力と触覚延長との、というよりはもしろ抵抗と触覚延長とのこの親密な連合ないしは合一は明らかに、原初的には、触覚感覚によってしか知られない」（*E.* 376）。感覚印象を受容する器官と運動器官とが同一である触覚の器官・手によって遂行される能動的触覚（toucher actif）において、抵抗と触覚延長との親密な合一は、本源的に遂行される。能動的触覚はもちろん手だけに限らない。ここには、意志が外的抵抗に対して適用しうる可動的器官のすべてが含まれる。いずれにしても、外的力はそのものとして現れるためには記号を必要とする。触覚がその外的力ないしは自然を告げるための母語で、他の感覚の記号はこの言語から派生ないしは翻訳された二次的なものである。

我々は自分の声を聞くということを、自分の身体を聞くこととして捉え、これまで自己の身体の認識を論じてきた。しかし、メーヌ・ド・ビランにおいてはこのような迂回を経ずとも直接、問題に入ることもできた。彼自身が自分の声を聞く・自分が話しているのを聞くという経験を分析の対象としているからである。にもかかわらず、この回り道には我々の声の考察にとって重要な意味を持つ。それというのも、自己の身体の認識と自分の声の経験とが、果たして我々が最初に前提したような同一構造をしているかどうか、自分の声の経験についてのメーヌ・ド・ビランの分析を検討することによって、明らかになるだろうからである。彼にとって身体は、生き生きした力である意志された努力が適用・展開される対抗項として、この努力の感情のうちに、自我の感情と同時に、抵抗の感情として知られているのであった。この原初的な身体の認識がまず第一で、そののち、その認識から出発して物体の経験を区別する契機が探される。これに対してフッサールにおいては対象的物体の知覚がまず与えられ、それからそれに何かを加えて自己の身体の経験を導き出すという論理が取られていた。メーヌ・ド・ビランの分析において、自分の声を聞くことは彼の言う意味での自己の身体の直接的覚知に同一視されうるだろうか。

しかし、どうして彼にとって自分の声を聞くというようなことが問題となったのであろうか。それは、彼が発声機能と結びついた聴覚に、反省という精神の高度の能力の基礎を見たからである。彼は反省の機能を次のように定義している（*E.* 476）。「任意の現象の組み合わせや感覚の集まりにおいて、それらのすべての要素が共通に、或る根本的な統一との間で持っている諸関係を精神が覚知する機能。例えば、数多くの様態や性質が抵抗的統一との間で、あるいは、数多くのさまざまな結果が或る同一の原因との間で、そして何よりも、反復される運動が同一の産出力ないしは同一の意志である自我との間で持っている共通の諸関係を覚知する精神の機能である」。我々の経験の、多なるものの一、変化の中の不変のものを見いだす能力である。このことはメーヌ・ド・ビランにとって結局のところ、意志された力・原因としての自我を、そのようなものとして正しく自覚し把握することにほかならない。したがって、「反省の起源は、意志が決定する努力ないしは運動を内的に覚知するところにある」（*E.* 476sq.）。

反省は最初の意志された努力とともに始まる。ところが、意識の原初的事実と呼ばれるこの努力の意識は、ビラニスムの基本的テーゼによれば、この意識が始まったときから結びついている受動的な情感に包み込まれている。また、意志的な努力はその努力から全面的に、あるいは部分的に結果する「諸様態の感情」のうちに包み込まれている。そのために、例えば、触覚の能動的な働きは触覚の質的印象と混同され、我々の最も能動的な活動に基づく知覚でありながら、その活動を実行している力や力能についての意識がまるでないということになる。産出的な力は自分を自分の働きの結果から区別することができず、したがって自分を原因として自覚することがない、自己忘却の状態にある。この自己忘却は、これもまたビラニスムの基本テーゼであるが、習慣の法則の結果である。すなわち、意志的運動や行為は習慣となることによってその動作が容易になる反面、それとともに運動や行為は自動的となり、意識されなくなるからである。そうなると、これらの運動や行為に結びついている情感や印象のみが意識に残るが、それらは意志的努力との関係を隠されて、受動的で自然発生的なものとして現れる。

自然の状態おいては、努力の感官は受動的な印象の器官と決して切り離されず、それらの印象に努力の産物はすべて結合しており、また、それらの印象に包み込まれている。努力の産物が自己を展開することができ、また、そこに自分の根拠と動因とを持つ反省が、そこから離れないためには、次のような条件が充たされなければならないとメーヌ・ド・ビランは言う。「努力の感官が或る感覚器官と結びついていて、そのために努力の産物は、言わば、その器官と同様またその器官によって意志にもっぱら従属する感性的形式を授けられ、その結果、運動感覚的存在は、運動を自分に自分がその唯一の原因であるとして帰し、また同様に、それらの運動から、ないしはそれらの運動を他のいかなる外的な力の協力を待たずに決定する努力から生じる印象を、自分に帰するようになっている」（*E.* 478）。ところで、この条件を自然に充たしているのが「声と結合した聴覚器官」（*E.* 479）である。そこで、反省機能の起源にある法則を知るために、発声運動と聴覚印象との間に自然に定められた結合ないしは照応の諸状況と諸結果とを分析するという次第になる。

確かに、声と結びついた聴覚だけではなくて、手を動かして物を触診するときのような能動的な触覚作用においても、感性機能と運動機能とがしっかりと結合しているのが見いだされる。しかし、メーヌ・ド・ビランの考えでは、能動的触覚においては、二つの機能を同じ一つの器官が統合しているので、意志的作用とその結果である触覚印象とは簡単に混同されてしまうことになる。これに対して、声と結びつけられた聴覚にあっては、感性機能と運動能力とは卓抜な仕方で統一されているけれども、音の感覚印象を受け取る器官と、発声器官とは、耳と口喉として、別々の身体部分に自然によって分離されている。このことは、しかしながらメーヌ・ド・ビランの表現を超えて、また同時に彼の身体論の深い意味にしたがって、耳と喉とが解剖学的に言って異なる空間を占有するというだけに留まらない。二つに器官が身体の異なる部分として空間的に区別されるのは、根源的には、聞くことの意志的努力と、話すことの意志的努力とが異なるということであり、そのことに対応して、努力の対抗項としての本源的身体が、それらの努力のそれぞれの対抗項として分節されるということを意味する。

こうして、声と結びついた聴覚器官においては、意志が直接働く運動器と、自分が声を発している場合のこの働きの産物を収集する感官とが分離しているので、まず、意志の作用がその作用の結果と混同されるのを防ぐことができる。「一方、聴覚感官とその感官の運動器官・復唱者（son organe mobile répétiteur）との結合はまったく内的で、いかなる外的な媒介をも認めないものである」（*E.* 480）。この二つの状況が相まって反省の行使を準備する。声と聴覚との内的な結合についてさらに詳しく見てみよう。

ビランによれば、外から受け取られる聴覚印象のそれぞれに、瞬間的な運動の規定が照応していて、その運動の規定が、照応する発声器のキーを作動させている。すなわち「外部の音は模倣され、二重化（redoublé）される。外的聴覚が直接の感覚によって叩かれている間、内部聴覚は反射した印象（impression réfléchie）によって、生きたこだま（écho animé）によるかのように、叩かれる」（*ibid.*）。

しかも、外部の印象のこのこだまは、外部の事物から独立して活動することができる。というのも、自分で音を出し、自分を聞くことのできる存在は、自分の自由にできる器官を動かして、それ自体は受動的な感官を印象づけるからである。そのような存在は、自分の運動的な意志によって単に形式のみならず質料をも内部から引き出した知覚を、自分自身に与えるのである。「ここに自分自身を爪弾くハープがある」（*ibid.*）。声といっしょになった聴覚とは異なり、例えば視覚の場合は、目は自分の見る光を自ら発光することによって作り出しはしないし、また、能動的触覚において意志は自分の努力を通して抵抗を覚知するとしても、自分の努力を絶対的抵抗によって制限しているのは意志そのものではない。意志は彼の努力を通して、それに対立するものとして、絶対的抵抗に遭遇するのである。だから、聴覚印象に照応する運動規定に基づいて音が模倣されるとき、その音が自分の声であるならば、その声は生きたこだまのように、反復される。声を出すという意志的運動が、完全に過不足なく繰り返されることになる。自分の声を聞くとき、聴覚器官と発声器との比類のない内的な結合のおかげで、声を出すという意志的努力が、もう一度そのまま模倣反復される。意志的努力そのものが、そのままに、内的聴覚において、反射し、映ることになる。すなわち、反省されている。自分の声を聞くという事実において、意志的努力がそのものとして把握されているのである。メーヌ・ド・ビランは自分の声を聞くことと外的事物の音を聞くこととを比較して、それは、まったく自由で意志的な運動と強制された受動的な運動との違いであると言っている（*E.* 481）。

我々は自分の声を聞くことを自分の身体を聞くことと捉え、さらにはこのことを自分の身体の構成ないしは認識についての問いとして考察してきた。この手順は正しかったのであろうか。すでに見たように、メーヌ・ド・ビランは自分の声を聞くという経験を直接問題にした。彼においてもまた、この経験を自己の身体の認識の中に読み込むことができるだろうか。自分の声を聞くという事実は、彼にとって、発声の意志的努力を運動的に反射し、模倣的に反復するということであった。意志的努力とともに身体は、根源的身体は、その努力の向かう対抗項として努力そのものの成素であるから、必然的に与えられている。したがって、その意志的努力の或る種の（この点についてはさらに考察を、例えば時間との関係においても、進めなければならないが）運動的写しである聞かれた私の声においても、その不可避の対抗項である身体も含まれているのでなければならない。自分の声を聞くということはメーヌ・ド・ビランにあっても、自分の身体を経験することの一つ仕方にほかならない。

注

（1）Edmund Husserl, *Ideen zu einer reinen Phänomenologie und phänomenologischen Philosophie*, Husserliana Band IV, zweites Buch, Martinus Nijhoff, 1952, S. 149.（以下、同書とそのページを、*Ideen II*, 149の要領で略記する）

（2）『物と空間』（*Ding und Raum*, Husserliana Band XVI, Vorlesungen 1907, Martinus Nijhoff, 1973, S. 161）で、フ

ッサールは運動感覚という用語の不適切さを述べ、「キネステーゼ感覚」を採用することを告げている。

（3）Maine de Biran, *Œuvres complètes*, VIII-IX, Slatkine, 1982, p. 207.（以下、*E.* 207 の要領で略記する）

（4）山形頼洋『感情の自然』法政大学出版局、一九九三年、第四章および第七章。

第三章

時間意識と行為（キネステーゼ）

・・表象的反復 Vergegenwärtigung に対する行為的反復（習慣）・・

フッサールは彼の時間論を、音の知覚の分析に基づいて組み立てた。具体的にヴァイオリンの音を例に挙げ、我々が音楽を聴くときの経験を参照しながら、彼は時間意識について反省する。この時間意識についての反省を、参照関係を逆にして、音楽的経験の分析として見るならば、そこには明らかに欠けているものがある。例えば、音楽的経験の主要素である感情が欠けている。それでは、時間についての考察ということに限定すれば、フッサールの反省は、少なくとも問題の領域を完全に覆っているであろうか。彼はヴァイオリンの曲を聴いている例を出した。この例で、もしその曲が自分の弾いているヴァイオリンの奏でるものであるとしたら、時間意識の分析はどうなるだろうか。何も変わらないだろうか。私はある曲を、バッハの『無伴奏ヴァイオリンのためのパルティータ第二番』を、弾けるようになるために、毎日、何カ月も練習する。そしてある日、弾けるようになったとき、この反復による行為的運動的習慣の形成は、時間論においてどのような位置を占めるのであろうか。それは再現前化（Vergegenwärtigung）や再想起（Wiedererinnerung）の一種として考えて済ませられるものだろうか。

前章で我々は自分の声を聞くことについて考察した。ここでも引き続き、自分が歌っている歌・曲を聞くという事例に即して、時間意識と行為（今の場合は歌うということ）また行為の反復としての習慣の問題を考えてみたい。しかしその場合、差し当たっては、前章の反省の中心であった自分の声を「聞く」ということではなくて、自分の声を「出す」ということに注意を向けて、時間意識を見てみたい。したがって、当面の我々の問題は、能動的な行為一般と時間意識との関係ということになるだろう。さらにもう一つ留保を加えるならば、「習性（habitus）」に関するフッサールの考察をこの際は括弧に入れておくことにする。

一　『内的時間意識の現象学』と再想起（Wiedererinnerung）

フッサールが「作用（Akt）」と呼んでいる働きについて、考えてみよう。「補遺XII」によれば、まず「作用は何ものかについての意識である」（*ZB*. 126）(1)。作用として、具体的には、判断、外的知覚、喜ぶことが（*ZB*. 127）、また、発言、願うこと、意志すること（Wollen）や、それらの再生的変容（想像や想起）（*ZB*. 84）、感情（Gefühle）、欲望（Begehrungen）（*ZB*. 129）が挙げられる。さらには、これらの作用へ向けられる反省の作用もこれらにつけ加えることができる（*ZB*. 127）。

同じく「補遺XII」によれば、それぞれの作用は「感じられる（empfunden）」ないしは内的に「知覚される（wahrgenommen）」（*ZB*. 127）。この作用を感じ、内的に知覚する働きは「内的意識」であるが、この内的意識そのものはもはや作用ではない。言い換えると、内的意識を内的に知覚する別の意識は存在しない。内的意識は自分で自分を意識する。自分で自分を内的意識として構成して存在する。内的意識は時間意識である。「流れ行く把持と予持を自分の位相として持つ時間を構成する意識である」（*ibid*.）。

それぞれの作用は内的意識によって感じられ、体験（Erlebnis）となる（*ibid*.）。体験は、内的意識の内容、内在的内容（immanente Inhalte）であって（*ZB*. 83f.）、この内容は、作用の体験である志向的体験（intentionale Erlebnisse）と非作用（Nicht-Akt）の体験とに分けられる（*ZB*. 128）。非作用の体験としては、例えば感覚された赤（empfundenes Rot）などの感性的内容である。感覚する（Empfindung）とは、感覚内容の内的意識以外の何ものでもない（*ZB*. 127）。体験はすべて、内的意識の、時間的意識の統一として、時間的に持続している。時間的な場所を占める。

さらに、それぞれの作用は、再生される（reproduziert）ことができる。正確に言えば、「それぞれの作用の知覚としての『内的』意識には可能的な再生的意識が、可能な再想起が属している」（*ZB*. 127）。同じく体験である、感性的内容、感覚与件についても同様である。したがって、A：作用、Wi：内的意識、V（A）：作用の再現前化とすると、Wi（A）：作用の内的意識、Wi［V（A）］：作用の再現前化の内的意識を表すことになる。同様に、Rot：感性的内容・赤とすると、感性的内容としての体験にとって、それの内的意識は、その内容を感覚すること（Empfindung）であるから、その内容の知覚意識であるから、Wi（Rot）：は感性的内容・赤の感覚を、また、V（Rot）：同じ赤の想像ないしは想起を、Wi［V（Rot）］：その想像または想起についての内的意識を表すことになる。

再想起と言われる、あるいは単に想起（Erinnerung）（*ZB*. 57）と言われる再現前化作用についてさらに詳しく見てみよう。第二十七節において、フッサールは、想起の作用の対象と、その想起の内的意識との関係を考察している。ここで問題になっている想起とは、普通の意味での思い出の回想のことである。すなわち、かつて知覚した物・事を再び過ぎ去ったこととして心に思い浮かべることである。昨日の夕方見た明かりの溢れる劇場を思い出しているとしよう。このとき、私が思い出しているのは、明かりの溢れる劇場であって、そのような劇場を見たということではない。知覚された対象であって、知覚したことではない。この事実は、次の知覚の一般的構造に対応している。すなわち、私が今、現実に明かりの溢れる劇場を見ているとき、この知覚意識において対象として私に与えられているのはもちろん劇場であって、知覚しているという私の作用ではないが、しかし、劇場を見るという知覚の作用そのものも、すでに述べたように、内的意識によって志向的体験として内的に知覚・感じられている。この現実の劇場の知覚が、昨日の出来事として思い出において再生されるとき、私の想起の意識に直接・対象として与えられるのは、言い換えると、思い出として回想されるのは、知覚意識の対象である劇場であって、その劇場を見たという知覚作用のことではない。しかしながら、知覚作用は必ず内的に知覚・感じられているから、知覚対象の想起には、必ず、その知覚の作用の内的意識の想起が本質的に属している。「想起はそれゆえ、現実には、以前の知覚作用（Wahrnehmung）の再生（Reproduktion）を含んでいる。しかし、想起はその本来的な意味では、知覚作用の表象ではない。知覚作用は想起においては思念され措定されてはいない。思念され措定されているのは知覚作用の対象であり、その今である、そしてさらにはその今は、現実の今との関係において措定されているのである」（*ZB.* 58）。

次のように記号を定めよう。Wa：外的知覚すなわち外部対象についての知覚、むしろその作用。g：外的知覚対象すなわち上の例では明かりの溢れる劇場。Wa(g)：対象 g を持つ外的知覚。Wi[Wa(g)]：その外的知覚についての内的意識。V[Wa(g)]：同じ外的知覚の想起ないしは再現前化。R(Wa)：外的知覚作用の再生ないしは再生的産出。Vg：外的知覚対象 g の想起ないしは再現前化。外的知覚作用は、内的意識の統一であり、また、同じ知覚作用の本質には、それに平行して、再現前化の作用、すなわち知覚作用が知覚するその同じものを再現前化する作用が対応している。したがって、Wa(g) は同時に Wi[Wa(g)] であり、また、V[Wa(g)] を持つ。「再生的産出は、内的意識の再現前化であり、元の経過に、印象に対立している。それで、事物的な出来事の再現前化は、再生的産出とは呼ばれえない。自然の出来事は二度は生じない、思い出されるのである。それは再現前化されたものという性格で意識の前にある」（*ZB.* 128）。したがって、Wa(g) に対置されるのは、V[Wa(g)] すなわち、今の引用によれば、R(Wa)（外的知覚の内的再生）である。また、Wa(g) に Vg（外的対象の再現前化）が対置される。以上より、R(Wa)＝Vg が成立する。すなわち、明かりの溢れる劇場の再現前化と、この劇場の知覚の再生的産出は、同一の現象を指す。正確には、劇場の知覚の再生的産出ではなくて、劇場の知覚の内的意識の再生的産出である。

再現前化、特に想起は、今の外的知覚の場合には、知覚対象の想起であると同時に、外的知覚についての内的意識の再生的産出を意味する。すなわちR{Wi[Wa(g)]}＝Vg。しかし、この場合、再生される内的意識は、すでに過去把持的に変容してしまった内的意識であるだろう。この間の事情について、「補遺Ⅷ」に次のように読むことができる。「音-知覚がそれに対応する把持（たった今あった音の意識）に移行すると、たった今あった知覚することの意識もそこに（体験としての内的意識において）ある。そして両者は合致し、私は一方の意識なしに他方の意識を持つことができない。言い換えると必然的に両者、対象的知覚の把持的変容への移行と知覚することの把持的変容への移行とは、一体を成している。それゆえに、我々は必然的に二種類の把持的変容を持ち、その変容は、内的意識の知覚ではない各知覚とともに与えられるのである」（*ZB*. 118）。同じことが「内的意識の知覚」にも言える。音-知覚作用W(t)が把持的変容によってReW(t)となると、それぞれは内的意識において与えられるから、W(t)の内的意識Wi[W(t)]と、ReW(t)の内的意識Wi[ReW(t)]とが必然的にある。前者が把持的変容によって後者となったのである。しかしながら、同じ変容を内的意識そのものにおいて考えるならば、W(t)の内的意識Wi[W(t)]が把持的変容によって、ReWi[W(t)]になったということにほかならない。もちろん、この内的意識の変容についても内的意識があるが、内的意識の本性から言って、この内的意識は、変容する内的意識が自分自身について持つ意識、いわゆる縦の志向性である。これに対して知覚作用W(t)の内的意識は、横断的志向性と呼ばれる。内的意識は横断的に機能しつつ、そのように機能している自分自身を縦の志向性によって過去把持的に変容させる（*ZB*. §39）。以上から、ReW(t)の内的意識Wi[ReW(t)]はReWi[W(t)]となる。すなわち、知覚の把持の内的意識と、知覚の内的意識の把持とは同じものである。言い換えると、知覚作用の過去把持は、知覚の内的意識の過去把持と同じ事柄である。

まとめると、ある作用の想起は、その作用の内的意識の再生的産出のことであった。ところで、想起される作用は把持的変容を遂げてしまっているから、それの内的意識の再生は、作用の把持の内的意識の再生であり、それはまた、今見てきたことから、作用の内的意識の把持の再生を意味する。したがって、作用の想起は、作用の把持的に変容した内的意識を再生することである。

二　運動的記憶としての習慣と時間意識

ベルクソンは彼の『物質と記憶』において記憶に二つの異なる形式のあることを、例を挙げて、指摘している。[2]学課（leçon）の記憶と朗読（lecture）の思い出というのがその例である。ある学課を、ある詩の学課を一節ずつ繰り返して、何日もかかって暗記したとすると、そのとき覚えて空で言えるようになった詩句が、学課の記憶と名づけられたものである。この或る期間にわたって少しずつ前進した暗唱の稽古は、それぞれの稽古の日の、その日だけに特有の、例えば、あのときは激しい夕立があったとか、あのときは、練習の途中で飼い猫が怪我をして帰ってきたとかの思い出を伴っている。この後者の、私の人生の一回きりの出来事の思い出が、朗読の思い出である。この思い出は、「日付を持ち、したがって決して再びは繰り返されない（ne se reproduire jamais）」（*MM.* 88）。この思い出は表象である、表象のみである（*MM.* 85）。これに対して、学課の記憶の方は、反復によって創設される運動機構であり、身体の記憶（*MM.* 169）であり、身体の習慣で（*MM.* 89）ある。この記憶は、「行動（action）」

である。「それは歩いたり書いたりする私の習慣と同じように私の現在の一部である」（*MM.* 85）。実際、朗読の思い出が過去を表象するのに対して、学課の記憶は過去を演じるのであり、ベルクソンの考えでは、学課の記憶が、記憶の名に値するのは、それが過去の像を保存しているからではなくて、その過去の像の有益な効果・結果を現在の瞬間まで延長するというだけの理由からである（*MM.* 87）。

記憶には二つある。運動的習慣（*MM.* 95）としての身体の記憶と、表象的思い出としての記憶とである。表象的思い出において、我々は過ぎ去ったことを過ぎ去ったこととして再現前化として意識するのに対して、運動的習慣である身体の記憶は常に現在である、この記憶の想起は過去の行為の反復であり、再生的産出である。この意味で、過去を表象するのではなく、繰り返して演じるのである。ところで、この運動的習慣は、フッサールの時間論において、とりわけその想起の理論において、どのような処遇を受けるのだろうか。

この問題はまた、『デカルト的省察』の第三十二節において習慣性（Habitualität）について語るときのフッサール自身の問題でもある。私がある決心をするとき、その決心をするという行為は時間とともに流れ去る一度だけの出来事であるにもかかわらず、私がその決心を翻さない限り、その一回きりの行為は、その後の私を将来にわたって拘束し続ける。しかしフッサールも認めるように（*CM.* 101）[3]、私がこれこれの決心をした私であり続けるということは、単に私がそのような決心をしたことを思い出したり、また思い出すことができるということではない。さらに、「このような自我の規定性の固執、時間的持続やそのような規定性に固有の変心（Sich-verändern）は、明らかに、内在的時間が体験でもって常時充実されているということではない。というのも、持続する自我自身は持続する自我規定性の極として何らの体験でもなく、また体験の連続でもないからであるが、しかしながら、にもかかわらず本質的に、このような習慣的な規定性でもって体験流に回帰して関係するのである」（*CM.* 101）。自我極が内実として持つ習慣性のこのような事態を、フッサールの時間論はどのように説明するのだろうか。しかし、今はこの問題にこれ以上立ち入るつもりはない。

フッサールはメロディを聞くという我々の体験の分析を通して彼の時間論を構築した。我々はその、単にメロディを聞くという代わりに、自分が歌うということを、自分の歌を聞くということをそれに置き換えて、フッサールの分析を見直してみたいと思う。その場合、自分が歌うということは、単に一度の行為としてではなくて、何度も、何日も練習してある一つの歌を、例えば「城ヶ島の雨」を上手に歌えるようになるまで繰り返すことであるとしよう。そう想定することによって、フッサールとベルクソンとの接点がよく見えるようになる。

何日も続く歌の練習のある一日を取り上げてみよう。そしてその一日のうちの何回となく繰り返される稽古の或る一回の歌唱のことを考えることにしよう。一回の歌唱のその歌うという私の行為は、フッサールの時間論で考えるならば、内的意識によって構成された時間的統一として、つまり志向的体験として、私が聞いている自分の声の歌う旋律に平行して、歌の歌い始めから歌い終わるまで、あるいは中断するまで持続する時間対象として与えられるはずである。言い換えると、私の歌うという行為は、感覚内容、特に音を時間対象として構成する、時間意識である内的意識、その同じ内的意識によって、ある一定の時間持続するものとして構成されるのである。すなわち、私の行為が持続するのは、それが時間意識によって、志向的体験として、時間対象となるからであって、行為そのものだけを取れば、決して持続してはいない。私の歌うという行為に必然的に属する内的意識が把持的に変容することによって、歌うという行為が今過ぎ去ったばかりのものとして把持され、こうして歌うことが時間に連続する統一体として内的意識によって、同時にまたその意識において、与えられる。結局、私のすべての経験についての最後の意識として、時間を構成する内的意識が存在し、その意識が私の行為をも時間的なものにしていることになる。今、この、ある日のその一回の練習を回想のうちで再現するときのことを考えてみよう。フッサールの再想起の理論によれば、それはその練習で歌った私の歌唱を音として聴覚的に初めから終わりまで、そのとき私が聞いた通りに、再現前化することでもあるが、歌うという私の行為としてみれば、またそれはその行為の把持的に変容を遂げて今は過去の地平に沈下している内的意識を、再生的に産出することである。ここまでは、おそらくフッサールの理論は我々の経験に合致しているように見える。

記憶にはもう一つの型があった。ベルクソンが朗読の思い出に対して学課の記憶として挙げた、身体の運動的記憶がそうである。この、まったく表象的ではない、運動的習慣として、過去というよりは常に現在的である記憶についてフッサールの時間論は何を言うことができるだろうか。

運動的記憶が、正確には運動的記憶の想起すなわち現実化が、行為の、あるいは作用の内的意識の再生的産出である可能性はない。というのも、もしそうであるならば、運動的記憶の現実化は、そのような行為をしたことの思い出として単なる表象に留まり、決して実際の行為としては再現されることがないであろう。ある行為を回想的に再現前化することと、その行為を行為として反復することとは、本質的に異なる事柄である。それは一つの行為を思い浮かべることと、その行為を実際に身体的に実行することとの間に見いだされるあの違いと同じ違いである。

この問題に対する可能な答えをフッサールの時間論の中に探すとすれば、それは、彼が時間を構成する内的意識の絶対的流れを、その流れにおいて構成される対象的、内在的超越としての時間流から区別するための概念の一つとして設定した、「先‐同時（Vor-Zugleich）」（*ZB*. 79）、正確には「流動的先‐同時（fluxionales Vor-Zugleich）」（*ZB*. 78）のうちにあるだろう。「内的意識の或る層には、多様な原印象が、原像（Urphantasma）などが、要するに多様な原要素（Ursprungsmoment）（内的意識の原要素（Urmoment）とも言える）が属することができる。一つの層に属するすべての原要素は、その関係する『今』にとって本質的に構成的であるという同一の意識性格を持つ。それは、すべての構成された内容にとって同一であり、その性格の共通性が同-時性（Gleich-zeitigkeit）、同-今性（Gleich-Jetzigkeit）を構成する」（*ZB.* 115）。これは、上の流動的先-同時に対立する「流動の印象的同時（impressionales Zugleich von Fluxionen）」である。ところで、この同時の多様な原感覚（Urempfindung）（*ZB.* 77）は、新しい内的意識の位層（Phase）の原要素である新たな原感覚が出現すると、把持的変容を被り、内的意識の原印象の位層が把持に移行するとともに、たった今過ぎ去った多様な原感覚となる。こうして内的意識の各位層に属するそれぞれの原感覚の集団は、位層の把持の連続体の各位層の要素群として、お互いに「相次いで（Nacheinander）」（*ZB.* 77）生起するという継起の関係に入る。「同時的なものは、現実の原感覚であり、継起においてはしかし、或る感覚ないしは一緒の集団が現実に感覚であり、他の感覚は流れ去ったものである」（*ibid.*）。

しかし、原感覚が相互に継起の関係に入るということは、それらの原感覚を時間対象として構成する内的意識の諸層が、源位層とそれの把持的変容からなる絶対的流れの連続体を形成しているからである。それでは、この流れの諸位層間に存在する関係もまた、継起と呼ぶことができるのだろうか。フッサールの答えは「否」である。「最後の構成する意識の時間について語ることはもはやできない」からである（*ZB.* 78）。もし再び内的意識そのものの時間について語ることができるとすれば、そのときは、内的意識の時間を構成する別の意識が要請されることだろう。内的意識の諸位相間の相互関係はしたがって、継起の関係ではない。しかしながら、同時の関係でもありえない。というのは同時という関係は、或る同じ意識の位層に要素として属する複数の原感覚にのみ妥当するからである。この意識諸相の独特の関係が先-同時と呼ばれるものである。

ここで我々の問題に帰ると、運動的記憶の諸特性は、この、内的意識の諸位層の先-同時的性格に基づくのではないだろうか。先-同時的な位層間には、時間対象間におけるような過去と現在との区別が成り立たない。また、したがって、個体の概念も妥当しない。ある同一の時間対象が反復されるとき、そのようにして反復された時間対象は、たとえそのものとしては同じものであっても、繰り返されるときのその時間が異なることによって、区別され、別物となる。とりわけ、現在と過去とは異質なものとしてはっきりと分けられる。ベルクソンふうに言えば、現在は実行力のある現実の力であるのに対して、過去は無力で、現実の作用を失ってしまっている。しかし、先-同時的関係にあるものはこのような時間規定を持たないとしたら、そこでは、すべてが現実的なものとして留まり、個別化せずに一体的なものであり続けるのではないだろうか。それはちょうどベルクソンが純粋持続のうちに見た、過去が絶えず現在に浸透し合一化する質的多数性に似たものとなるであろう。後で詳述する機会があるだろうが、ベルクソンの持続は時間の持続ではなくて、行為一般の特質としての持続であると取るべきである。このことは『物質と記憶』の精読によって明らかとなるだろう。

作用を志向体験として時間のうちに構成する、その作用の内的意識の先-同時的な連続体が絶対的流れの諸位層として見いだされる。時間を異にして反復される歌唱の練習は、内的意識においては、時間的規定による個体化を受けないから、同一の作用の内的意識はいつも同一のものとして、ある種の受動的連合によって、繰り返されるたびに統合一体化を行っているのではないか。もし、この説明が受け入れられるとすれば、運動的記憶すなわち運動的習慣の問題に進入路が開かれる。

しかし、もしこのような方向が正しいとしても、すぐに次のような疑問に突き当たる。時間を構成する内的意識は、本質的には知覚する作用である。内在的内容である感覚を、原感覚を感じる作用である。その同じ作用が、我々の他の意志や外的知覚の統握や判断や感情や欲望などのさらに積極的で高次の作用を、内的に知覚し感じるという仕組みにフッサールではなっている。ところで、我々は今、歌唱の学習を話題にしている。歌唱能力の獲得、我々の例では「城ヶ島の雨」を上手に歌えるようになるということは、本当に、歌う行為についての内的意識の先-同時的な集積的統一組織化によって説明できるのだろうか。というのは、本来的に知覚意識である内的意識の先-同時的な集積的統一組織化がもたらすものは、一定の知覚能力の獲得であって、他の能力の獲得には直接関係がないのではないか。内的知覚の反復によって私は、例えば半音の音を区別することができるようになるだろう。このように知覚に関する運動的記憶に限るならば、内的意識の先-同時性からする解釈も有効であるだろう。しかし、歌うという行為の反復的組織化統一と、その行為についての内的意識の習慣的組織化統一とは、根本的に異なる事柄である。行為についての内的意識があくまで知覚的表象的であることは、その内的意識の想起である再生的産出が、何らかの歌うことの行為的再現ではなくて、歌ったということの知覚的再現であることに現れている。

さらに、もし歌うことの運動的記憶が、歌うことの内的意識の先時間的統一に基づくとするならば、それは結局のところ、歌うという行為が志向体験として、内的意識によって、またそこで、時間対象として構成されるからである。ところで、私の歌っている声も内在的内容として同じ体験・感覚である。私の歌うという行為も歌声も、どちらも、内的意識にとっては構成された対象である。このように理解された自分の声の発声と聴取の関係は、我々が第二章で見た、フッサールにおける自分の身体を触る場合の、感覚感（対象化された触覚作用）に基づく二重感覚の関係である。そしてこの場合、どちらも、触覚感覚も感覚感も、対象として構成された意識である。このような二対象的感覚の間には、自分が話しているのを聞くという独特の、デカルトのコギト体験に通じる経験を打ち立てることは難しかった（第一章）。

そこで我々は第二章で、自分の声を聞くことについて別の、メーヌ・ド・ビランの意志の努力に対する抵抗の反復に基づく考え方を提出した。この考え方によれば、自分の声を聞くということは、発声する自分の動作を内的にもう一度繰り返すことである。もしこの考え方に立つならば、話すこととそれを聞くこととは、同じ意識の、というよりは同じ行為の、作用のレヴェルに見いだされる。すなわち、聞くことが内的意識のレヴェルにあるならば、発話の行為もまた内的意識と同じレヴェルにあるのでなければならない。しかしながら、フッサールの内的意識は内的意識の作用以外の他のすべての作用を対象として持つよう定められているのである。

歌うことの運動的記憶は、フッサールの歌うことの内的意識からは説明されえないだろう。内的意識から説明されるのは、知覚作用という一つの特殊な作用の運動的記憶である。音を聞き分ける、色を見分ける、香りを区別するなどの、あるいはある画家のスタイルを学ぶ、バッハに特徴的な旋律に習熟するなどの知覚的学習に関係する事柄である。他の行為や作用は、内的意識から、それに基づけて理解するのではなくて、内的意識と同じように、同じレヴェルで取り扱わなければならない。ということは、他の行為や作用もまた、知覚作用としての内的意識が具えている性質を具えているということである。作用は内的意識において統一構成されるのではないということである。作用は内的意識によって持続するのではないということである。すべての作用は内的意識が「持続する」ように、そのまったく同じ意味で「持続する」。なるほど内的意識は時間意識として、時間の流れを作り出し、その流れにおいて時間対象を知覚として構成する。この内的意識の対象となるならば、すべての作用は時間対象として知覚される。しかし、すべての作用は、時間対象とならずとも、それ自身で本源的に最初から、内的意識が持つのと同じ先時間的絶対的流れ・生の流れを持つ。内的意識も含めてあらゆる作用・行為に共通のこの先時間的生の流れのゆえに、その絶対的流れの内的規定にしたがって、その詳細はまだ不明であるけれども、運動的記憶は可能となっているのである。

三　ヒュレーと感覚とキネステーゼ

時間意識と行為との関係をクレスゲスの『エドムント・フッサールの空間構成の理論』を読み直すことによって、さらに考えてみよう。[4] この問題はクレスゲスにおいては、ヒュレー概念をめぐる反省として取り扱うことができる。というのも、「原印象という形態においてにせよヒュレーがなければ、内的時間意識は何ものでもないであろう」（*RK.* 100）からである。どのような解釈を取るにせよ――時間意識が原印象から始まるにせよ、原印象とともに始まるにせよ――、原印象というヒュレーがなければ時間意識は存在しない。したがって、例えば、もしヒュレーと行為との関係が何らかの仕方で時間意識に先立つならば、時間意識が行為を規制しているのではなくて、逆に行為の方が時間意識の根源にあると言うことができるだろう。

ところで、クレスゲスはフッサールの「感覚（Empfindung）」の概念を分析して、この概念には二つの契機が含まれていることを明らかにする（*RK.* 64）。すなわち、「感覚与件（Empfindungsdatum）」と「場所感覚（Stellungsempfindung）」とである。前者はいわゆる「所与感覚（Datenempfindung）」（*RK.* 64）として、クレスゲスが「相与件（Aspektdatum）」と名づけるものであり、後者は、対象の形や位置の契機を構成し、「場所与件（Stellungsdatum）」と名づけられる。その上で、ヒュレー概念は感覚の二つの契機のうち、もっぱら所与感覚の方を意味し、場所感覚の方はこの概念からは抜け落ちている事実が指摘される（*RK.* 67）。しかも、この場所感覚に対応する「ノエシス」こそキネステーゼにほかならない（*RK.* 64ff.）。

例えば、視覚において、視覚対象は視野の一定の位置に現れるが、この視野を構成しているのは、眼球運動のキネステーゼである。眼球運動のキネステーゼの持つさまざまな可能な能為（私はできる）の体系に、視野はその相関項として対応している。或る対象が視野の一定の位置にあるということは、体系を成している可能な能為のうちの一つが現実化していて、その現実化に必然的に伴うキネステーゼ的動機づけ（*RK*. 72, 99, 128f.）によって、視覚対象、正確には視覚的相与件が、一定の場所与件を与えられ、視野の当の場所に現れることになる。問題のキネステーゼ体系のうちで現実化されたものを除く他のすべての能為は、潜勢力（Potentialität）として留まるが、その潜勢的な能為の相関者が、現実の相与件によって占有されていない可能的場所感覚として、「空いた」視野という ことになる。したがって、一般的に、野（Feld）は、可能な全相与件の共存を意味する。言い換えると、可能な場所感覚系を意味する。その意味で、野は、観念上の場所系（ideelles Ortsystem）（*RK*. 73）であり、この場所系の観念性は、対応するキネステーゼ系の潜勢力を忠実に反映しているのである。野は、対応するキネステーゼ系に新たに他のキネステーゼ系がつけ加わることによって、例えば、眼球のキネステーゼ系に、身体運動のキネステーゼ系が付加されることによって、より大きな地平となり、地平はまた、全キネステーゼ系の綜合統一によって、世界へと、あらゆる相与件の現象の普遍的場となる。

ヒュレーである相与件は、必ず、場所与件の系である野において、ある特定の位置を占めて与えられる。たとえ『内的時間意識の現象学』の言う準空間という形式においてであれ、場所を持たないヒュレーはないとクレスゲスは考えるだろう。ところで、場所与件は、キネステーゼ的動機づけと名づけられるキネステーゼ的状況に依存している（*RK*. 128）。このキネステーゼ的動機づけを通して、相与件は、「私は自ら動く（ich-bewege-mich）」（*RK*. 129）という、能為性（Vermöglichkeit）（*RK*. 128）、「私はできる」というキネステーゼ的運動の自発性によって、自由に取り扱われるようになるのである。

しかし、ある場所与件が与えられるということは、キネステーゼの観念上の場所系において或る場所が現実化されるということ、言い換えると、可能的なキネステーゼの能為系の潜勢力のうちの一つが現実化されるということである。このような場所与件が、なぜ、感覚という性格を持たなければならないのだろうか。この問いに答えて、クレスゲスは言う、「場所与件は、器官運動に必然的に伴う感覚である」（*RK.* 134）と。この感覚をあるいはキネステーゼ的感覚と言うことができるかもしれない。「したがって、キネステーゼとは、知覚器官の身体的運動が内的に経験されるというような種類のもの以外の何ものでもないように見える」（*RK.* 99）。

クレスゲスの主張は、ヒュレーは感覚の二契機のうちの一つにすぎないということであった。言い換えると、ヒュレーは、感覚のもう一つの契機・場所与件とともに与えられるということである。ヒュレーは感覚としてしか与えられない。そして、感覚は場所与件を持っている。この場所与件を、キネステーゼ的動機づけを介して、キネステーゼが支配している。さらに、この与件が器官運動に伴う感覚であるということは、場所与件が身体意識（Leibesbewußtsein）を前提していることを意味する。すなわち、ヒュレーが感覚であるということは、それが身体によって受容される身体による感覚ということにほかならない（*RK.* 134）。さらに、「純粋自我を触発し、そのことによって初めて感覚が構成されうるような純粋なヒュレーというものは存在しない」のである（*ibid.*）。

このことは、すでに見た通り、触覚において触覚印象・感覚が、感覚感（Empfindnis）という形で、その印象が与えられる場ないしは部分野である身体の意識といっしょに与えられることに明らかである。触覚におけるこの感覚感に基づく自己の身体の構成を土台にして、他の諸感覚も身体の感覚として、身体意識を必然的に伴うことになる。ヒュレーが感覚であるということは、ヒュレーは身体による感覚としてしか存在しえないということである。

さらに、キネステーゼが場所与件を介して感覚を可能にしているということは、キネステーゼがもともと身体意識を含んでいるということを意味する。このことも原形としては、触覚において、触覚的キネステーゼが、感覚感のうちに、触っている手として経験されることや、また、触診する活動がキネステーゼ感覚として手の運動のうちに定位されるといった事実にはっきりと見ることができる。キネステーゼは自分を、知覚器官として、対象的に構成するのである。

こうして、ヒュレーは形相を持たない、意識の純粋の質料ではなくて、最初から感覚として、キネステーゼの相関者としてすでに構成されていたのである。そして、このような感覚としてのヒュレーから時間が始まるとすれば、時間意識に先立つとは言えないまでも、少なくとも時間意識と同時にキネステーゼが活動していることになるであろう。

時間意識とキネステーゼとの関係をクレスゲスにおいてさらに立ち入って見てみよう。クレスゲスは、キネステーゼによって構成される空間的対象である延長体（res extensa）が同時に時間的であること、さらには、運動としてのキネステーゼそのものが把持や予持の法則性に従うことから、キネステーゼ意識（キネステーゼ系ならびにそれの相関者である空間的対象の両総体）は必然的に時間意識であると結論している（*RK.* 120）。

しかしこの結論は、我々が今考察の対象にしているクレスゲスの論文においても必ずしも、最終的なものとは思われない。キネステーゼ系は、可能な「私はできる」の能為の潜勢力の体系であるが、その系に含まれる能為の諸契機が潜勢態から脱して現実化され顕在的となるとき、それらの諸契機は継起的（nacheinander）にしか現実化されない（*RK.* 78, 120）。そして、「私が動く、私が自ら動く」というときの「動く」は、「同時に存在する諸可能性が次々と（im Nacheinander）に現実化されること以外の何ものも意味しない」（*RK.* 112）。したがって、この意味では、キネステーゼは時間的である。しかしながら、キネステーゼと時間意識との間には決定的な違いがある。

それは、潜勢力の現実化・顕在化に関する違いである。時間意識の場合、潜勢力と言われるものは、それぞれの今が、把持と予持の形で保持している過去と未来の地平である。時間のこれらの地平としてある潜勢力の顕在化・現実化は、具体的には過去の地平に関しては想起の形を取って、また未来の地平に関しては、期待という形を取って遂行される。再現前化によって、我々は好きなだけ好きなときに、過去を思い出すことができる。同じことは未来についても言えて、これから起こるであろう事柄について、繰り返しさまざまに予想・期待することができる。しかしながら、クレスゲスも指摘しているように、時間意識の潜勢力の現実化は、過去や未来の本当の意味での現在における再現・実現ではなくて、表象的な擬似再現にすぎない。我々は過去の出来事を回想することはできるけれども、その出来事を出来事として反復することはできない。「時間地平に入り込むというこれらの能為性は、時間経過の構造によってまだなお規定されているので、顕在化された能為性は、今の原顕在性に対してやはり、ある特殊な非顕在性の様態を持ち続けている」（*RK.* 77）。

これと反対に、キネステーゼの方は、その系のうちに潜勢力としてある能為を、繰り返し、好きなだけ、現実化し顕在化することができる。その意味で、キネステーゼ系は、同時の外在（Auseinander-im-Zugleich）である。そして、その場合、「外在」の契機は、起こりうる現実化が継起（Nacheinander）においてのみ可能であるということの意味であり、また、「同時」の契機は、それぞれの顕在化が、任意に、たびたび繰り返されうるということを意味している。この同時性のゆえに、キネステーゼは空間を構成することができるのである。言い換えると、キネステーゼ意識は空間意識となる（*RK.* 78, 120）。

結局、三つの同時性が見つかった。⑴同一の今時間における同時性。これは、『内的時間意識の現象学』において、「同‐時性」、「同‐今性」ないしは「流動の印象的同時」と呼ばれるものである。同じ今の時間に属する複数の印象に関して妥当する同時性である。次に(2)『内的時間意識の現象学』において、(1)に対置して「先‐同時」ないしは「流動的先‐同時」と呼ばれたものである。これは、(1)の「同‐今性」を構成する時間意識である、内的意識の諸位層（具体的には把持の連続体であり、また予持の連続体でもある）。最後に(3)、今見てきたばかりの空間意識としてのキネステーゼの、任意に反復可能な「同時の‐相互外在」である。我々が問題にしてきた身体の記憶としての習慣は、明らかに、この第三の同時と密接なつながりがある。ということは、さらに問題を、その源に遡って、時間意識と行為すなわちキネステーゼとの関係に戻って考えると、この両者の関係は、ここまでの結論として、(2)と(3)との、二つの同時がどのように関係しているかという問いにまで突きつめることができる。

今言えることは、キネステーゼを時間意識に従属させたり、そこから派生させることはできないということである。空間性を、例えばメルロ＝ポンティがしたように、時間の同時性から、同じ時間に属するということ（(1)の同時性）に還元できないということである。反対に、キネステーゼから導出することも可能かもしれない。例えば、キネステーゼの潜勢力から顕在化するとき、継起的にしか現実化しえないということから、時間をキネステーゼから導出することも可能かもしれない。例えば、キネステーゼのうちの或るものがその反復可能性を失うことによって時間化作用が成立したと。知覚を可能的行為として、認識や表象としてではなく、あくまでも行為的実践的に捉えようとしたベルクソンの『物質と記憶』は、また、時間をキネステーゼから考察し直そうとする企て（例えば、ラントグレーベのそれ）にとって、省察に値する記念碑的作品となるであろう。ついでに言えば、キネステーゼを、結果としては、知覚意識の枠内に狭めて論ずることになったクレスゲスの『エドムント・フッサールの空間構成の理論』には、まだ、表象的な、したがって時間意識の諸要素が、キネステーゼの要素として紛れ込んでいる疑いもぬぐえない。

注

（1）Edmund Husserl, *Zur Phänomenologie des inneren Zeitbewusstseins*, Husserliana Band X, Martinus Nijhoff, 1966, S. 126.（以下、*ZB.* 206の要領で略記する）〔立松弘孝訳『内的時間意識の現象学』みすず書房、一九六七年、一七八ページ〕

（2）Henri Bergson, *Matière et Mémoire*, 72 édition, Presses Universitaires de France, 1965, p. 83sqq.（以下、*MM.* 83sqq. の要領で略記する）

（3）Edmund Husserl, *Cartesianische Meditationen und pariser Vorträge*, Husserliana Band I, Martinus Nijhoff, 1963.（以下、*CM.* と略記する）〔舟橋弘訳『デカルト的省察』〈世界の名著〉五一、中央公論社、一九七〇年、二四九ページ〕なお『イデーンII』における純粋自我の分析については、榊原哲也「フッサールにおける自我と発生」（『現象学年報』第一〇号、日本現象学会、一九九五年）。

（4）Ulrich Claesges, *Edmund Husserls Theorie der Raumkonstitution*, Martinus Nijhoff, 1963.（以下、*RK.* と略記する）

第四章

絶対的事実とキネステーゼ

・・ラントグレーベ（1）・・

現象学的反省は、事柄そのものを直観において見て取ることを任務とする。現象学的反省が見て捉えることにおいて成り立つとすれば、それは対象との間に、見るために必要な隔たりを、原理上必要とする。この隔たりより湧出する光の明るさによって、対象は見えうるものとなる。この明るみとしての隔たりを作り出しているのが時間にほかならない。したがって、反省においては、必然的に、その対象は時間的な隔たりを通して見られていることになる。言い換えると、反省の対象は、反省そのものに対して時間的には過去ということになる。反省はいつも、起こってしまった事を後から追いかけて捕まえようとする「後からの確認」である。

反省だけではなく、志向性によって規定される意識一般の本質が時間にほかならない。現象が意識にとって可能であるとすれば、それは時間の作り出す隔たりによって、事物の現出に必要な明るさが産み出されるからである。したがって、フッサールにとって、世界を構成する超越論的主観性の究極の働きは、時間化作用にほかならなかった。反省とは、この時間化作用としての見る働き、さらに一般的に言って知覚する働きを、超越論的自我が自分を知覚するために、自分自身に振り向けるところに、成立する。つまるところ時間化作用として作動している超越論的自我が、自分を捉えようとして反省において自分に振り向くとき、まさに反省という行為を行っている私と、その私の反省において対象化ないしは時間化され存在者化されている私との間に、反省という形で遂行されている知覚に本質的な時間の隔たりが産み出されている。したがって、今、現に反省という行為をしている私にとって、反省の対象となって反省されている私は、さっきの、たった今過ぎ去ったばかりの過去の私でなければならない。言い換えると、反省している私は、反省している私それ自身を捉えているのではない。それは、反省の仕方が悪いからではない。反省が時間において見て捉える後からの確認である以上、反省を遂行中の自我そのものを反省において把捉することは、原理上不可能なことであるからにほかならない。

反省において捕まえられる自我は、たった今働いていたその自我である。ちょうど今働いている自我は、反省に捕捉されることなく、いわゆる匿名の状態に留まっている。しかし、もう一度反省を繰り返すと、すなわち、反省していることについて反省するという高次の反省を実施すると、今さっき匿名の状態で反省を行っていた自我が、反省の対象となって時間化され、存在者化されて、時間の中に現れ出てくる。こうして、たった今反省の光の光源として、反省の光から身を隠していた作用自我が存在したことが分かる。言い換えると、反省を行っているとき、反省の光にさらされない自我が現に働いていて、それが反省を可能にしていることが分かる。作用自我が匿名的に働いていることが分かる。しかし、反省中の自我をその反省の途上において把握することは、反省という作業によっては不可能なことである。反省中の自我そのものは、あるいはもっと一般的に言って、作動中の自我そのものは、反省において直観することはできない。それは匿名のままに留まる。

この匿名の作動しつつある自我の在り方が、生き生きした現在と名づけられているものにほかならない。生き生きした現在は反省において直観されえない。しかし、それがどのようなものでなければならないかは、それが反省において時間化されて取る姿から、次のようなものとしてヘルトは推測する。(1) ⑴原受動的という性格。「反省によって露呈されるだけの、しかし、反省によって発動されない、そうした根源的転化、すなわち機能現在の〈流れること〉は、すでに知られている概念を受け入れて、『原受動的（Urpassiv）』と呼ばれるべきである。なぜなら、〈流れること〉は、おのおのの〈後から確認する能動性〉の根底に存するからである」。⑵先反省的という性格。「究極的に作動する自我の自己同一化――つまり、原受動的に発生した隔たりを橋渡ししている自己同一化、そして反省的に後から遂行されるだけの自己同一化――は『先反省的（praereflexiv）』と名づけられるべきである」。⑶先-時間的という性格。「自我の先反省的な自己現在化を明るみに出すのは、〈自我極を対象化すること〉としての反省であり、またそれに伴って〈自我極を時間化すること〉としての反省である。この反省においては、自我は時間位置現在として与えられてしまうわけであるが、先反省的な自己現在における自我の存在様式は、このような時間位置現在とは区別されて、『先‐時間的（vor-zeitlich）』と特徴づけられるべきである。というのは、この先‐時間的現在においてこそ、いっさいの〈時間化されて存在すること〉に先立つ〈時間化すること〉（Zeitigen）が起きているからである」。

さらに、生き生きした現在について、上の規定に加えて、あるいは上の諸規定を総括して、次のような意味での「事実」という特徴づけがなされる。超越論的自我は自分自身の機能している現在を、作動しつつある自分を、まなざして把捉することはできない。自我の機能現在そのものは、先‐時間的な性格において、知覚されえないのである。しかし「それにもかかわらず、自我は、厳密に言えば表現不可能な仕方で、自分自身の現在に気づいている。自我は、おのれの自我の〈作動すること〉に『現（Da）』『に関して知っている』のである。この『現』は、〔中略〕たとえ経験的には廃棄しえない未知性につきまとわれているとは言っても、最も広い意味で、或る『思念されたもの』なのである。そのような意味を持った匿名的なものとしての、〈留まる今〉、すなわち、その与えられ方すら知られていないような或る種の『所与性』としての〈留まる今〉は、以下では、『事実（Factum）』と呼ばれることになる」（*LG.* 204f.）。

一　絶対的事実性と原印象

しかし、この生き生きした現在である機能現在の「事実」は、本質ないしは形相に対置される通常の事実と区別されて、「絶対的事実」と名づけられなければならない。現象学的反省は、世界の中で出会われる偶然的な事実、したがって或る特定の時間位置（と、或る決定された空間位置）を持つ出来事から出発して、その事実ないしは出来事を想像の中で類似のものに変化させる「自由変更」の操作によって、「その対象が別のものに変わってしまわずにどこまで思考上の変化を許すか、を検証する」作業を通して、その事象の本質ないしは形相と言われるものを確定する（*LG.* 27）。すなわち、現象学にとって、本質とは「すべての可能的かつ任意な類似性変容の中で不変のままに存続するもの（invaliant Verharrendes）」（*ibid.*）にほかならない。しかし、この現象学的手続きからして分かるように、本質の普遍性とは、決して永遠的で、時間の外にあるという意味での超時間的なものではない。そうではなくて、どの時間にも妥当するという意味での「遍時間性（Allzeitlichkeit）」であり、「『すべての時間に経験可能』という〔理念的〕所与性の性格を、『繰り返し再可能性』という〔時間所与性の〕性格」（*LG.* 76f.）を指しているのであり、したがって、あくまでも時間的に、時間のうちで規定されているのである。

現象学にとって事実と本質ないしは形相との関係はこのようなものである。本質は、ある範囲内の対象のどれを取ってもいつも妥当するという意味で、必然的である。これに対して、その本質に与っているそれぞれの対象は、偶然的である。というも、その本質を持つ或る対象が現実の、すなわち或る特定の時間を占めて存在するかどうかは、決定されていないからである。すなわち、その特定の対象がたとえ存在しなかったとしても、そのことは本質にとっては何らの影響も及ぼさないからである。例を挙げよう。私が飼っている虎猫の甘えん坊で大食らいで寝坊スケの「コロスケ」が、たとえこの世に生まれてこなかったとしても、猫の本質に少しの変化もない。むしろ、コロスケは、他のどの猫にとってもそうであるように、猫の本質の偶然的な、他に無数にある中の一つの現実化、一つの事例にすぎない。

ところが、生き生きした機能現在を特徴づける「絶対的事実」は、今見たような、事実と本質との関係のうちに、入ることがないのである。生き生きした現在として作動している私は、一つの事実ではあるけれども、その事実性は、すでに挙げた三つの特性すなわち原受動性、先反省性、先-時間性という在り方を本質として持つ超越論的自我の偶然的な実現の一例としての事実、本質の反対概念である普通の意味での事実と、理解されてはならないのである。なぜならば、生き生きした機能現在の事実性は、それがなければ生き生きした現在の本質一般が考えられなくなるような、そういった事実性にほかならないからである。なるほど、現象学にとってどのような本質も、或る特定の事実から出発しその事実の想像による自由変容の結果として獲得されるものであった。その意味では、どの本質も常にある事実に基づいている。しかし、先程の例で言えば、猫の本質の場合と、今やっと夏休みになってこの論文を書いている私自身の機能現在の場合とでは、本質と事実との関係において、根本的な違いが見いだされる。それは簡単に言えば、たとえコロスケがいなくても、猫の本質は依然として思惟可能であるのに対して、もしこの私がいなければ、単に生き生きした現在としての超越論的自我の本質だけではなく、一般に、あらゆる本質も、またいかなる事実も、もはや私にとって存続しえないからである。絶対的事実としてのこの私が、私の自発性に基づく対象の想像的変容によって事実と本質との区別を行い、その対立を可能にしているのである。したがって、その操作を行っている私、そのような操作の遂行者として作動している私は、事実／本質という偶然と必然との対置の枠組みの手前にある。「[むしろ] あらゆる本質必然性は、その〔＝究極的に作動する自我の〕事実の契機なのであり、自我が自分自身に関わる〈機能するはたらき〉[＝作動] のさまざまな在り方――自己自身を理解する、あるいは理解しうるさまざまな在り方――なのである」（[　] 内は邦訳者による注）（*LG.* 207）。したがって、作動現在としての私は、一個の事実ではあるけれども、しかしその事実がなければ必然も偶然、また本質も事実も存在することのできない、「絶対的な」事実である。現象学的反省は、超越論的自我の根源的な働きを時間化作用として直観したとき、この、反省にとっては原理的に匿名の絶対的な事実としての生き生きした現在に直面することになる。

絶対的事実性として今明らかになった匿名的な生き生きした現在に、ここで、もう一度返ってみよう。そして謎と言われる生き生きした現在を、時間位相の開始点に位置する原印象との関係において考察してみよう。生き生きした現在が反省にとって匿名性を維持するのは、反省が時間化作用において自我を存在者化し、対象的に直観することで成り立っているからであった。反省が時間のうちに知覚するという作業である以上、それは、反省しつつ作動している私と、その反省作用のうちに対象化されている私との間に、時間的な隔たりが生じている。すなわち、対象となっている私は、反省している私に対して、すでに時間の「たった今あったという」過去のうちに退いている。しかしこのような言い方は正確ではない。というのも、このような言い方が許されるのは、生き生きした現在として作動している反省遂行者としての私が、時間の現在に位置を取る場合だけである。生き生きした現在が、文字通り、時間の現在であるときだけである。ところが、すでに見たように、生き生きした現在は、先-時間的という規定を受けるべきものであった。反省している私とその対象としての私との距離は、実は、正確には、時間的な距離ではなくて、時間の手前にある存在と、時間のうちに据えられたものとの隔たりとして理解されなければならない。もっと一般的に言うと、時間化作用として作動しているものと、その時間化において存在者として把捉されているものとの隔たりである。したがって、生き生きした現在の匿名性は、作動中の存在が、自分を時間において捉えることができないことに起因するということができる。

ところで、『内的時間意識の現象学』において原印象は、時間の開始点、始まりを形成すると考えられた。時間意識は、この根源的な印象を変容するところに成立するのであって、根源的印象の生成に関しては原理的に無関係なものとして見いだされた。『内的時間意識の現象学』の現象学的反省の状況を今、生き生きした現在の絶対的事実性があからさまになった後の現象学の歴史の時点から振り返ってみるならば、次のように要約できるであろう。生き生きした現在において作動している超越論的自我が、自分を反省するとき、言い換えると時間化作用の対象とするとき、超越論的自我は、自分を時間化の作用として見いだし、その作用は、把持と予持という時間意識に特有の志向性の連鎖として発見する。しかし、『内的時間意識の現象学』の描出する、この把持と予持の志向的連鎖としての超越論的自我の姿は、実は、ありのままの自我の在り方ではなくて、すでに反省において対象化されたのちの形姿であるということが判明する。そのことが、生き生きした現在の匿名性の発見にほかならない。それでは、原印象もまた、反省によって対象化された、二次的存在なのであろうか。ある意味ではそうである。というのも、原印象は、把持と予持の連鎖を形成する時間意識の、したがって対象化された主観性の開始点として、想定されているからである。その意味で、同じ対象化の領域の存在として設定されている。しかしながら、原印象は、反省によっては直観されえない。というのも、『内的時間意識の現象学』においてもすでに、反省は把持の取り直しとして理解されているからである。ところで、原印象は、把持に先立ち、把持を可能としているものである。したがって、原印象は決して反省によってそのものとして掬い取られることはできない仕組みになっている。

このように考えてくると、原印象は、反省という時間化作用の外に出てしまう。どのようなものとして時間の外に、すなわち反省の外に逃れてしまうのか。この点についてはフッサール自身、原印象がヒュレーなのかそれとも意識なのか、あるいはその両方なのか、分からないような曖昧な規定しか与えていないことからも明らかなように、はっきりしない。この問題に取り組もうとするならば、時間意識を作動させるヒュレーとしての原印象を考えなければならないし、また、そのヒュレーをそのようなものとして受け取る、したがって現象学的に言えば、ヒュレーをヒュレーとして「構成する」機能について考察しなければならなくなるだろう。こうして、原印象は、それを構成する機能が問題となるとき、生き生きした現在に直結するのである。いずれにしても、原印象という名前で呼ぼうと、あるいは生き生きした現在と命名しようと、結局は同じ事態を指しているのであり、その事態とは、時間化を可能にしている、それゆえ時間化としての反省のまなざしを逃れる、主観性の存立という根源的な出来事が、現象学的に生起しているということにほかならない。

二　時間意識とキネステーゼ

かくして、ラントグレーベが時間意識の中で謎のままに登場する原印象を、時間意識にとってのヒュレーの問題として取り上げ、それの構成を熟考して、絶対的事実性としての生き生きした現在の問題と改めて出会うことになったとしても何の不思議はない。そういう仕方で、ラントグレーベは、弟子のクレスゲスが主題化したキネステーゼと感覚の問題と、もう一人の弟子のヘルトが時間意識の分析から到達して生き生きした現在とを統一して理解する方途を尋ねることになったのである。ラントグレーベは、この統一理論を、超越論的自我の在り方への問いとして遂行するのであるが、今度はもはや、生き生きした現在という、依然として時間的な響きのする概念を捨てて、超越論的自我の「現（Da）」として、それもむしろ空間的なものとして、と言うよりも正確には、時空を生成する運動・キネステーゼとして展開する。

一九八三年の或る論文(2)でクレスゲスは、師ラントグレーベの上述の仕事を簡潔に要約紹介しているので、我々もその論文を手引きにしながら、ラントグレーベの企てを追って見たいと思う。この論文によれば、ラントグレーベのテーゼは次の通りである。「生き生きした現在とキネステーゼ意識は同一のものである」。しかし、キネステーゼ「意識」という用語はクレスゲスのものであり、彼はこの概念に、時間意識は実はキネステーゼであるという主張をそれとなくにじませているように思われるので、[3] むしろ、端的に「生き生きした現在とキネステーゼは同一のものである」と言うべきであろう。クレスゲスはラントグレーベの言葉を次のように忠実に引いている。「したがって、これらのキネステーゼ的機能（kinesthetischen Funktionen）は、それらがなければいかなる時間構成もありえないのだから、超越論的主観性の最も深い次元であり、本当の根源領域である」（Claesges. 138）。やがて分かるように、キネステーゼ的機能あるいは単にキネステーゼとは、自ら動くものとしての、また、その自ら動くことを同時に感じ取っているものとしての身体のことにほかならない。

ラントグレーベは、生き生きした現在とキネステーゼという、フッサールによって別々に追求されてきた二つの次元が、実は同じ一つのものであるという考えを、すでに七一年の「受動的構成の問題」において明らかにしている。この論文は、創造と意味形成（意味付与）との間で揺れているフッサールの構成概念の考察を目的としているが、このフッサールの構成概念の曖昧さは、もっぱら受動的構成と受動的綜合に関係している。そこから、クレスゲスが次のように定式化する主張がこの論文に盛られることになる（Claesges. 139）。⑴構成過程の深層は現象学的反省によっては追いつくことはできない。⑵身体性の諸機能は、受動的な先-構成に、したがって超越論的主観性に属する。⑶超越論的主観性の根源的に流れている出来事は、創造的過程として理解されなければならない。このように定式化した上で、クレスゲスは、この論文の主張の核心は、⑵であると言う。というのも、⑴と⑶はそれぞれ、内容的に⑵のうちに含まれているからである。

いずれにしても、⑴に関しては、我々が右で、ヘルトにおいて生き生きした現在の匿名性と絶対的事実性とを学んだ際に、確認したことである。⑵と⑶については、ここでラントグレーベ自身の論文に帰って、クレスゲスの定式をいくらか補うことにしよう。まず、⑵であるが、彼の定式に直ちに次の一文をつけ加えよう。「それゆえ、身体は単に構成されたものではなくて、また構成するものでもある」（*FI.* 78）。この主張は明らかに、クレスゲスによって為されたキネステーゼに基づくフッサールの空間概念ならびにヒュレー概念の分析を引き継ぎ繰り返している。簡単に言うと、ヒュレーは感覚としてしか与えられず、さらに感覚は身体の感覚として、キネステーゼによって、あるいはクレスゲスの用語法に従って、キネステーゼ意識によって構成される。キネステーゼとしての身体が感覚を構成するのである。こうして身体は、構成されるのでなくて構成するものとして、超越論的主観性に属するものとして明示される。しかも、時間意識が把持や予持によって変容されていく原印象的なヒュレーも感覚にほかならないから、時間意識はキネステーゼとしての身体を前提していることになるだろう。時間意識は、身体によって構成され準備された感覚印象をヒュレーとして受け取って、初めて機能していることになる。

ここで後の考察にとって重要な意味を持ってくる「私はできる」という意識、身体を「支配できる」という意識、すなわち、私はこれこれを為すことができるという実践的意識に触れなければならない。この「私はできる」と意識が、構成するものとしての身体性を、したがってキネステーゼ意識を、あるいは端的に言って、キネステーゼをあからさまにするのであるが、この意識についてラントグレーベは、或る想定される反論に答える形で、注目すべき発言をしている。反論というのは、「このできるという意識はすでに構成されたものではないか。というのも、この意識は、例えば私の手が物を摑むのを見るときような、私の能力の活動によって引き起こされる運動を認めること（Gewahren）と一致しているからである。したがって、手はすでに私の知覚の対象として構成されているということを意味している。だから、私によって引き起こされる運動に私が気づいているということ（mein Innewerden der von mir herbeigeführten Bewußtsein）は、すでに身体の知覚的構成を前提しているのではないか」（*FL.* 82）。

この反論にラントグレーベは、フッサールを援用しつつ答える。身体が「私の」身体であるのは、私が直接意のままにすることのできるものの総体としての身体の諸器官によってであるが、明らかに、この意のままにできるということは、そのためにそのことについての意識がなくとも、すでにそれに先立って生じる（*FL.* 82）。フッサールが言うように、「『私は動かす』ということは『私はできる』ということに根源的に先行する」(4)のである。そしてさらに、このことには、身体を支配することのできるという意識は、展開された自我意識に発生的に先立つという事実がつけ加えられるべきともラントグレーベは考える。すなわち、「その遂行者が自我であると言われるその自我の自発性は、まだ覆われているが、しかしその覆われていることにおいてすでに支配的であるのである。『自我もまた先立って在る』という言葉が妥当するのは、ただこの意味においてのみである」（*FL.* 83）。

ラントグレーベは引き続いて、この、展開された自我意識に先立つ「知（Wissen）」ないしは「気づき（Innesein）」とは何かと、問う。それは「満足させられた、あるいは、満足させられなかった『身体感情（leibgefühl）』としてキネステーゼの遂行と一体となっている」（*ibid.*）。しかし、「身体感情」という表現は適当ではないと言う。というのも、それが、自分を知る内面性をまだまったく与えられていないのに、そういった内面的なものを思わせるからである。これに対してハイデガーの「情態性」という概念は、単に「感情」だけではなく、触発するものとそれに対してキネステーゼ的運動が差し向けられているものとのただ中の状況を指し示し、また、この意味で世界の最初の開けであるので、適切に事態を映している。これらの理由で、この概念が借用される。別の論文において彼は、次のようにも言っている。「世界が最初に明らかになるのは『情態性』においてである。情態性が或る状態にあることの可能性として（als die Möglichkeit des Sich-befindens）現存在に属していると認められうるのは、現存在が身体によってそのつど『現に（Da）』状況づけられるからである」（*FL* 112）。

ラントグレーベの以上の考察は、いくらかの点で問題を残しているように思われる。立ち入った検討は後に譲るとして、ここでは、その問題点を指摘するだけで満足しよう。まず、キネステーゼについての気づきに関する彼の分析では、私は、自ら動くという要素と、私はできるという要素、それに自我の意識というこの三つの要素があるように受け取れる。ところで、彼が展開された自我意識に先立つ知ないしは気づきというとき、それは、私はできるということを指しているのか、それとも、私はできるというのは、自我意識には先行するけれども、気づきとは別のものなのか、不明である。言い換えると、彼がハイデガーの情態性という用語を借りて言い表そうとしているのは、私はできるということなのか、それとも、何かそれに先立つものが別にあって、そのことを意味しているのか。もう一度言い換えると、私は自ら動く、私はできる、私はできるという意識、自我意識の四つがあって、情態性で指示されているのは、私はできるという「意識」からは区別された、私はできるなのか。

また、ラントグレーベはキネステーゼの気づきを、ハイデガーの情態性の概念と重ね合わせようとしているけれども、アンリの批判に耳を傾けるならば、ハイデガーのこの概念はあくまでも時間の既在性によって規定されている。もしそうなら、先‐時間的なキネステーゼについての非反省的な、したがって非時間的なキネステーゼ的覚知に、時間規定に関わるような概念を持ち込むことは、許されないだろう。また、ラントグレーベは、「『身体感情』という表現は適当ではない、というのも、自分を知る内面性をまだまったく与えられていないのに、そういった内面的なものがすでに存在するかのように、その表現が思わせるからである」と言ってハイデガーの概念を採用するのであるが、しかしながら、アンリの内在に基づく感情の理論によれば、感情の内面性は、ちょうどフッサールにおける絶対的事実性が本質に対立する事実とは存在論的に異なり、かえって両者を可能にしているように、意識としての内面性と意識の対象としての外面性ないしは外在性を同時に可能にしているものを指している。いずれにせよ、これらの問題点は、やがて、アンリに関する第六章で、他の問題と合わせて、集中的に議論されることになるだろう。

第三の主張「超越論的主観性の根源的に流れている出来事は、創造的過程として理解されなければならない」に移ろう。すでに、(2)の主張が明らかにしたように、我々にとってヒュレーは、ただ感覚としてしか与えられず、しかもこの感覚としてのヒュレーは、キネステーゼとしての超越論的身体の構成する働きによって、初めてそのようなものとして存在しうるのであった。したがって、ヒュレーもまた私の身体に属する出来事である。なるほど、感覚は、我々がキネステーゼによって意のままに自由に処理しうる種類の身体的出来事ではない。それは、我々の意志とは無関係に到来するものであり、決して我々の意のままにならない。この性格のゆえに、デカルトは感覚を、外的世界としての物質の存在証明のための決定的な手がかりとしえたのである。この意味では、感覚的な出来事は、身体の外にある。しかし、この出来事は、我々が自分の身体として経験しうるものから切り離して考えることのできないものでもある。なぜなら「自然は我々にとって、この身体的発生において自然について〈明示〉されるもの以外の何ものでもありえない」からである（*FI.* 84）。「ヒュレーもまた、自分とは異なったまったく他のもののうちに、〔中略〕自分の根拠を持つようなものではないのである。そうではなくて、ヒュレーは、超越論的生成の内在に属しているのである」（*FI.* 84f.）。自然は超越論的主観性に、別の独立した存在として対峙しているのではない。そうではなくて、「超越論的主観性そのものに〈自然の側面〉〈Naturseite〉がある」と言わなければならない（*FI.* 84）。

身体はキネステーゼとして、超越論的主観性の自然的側面を構成しつつ、超越論的主観性の根源的に流れる出来事に属する。この事を確認した上でラントグレーベは、構成的な身体と自我との関係をさらに、超越論的な主観性の根源的に流れる出来事のうちに読み取ろうとする。もちろん、根源的に流れる出来事は、ヘルトの生き生きした現在において明らかになったように、絶対的事実性として、反省のまなざしを逃れる。その意味において、この出来事は概念的に確定することが不可能であり、「内部とか外部とかの彼方にあり、主観的―客観的の彼方にあり、精神的と物質的との彼方にあり、形式と質料との彼方に」ある（*FI.* 85）。この事態を、ラントグレーベは、同じく彼の弟子であるアギーレの言葉を使って、「無差異（Indifferenz）」と表現している。

しかしこの無差異によって、流れることが、文目も分かたぬような、闇夜の烏のような、あるいはヘーゲルのように言って「すべての牛が黒くなる夜」のような、散乱する出来事であると理解されてはならない。すなわち、根源的に流れる出来事は、その流れることのうちに認められる、自然とか社会とかいう法則性から、個体化が説明されうるような、混沌とした出来事ではないのである。そうではなくて、この流れることは「およそこのような流れることでありうるためには、すでに個別化の原理を自分のうちに携えていなければならない」（*FI.* 85）。だからこそフッサールは彼の自我論をモナドロジーとして語ったのである。根源的に流れることが、個体化を実現するのではない。むしろ、このような流れるということが個体化を実現する過程であるためには、「次のような機構が前提されているのである。それはどのような機構かというと、のちにそのつど、『私の身体』として、かつまた『私の身体に属している私の自我』として経験されるようになる機構である」（*FI.* 86）。したがって、ラントグレーベによれば、メルロ＝ポンティの考えに反して、身体は個体化の原理ではない。逆に、身体と言われるものがあるためには、「一人の人が身体を持ち、その身体を意のままにすることをすでに学んでいるということ」が前提となっている（*FL.* 86）。身体が自らを自我として発見するのではなくて、自我がそのつど自分の身体を発見するのである。他方、自我は超越論的な発生において自分を発見する。言い換えると、自我は触発によって目覚めさせられる。この意味では自我は創造される。しかしながら、そのことは、根源的な流れることのうちに、外から何か異他的なものが入り込んでくることだろうかとラントグレーベは問う。「不可解な衝撃（unbegreiflicher Anstoß）」、さまざまな感覚、自我への触発などと、フッサールが表現しているものは何なのだろう。この衝撃は、そのつどの今において生起していると、考えることはできない。なぜならば、もしそうであれば、根源的に流れること自身が、果てしない時間の中での出来事となってしまうからである。実際は、逆にあらゆる時間が、この根源的に流れることにおいて最初に構成されなければならないのである。したがって、問題の衝撃も非時間的なものと理解されなければならない。さらに衝撃のこの非時間性は、絶対的事実性として捉えなければならない。衝撃は偶然的でも、必然的でもない。というのは、生き生きした現在において見たように、それらの概念は、時間的な規定のもとにあるからである。

結局、ラントグレーベの結論は、「原印象的な流れることが先行するがゆえに、そしてまた、同じようにフッサールによって強調されたあの多義的な意味において、〈自我〉が先行するがゆえに、それぞれの自我の存在は根源的に流れることと同様に絶対的な事実性である」（*FL.* 87）というものである。おそらく、根源的に流れることと、自我を目覚めさせる不可解な衝動とのいずれもが、同じ絶対的事実性として性格づけられることからの結論であろうと思われる。かくして、自我としての各自の現存在は、個別化を生じさせる或る出来事が初めにあって、そこから導き出されるのではない。個別化そのものが絶対的なのである。そして、この意味で、根源的に流れている出来事は、創造的過程として理解されなければならない。というのも、それは絶対的事実として、根拠づけられない根拠（grundloser Grund）にほかならないからである。

三　無差異

以上見てきた論文は、全体としては、反省の目を逃れる生き生きした現在に何らかの輪郭を与えることを目的としている。そのために、身体がキネステーゼとして、構成的力能のうちに数えられて、超越論的主観性に内属しているのが確認された。さらにキネステーゼと自我との関係、最後に、超越論的な根源的に流れている出来事と自我との関係が考察された。ここで、補足として、論文中に挙げられた、アギーレの「無差異」の概念に少し立ち入ってみたい。

アギーレは、我々の経験を現象学的な意味で発生的なものとして捉えて、経験をその始まりの位層にまで遡ることによって、「無差異」の概念に到達する。どのような対象にも、常に、時間的に根源的に創設する発生（urstiftende Genesis）(5)がある。すなわち、それぞれの対象には、その対象の初めての経験があり、その経験を始まりとする歴史があり、伝統がある。対象の認識は、常に、その対象の経験の歴史を参照して行われている。対象の経験は、その根源的創設から現在までに至る発生的な伝統を地平として持っている。一般的に言って、経験的生は、出会うところのものを、その発生的地平において参照しつつ持つ、という仕方で遂行されるのであるが、この発生的な参照関係に規定されている対象の経験の性格を、アギーレは、「へ向けての知覚（ad-perception）」（Aguirre. 159）という用語で言い表している。この性格のゆえに、対象の経験は、「へ向かって」それ以上遡ることのできない極限の出来事、対象を限定するために意のままになるいかなる伝統ももはや持ち合わせていない経験の始まりに、必ず遭遇する運命にある。極限にあるその経験は、対象を「持つこと」ではあるけれども、もはや「へ向けて知覚しつつ持つこと」という参照関係を欠いている。その意味で、無媒介的であり、無歴史的である。

「へ向けての知覚」の始まりである発生的極限は、ヒュレー意識である、感覚である。発生的な回顧的参照は、先-贈与的で、先-対象的意識としての感覚に導く。このような意識は、その対象を彼自身の歴史から、彼自身から持つのではない。したがって、感覚することは、意識の外の何かに、端的な超越者に、すなわちそれ自身で存在するものに、振り向けられるように見える。しかし、『経験と判断』において見るように、この先-対象的な、受動的な先-所与性においても、綜合の働きが支配している。例えば感覚野は、単なるカオス、単なる混乱ではなくて、規定された構造を持つ野であり、際立った部分や分節された細部を持つ野である。すでに等しさや類似やコントラストを持つ野である。ところで、静的な記述において等しさや類似などとして与えられるものも、発生的分析においては、すでに合致や綜合の産物である。連合の産物である。この発生的連合が、「内的時間意識の綜合にさらに積み上げられて」(Aguirre. 161.『経験と判断』からの引用)受動的な先-所与性の領域を支配しているのである。

ところが、受動的連合もまた歴史を持ち、最初の創設へと遡及することができる。すなわち、「純粋に受動的に『白と白とを』連合する自我の能力」は、「自我の中にすでにある歴史によって最初に、連合を遂行するその能力を手渡される」のである(Aguirre. 161)。「感覚するのは、したがって、決して最後のことではなく、『その背後に』ないしは『その手前に』すでに受容能力のある(aufnahmefähig)、意識能力のある(bewußtseinsfähig)主観性がある。この主観性は、感覚領域の根源的な差異化(連合的発生)にさらに先立ってあり、また、発生によっては可能とはならず、さらには、遡って発生に関係づけられることもないので、差異化されていないものとして、始まりとして、絶対的なものとして特徴づけられなければならない」(Aguirre. 162)。

知覚は感覚に還元され、感覚はついに絶対的無差異となる。この始まりとしての「瞬間」は、どのような時間規定も受けず、また、いかなる時間的生起でもない。時間的であれば、発生においてその現存在の規定を持たねばならないであろうし、かくして差異化の産物となろう。時間こそ差異化の原理にほかならない。始まりは時間から抜け落ちる。それは、いかなる意味での「そのとき」でも、「今」でもない。それは、そのつどの生の脈動において、始まりも終わりも知らない生き生きした現在において、根源的に作動している主観性である。根源的創設としての始まりは、いつかあるときに生じてしまった始まりではなくて、生き生きした究極の現在においてそのつど生起しているのである。

生き生きした現在の、そのつどの遂行作用において、絶対的な始まりとしての私が、自身の作用において作動している最後の主体としての私が、見いだされる。この絶対的主観性としての始まりは、世界における生、自然的生とは何の関係もない。「最終的に作動している主観として、私は生まれたこともなかったし、また死ぬこともないであろう。生死は『内時間的な』出来事であり、『経験的事実』である」(Aguirre. 164)。自然の、この世の生は、ただ、覚醒ないしは目覚めさせられることを意味する。目覚める以前にも私はすでに、何も起こることのない真っ暗な夜を生きている。この真っ暗な夜は、しかし、何ものかであり、「内的時間形式のある種の積極的な充実」(*ibid.*)である。もちろん、この場合の「内的時間」とは、「限りなく未来に続く内的時間」とは、体験や現出などの内在的な時間ではなくて、「絶対的意識の、その始源の無時間的な現在における意識の、根源的な時間性」(Aguirre. 165)のことにほかならない。

自我は生きるのを止めることはできない。目覚めさせられていない自我は、まったく差異化されていない流れを持ち、作動はしていないけれども、無ではない。自然的な生の始まりとしての自我の覚醒は、不可解な衝撃である。

無動機に、それゆえ発生とは関係なく、不可解に、生は活動を始めるのである。

注

（1）Klaus Held, *Lebendige Gegenwart*, Martinus Nijhoff, 1966.〔新田義弘・小川侃・谷徹・斎藤慶典訳『生き生きした現在』北斗出版、一九九八年、一三四ページ〕（以下、*LG.* と略記して邦訳からページ数をあげて引用する。ただし、送り仮名等は適宜改めている）

（2）Ulrich Claesges, "Zeit und Kinästhetisches Bewußtsein, Bemerkungen zu einer These," *Phänomenologische Forschungen* 14, Karl Alber, 1983.（以下、Claesges. と略記する）

（3）Ludwig Landgrebe, *Faktizität und Individuation*, Felix Meiner Verlag, 1982, S. 81.（以下、*FI.* と略記する）ならびに、本書第三章を参照のこと。

（4）Edmund Husserl, *Ideen zu einer reinen Phänomenologie und Phänomenologischen Philosophie*, Husserliana Band IV, zweites Buch, Martinus Nijhoff, 1952, S. 261.

（5）Antonio Aguirre, *Genetische Phänomenologie und Reduktion*, Martinus Nijhoff, 1970, S. 159.（以下、Aguirre. と略記する）

第五章

私の存在の「現」とキネステーゼ

・・ラントグレーベ（2）・・

前章で見たように、「受動的構成の問題」においてラントグレーベは、感覚として理解された限りでの、あるいはむしろ感覚にほかならないヒュレーを構成するキネステーゼを、その構成能作のゆえに、超越論的主観性のうちに繰り込み、さらに、キネステーゼと超越論的主観性の在り方である生き生きした現在との関係へと考察を進めた。我々が手引きとして使っているクレスゲスの解説によれば[1]、以後、ラントグレーベにおいて、キネステーゼと生き生きした現在という二つの次元の統一についての主張が、歴史や信仰やヘーゲル弁証法の批判などの、高次の問題設定の中でなされるようになる。それとともに、キネステーゼに関する以前の主張も自ずと拡張され、上述の二つの次元の統一の根拠づけも変化する。もはや問題は原印象ではない。根拠づけの法廷は、「絶対的事実」についてのフッサールの説に移される。

すでに見たように、絶対的事実である超越論的自我に関しては、他のものには妥当する、本質が事実に対して優先するという原理が当てはまらない。この絶対的事実は、「私は現にいる（Ich bin da）」ということのうちに表明されている日常の、学に先立つ自己意識の構造と結びついている。そして、「ラントグレーベによれば、この絶対的事実は、――端的に言って――、生き生きした現在ではなくて、キネステーゼ意識である」（Claesges. 142）。

しかし、絶対的事実がどうして、キネステーゼ（意識）なのだろうか。この問いに対して、クレスゲスは、「この証明は、〔中略〕自然的な自己意識の表明としての『私は現にいる』から導かれる」と述べて（Claesges. 144）、ラントグレーベの一九七六年の論文から長い引用を行っている[2]。その引用とそれにつけられたクレスゲスの論評とを以下に要約する。ラントグレーベの考えでは、自然な言葉使いにおいては、「私は在る」というのは、常に「私は現に在る」の謂である。哲学的な「我在り・コギト」は、この日常的事実の抽象にほかならない。それは文字通りの意味で、そう言表している者の「現に在ること（現存在）」であり、その際、「現に」は「今」と「ここに」を含んでいる。したがって、この意味で、この「現に」は、「私は現に在る」と言っている者の現実の経験がそこへ向かって方向づけられている「零度（Nullpunkt）」として、絶対的な規定である。このラントグレーベの考え方に対してクレスゲスは次のように論評している。この絶対的規定としての「私は現にいる」は自然的意識である。すなわち、現象学的反省を施すならば、それが実は、一定の能作によって構成された結果であることが明らかとなるだろう。したがって、「私は現に在る」ということが「絶対的事実」であるとすれば、それは、最終的に作動している自我の絶対的事実に基づいていることになるだろう。そして実際、クレスゲスの見立てでは、彼が「弁証法論文」と名づける一九八〇年の論考において、ラントグレーベは、この問題を掘り下げていく。

これまでのところで、超越論的主観性の絶対的事実と「私は現に在る」の「現に」との関係は示唆されたけれども、絶対的事実とキネステーゼとの関係については依然として不明のままである。この点に何らかの手がかりが得られないか、まず、上述の一九七六年論文を瞥見しよう。そののち、クレスゲスが「弁証法論文」と名づける論考を取り上げることにする。

一　原事実と世界信憑

「反省の限界としての事実性と信仰の問題」と題されたその論文は、反省の手前にある絶対的事実性ないしは原事実（Urfaktum）が我々の経験に与えられるその仕方、ないしはその知られ方を、キネステーゼとの関係で取り扱っており、また、その扱い方は、「弁証法論文」とは異なって、自然的態度の一般定立である「世界信憑」とキネステーゼとを関係づけている点で、特に興味深い。

すでに、超越論的反省が突破できない限界が、原事実として露呈された。しかし、そのことの意味は、この事実を、もはやそれ以上何も問わずに、黙って、宿命として受け入れよということなのか。それはラントグレーベの取る態度ではない。反省の限界として事実性と名づけられているものは、生があらゆる哲学的反省に先立って常にすでに慣れ親しんでいるものであり、生がそのつど、さまざまな仕方で、とりわけ実践的に取り組んでいるところのものである。したがって、その前で沈黙を余儀なくされるのではなくて、どのようにしてその事実が常にすでに知られているのか、解明が要求されている。このように考えるラントグレーベは、ここでもう一度、徹底した懐疑としての超越論的現象学的反省の辿る道を振り返ることになる。

反省以前に、まず、自然的態度がある。現象学者はその反省に従事する前に、あるいは彼が現象学者となる前は、この自然的態度において世界を生きている。それは、自明であるがゆえに決して主題化されることのない或る固い地盤に基づいて生きている在り方である。したがって、その地盤の上で彼のいっさいの思惟と熟考が始まり、いっさいの問いが立てられるのであるが、その地盤そのものについて彼は問題とすることがない。この態度のうちに留まる間は、この地盤は、いっさいの思慮と行動の決して疑われることのない大前提となっている。自然的態度のうちに、地盤が問われることのない自明なものとして常にすでに受け取られてしまっている事実を、フッサールは「自然的態度の一般定立（Generalthesis der natürlichen Einstellung）」と表記する。この定立は「世界信憑（Weltglaube）」である。世界が（自然的世界のみならず歴史的世界も含めて）それ自体として存在するという信念である。それは単なる臆見（Meinen, Doxa）ではない。むしろ根本的な確信であり、しかも、判断に基づく確信ではなくて、反対に、いっさいの判断に先行する根拠であり、その根拠の上に肯定や否定のすべての判断の確かさや本当らしさが基礎づけられている、そういった根本的な確信である。この一般定立は、生が自分をそこで見いだす現実性の根本的な肯定として、その定立のうちに、我々によって引き受けられている現実性の構造を含んでいる。ヒュームが信（belief）、慣習（custom）、習慣（habit）などの概念で言い表そうとしたのはこの一般定立のことであるとラントグレーベは考える（*FL.* 124）。

我々が自然的態度のうちに生きている日常的世界、生活世界はこの一般定立に基づいている。しかし、この生活世界を、現象学者は哲学的に取るに足らないものとして、デカルトがしたように不確かなものとして、飛び越し、顧みないのではない。現象学は、生活世界において働いている一般定立の謎を解くために、それを主題化するのである。その主題化のための手段が、現象学的反省の行う還元という操作にほかならない。生活世界は、現象学者にとっても反省の出発点であり、基盤として働いている。現象学は、一般定立が超越論的主観性の機能によって構成されたものであることを日の目にさらす。したがって、現実性について、日常的に与えられて経験的に知られている状態は、生活世界の状態は、志向的に作動していることへと反省が問い返していくための導きの糸となる。

ところで、一般定立を構成するために働いている超越論的主観性の最終的な機能とは、時間意識である。少なくとも、現象学的反省が、その反省のうちに把捉する限りにおいては、そうである。「この地盤が形成され、維持されている志向的機能は、まさにあの最も深いところにある機能的構造のうちに探されなければならないだろうが、その構造の最下部には、ただ時間構成の構造だけがある。またその構造のうちに、あらゆる生活世界に共通なものが見いだされるべきであろう」（*FL.* 126）。この時間構成の構造は、あらゆる可能な生活世界に共通なア・プリオリな構造として理解されなければならない。したがって、この構造のうちには、共通の生活世界をさまざまの歴史的に異なる生活世界へと差異化するために必要な機能もまた属しているのである。しかも、「それらの機能は、時間と歴史とを構成するものとして、それら自身は歴史的ではなくて、言わば、先‐歴史的である」（*FL.* 127）。

しかしながら、このようなものとして超越論的構成機能を明らかにする反省は、もはや原理上反省の光の届かない、というよりは反省の光がかき消えてしまう限界に阻まれる運命にある。その限界が超越論的主観性の原事実と呼ばれているものであるが、反省には把捉不可能なこの原事実こそ、構成する能作の最も深い、時間意識よりも深い次元となっている。その次元とは何か。反省している者自身の実存であり、絶対的事実としての「私は在る」にほかならない。そして、ラントグレーベによれば、この事実性に、自然的態度に属する世界信憑もすでに基づいている（*FI.* 129）。言い換えると、原事実とともに、「私が在る」ということと同時に、私によって生きられている現実性（「生活世界」）が、いっしょに、すでに、措定されているのである。反省する私は、これらの先行する肯定をただ、すでに起こってしまったこととして、確認しているにすぎない。私が生活世界において在るということが、反省の出発点であり、反省そのものを可能にしている前提である。したがって、原事実に追いつくことは、反省にはできない相談である。

反省は追いつくことができなくとも、原事実において私は世界信憑という一般定立を遂行している。世界の存在についての大いなる先-判断的な、原肯定のうちに私は生きているのである。そうすることにおいて私は在る。この原事実を原事実たらしめている「基本的構成能作（elementare konstitutiven Leistungen）」（*FI.* 129）は、反省によっては主題化不可能ではあっても、決して不可解な深淵ではなくて、誰もが本当に完全に信頼しているものである。「というのは、誰もがそれらの能作を常にすでに、もたらしているからである」（*ibid.*）。

それでは、この、原事実のうちに原事実として働いている「基本的構成能作」とは何か。それは、「私の運動（キネステーゼ）」（*FI.* 130）にほかならない。ラントグレーベはこのことを、原事実としての私があることを、すでに我々の見た、「私が現にいる、すなわち、今ここに在る」と理解することから出発して明らかにしようとする。

反省には近づくことのできない次元を形成している私の「現（Da）」に、ラントグレーベは身振りを通して接近の通路を開こうとする。私の現は「今、ここ」として、そのときどきの意味を取る指示代名詞である。この「今、ここ」として「現」は、指し示す身振り（Zeigegeste）によって、無言のうちに、表示されることができる。それどころか、このような身振りは、先-言語的な存在である。

身振りは言うまでもなく、身体の運動である。身振りは「私から自発的に始められうる私のそれぞれの運動（キネステーゼ）として経験され、また、私が身振りを遂行する身体は、紛れもなく、『私の』身体である」（*ibid.*）。自分の身体に対して、各人は、一定の限界内ではあるが直接に自由に支配することを学ぶ。自分の肢体に対することの自由にできるという経験が、ラントグレーベによれば、ヒュームが求めて得られなかった、原因であること（**bewirken**）の表象の超越論的根にほかならない。そしてまた、「原因であることができるという自己経験のうちに、何か或ることをいかに為すかということに関する先-反省的な『知』」（*ibid.*）のうちに、私のものと他者のものとの区別の根が、したがって、所有の原始概念が見いだされる。もっと広く言って、私の運動は、原因であることができるという自己経験は、それぞれの経験一般の可能性の制約である。したがって、このことは「話すこと」にも妥当する。声に出して、はっきりと発音することは、「私は自ら動く」という、キネステーゼの意味において、私の身体運動に属するからである。私のそれぞれの運動として経験されるキネステーゼは、言語的に定式化されるならば、「私はできる（Ich kann）」と表現される（*ibid.*）。したがって、力（Macht）の表象も、私の運動に、その超越論的規定の源を持つが、この力は単に事物に対するものだけではなくて、人に対するものも含んでいる。それにしても、ラントグレーベのこれらの考察は何とメーヌ・ド・ビランのそれに似ていることだろう。

ラントグレーベは、ここで（*FI.* 130f.）、キネステーゼとしての原事実と反省との関係にまで立ち入って考察している。自ら動くということが学ばれ、それを覚え込むことができるという経験は、先-反省的である。ところで、目的を達成できなかったときの運動の失敗に気づくから、よりよく実行するための運動の反復が生まれる。失敗の気づきは運動から自己運動する存在への回帰を促す。これが反省の前段階と理解できる。反省は普通の日常生活においては、「お前にそれができるか」という自分への問いかけとして現れる。最も高次の段階においても、反省は常に、「できるということ」と「できることの限界」への問いとして展開する。最高度の反省である超越論的反省もまた、反省に固有のその限界すなわち原事実にぶつかるのである。現象学的反省は、その限界も含めて、その根を、先-反省的な、私は自ら動くというキネステーゼのうちに持っている。現象学的反省の可能性とその限界の可能性は、その反省の極限に位置する原事実のうちにすでにその根拠を保持しているということになる。

原事実はキネステーゼとして、「私はできる」のうちに先-反省的にすでに経験されているのである。現存在は常にすでに、その「できる」ということのうちに理解されてしまっている。したがって、反省を動機づけ、また、その反省の限界の根拠となっている事実内の限界は、「それゆえ、第一にまた先-反省的には、認識の限界としてではなくて、むしろ現存在の『できる（Können）』として、現存在が絶対的に思いのままにできないものとして経験される」（*FI.* 131）。限界は、したがって、絶対的優勢として経験されるのであるが、しかし、それは無条件に屈伏するしかないものではなくて、現存在の能為・できるに挑戦し、試そうとする、そういった絶対的な優勢であると、ラントグレーベは言う（*ibid.*）。反省の限界としての事実性とその論証は、決して石のように固い沈黙のうちにあるのではない。それは、挑戦する力として、また、その力に対して人間の現存在が常にすでに応じてきたし、これからも応じていかなければならない力として、先-反省的に、常にすでに経験しているものである。というのも、その力は現存在の「現」の絶対性に属しているからである。

現象学的反省は、世界信憑である一般定立を、超越論的主観性の根本的能作として明るみに出そうとする企てにおいて、反省の限界として立ちはだかる原事実に遭遇した。そしてその反省のまなざしを原理において逃れる原事実とは、ラントグレーベの主張では、私の運動としてのキネステーゼにほかならなかった。したがってキネステーゼによって、世界信憑の一般定立は、実践的な仕方で、提出されていることになるだろう。世界信憑はそのうちに、単に、我々にとって我々の世界として現に在るところのものに関する我々の能為・「できる」における、我々自身の理解ばかりでなく、この「できる」の絶対的な限界へのさまざまに分節された関係をも含んでいる。したがって、限界としての絶対的事実性への、挑戦とそれに対する応答という上述の関係は、先行する肯定の、もはやそれ以上問うことのできない「世界信憑」の、構造契機をなす。ラントグレーベは、この挑戦を引き受けることに、宗教的信仰の確実性を見ようとする。そして旧約聖書について彼は、それは「嘆きつつ、感謝しつつ、また称賛しつつなされたこの引き受けに関する比類のない格闘の記録として読まれうる」と指摘している（*FL.* 132）。

ラントグレーベによると（*FL.* 135）、フッサールは「大地（Erde）」を生活世界の超越論的構造概念として置いた。大地は、生活世界の「できる」の絶対的限界がであり、その意味で「大地」は諸々の歴史や文化の成長の限界をなすと、ラントグレーベとともに考えることができる。また、後で見るように、メーヌ・ド・ビランやアンリの言う抵抗としての世界を大地として捉えて、その意味での大地に、自然の原形態を見ることもできよう。そうすると、『コペルニクス説の転倒』で言われる大地の概念と一致することが分かる。こうして大地は、我々にとっての根源的自然であり、また、歴史や文化の根源的地盤でもある。大地は、まさしくメルロ＝ポンティの「野性の存在」ないしは「垂直の存在」となる[3]。大地と抵抗との関係については、キネステーゼと大地との関係を『コペルニクス』においてさらに分析しなければならないだろうが、別の機会に譲ることにする。

二　我在りとキネステーゼ

「弁証法論文」、正式の題名は「現象学的分析と弁証法」においてラントグレーベは、原事実がキネステーゼであるという主張を、再び私が在るという原事実、彼の言葉使いで言えば、私が今ここにあるという事実、生き生きした現在と規定された原事実から出発して、確立しようと試みる。前の論文で、「今ここに」の身振りによる身体運動的理解は、空間時間内の、自然的態度における「今ここに」への参照を求めていたが、今度は、その点の克服が彼の主張に新たな論拠を準備する。

私がある（Das"Ich bin"）という原事実は、自然的態度においては、私がこの世界に現にある（Ich bin da in dieser Welt）ということにほかならない。そしてこの場合、Daは、「今」と「ここ」とに分けられる。しかも、このDaは「零点」として「絶対的な規定」である(4)。しかしながら、絶対的規定であるこのDaは、二重の意味で、相対的ではないだろうか。まず、私が運動し場所を変えることによって、Daの要素である「ここ」と「今」の意味が変わってしまうだろう。第二に、このDaが自然的態度において理解されたDaである限り、それは、超越論的主観の能作によって構成されたものである。一言で言って、ラントグレーベはこのDaの二重の相対性を、自発的運動（Sichbewegung）としてのキネステーゼがDaの「今」と「ここ」を構成すると考えることによって、克服する。言い換えると、ラントグレーベは自然的態度における「私は現にある」に現象学的還元を施し、「機能している主観性」としての我在り（Ich-bin）、すなわち超越論的なIch-bin-daを得る。ここで注意しなければならないことは、この超越論的なDa-seinのDaは、もはや世界の中の「ここ」や「今」を意味しないということである。

それでは、このDaは何を指しているのだろうか。それは、そこから世界の中の「ここ」や「今」が生まれる根源的な時間と空間の故郷である。ラントグレーベはフッサールの「ある夜の談話」に言及しながら、次のように述べる。「本源的私（urtümliches Ich）は昨日と今日との生の場所（Lebensstätte）である。すなわち、それは、これらの以前と以後との区別がそこにおいて時間化されているそのものであり、この反省が言わばそこに落ち込む時間を前提としていない」（*PAD.* 67）。ラントグレーベは、キネステーゼこそ、この昨日と今日との生の場所としての本源的私にほかならないと主張する。言い換えると、キネステーゼが時空の根源的場所として世界の時間と空間とを構成している、あるいはむしろ時間空間としての世界を構成している。したがって、原事実としての本源的私は、キネステーゼ的（kinästhetisch）自我である。「しかし、上述の、私自身が在るという絶対的事実は、単に私自身と、思惟しつつ反省できるという私の能力とについての私の意識の事実ではなく、同時に、自ら動くことができるという私の能力に気づくことでもある」（*PAD.* 71）。

しかし、キネステーゼ（Sichbewegen）はどのようにして時間と空間とを構成するのだろうか。また、それはどのような意味で、自我を構成するのだろうか。すなわち、何が「自ら動くことができるという私の能力への気づき」を可能にしているのだろうか。自ら動くことの原動力（Motor des Sichbewegen）は原努力（Urstreben）である。原努力としてキネステーゼは、もともと目的論的に方向づけられている。「自ら動くことは、〜への努力（Hinstreben-zu ...）と〜から逃れる努力（Wegstreben-von ...）によって導かれている。それは自分自身の元にあること（Beisichselbstsein）としての自己の努力の充足を求め、その努力のうちに生きる」（*PAD.* 83）。ところで、〜への努力にしろ、〜から逃れる努力にしろ、それらは、自ら動くものと彼の目標との間にある距離を克服することを意味する。しかし、ラントグレーベが指摘するように、努力している者それ自身と追求されているものに対する彼の隔たりが明るみに出るのは、運動がその目標に達しない場合である。いずれにしろ、万能の神ならぬ有限な人間にとって、自ら動く者と彼の運動の目標との隔たりが無媒介に（unmittelbar）克服されるということのありえない以上、あらゆる努力は目標を達成するまでに、多かれ少なかれ、更新され、また延長されなければならない。この努力の更新と延長とが、世界の時間と空間とを構成する。努力の直接達成されないことが「努力の経過を伸張的な経過として理解させ、また、踏破される周辺の場所の変容としての運動、したがって運動の空間性と（zwischen der Bewegung als Veränderung der Stellung in der durchmessenen Umgebung, also ihrer Räumlichkeit）、運動を導いている絶えず繰り返し更新される努力の持続との間に成立している連関を明らかにする。このことは、空間性の発見と、運動が消費する時間の発見とが一体であるということである」（*PAD*. 84）。

時間と空間はこうして努力としての自ら動くことによって構成される。それでは、なぜ、この自ら動くことが本源的自我なのか、どのようにしてキネステーゼは、たとえ先-反省的（präreflexiv）と規定されるにしても自我を特徴づける自己の自己との関係が保証されるのか。

同じ「弁証法論文」の中で、ラントグレーベはキネステーゼ的先反省（kinästhetische Präreflexivität）について語っている。自ら動くことはその本質において自己との関係であり、したがって、ある種の反省の構造をしているというのがラントグレーベの主張である。「それ〔自ら動くこと〕は自己関係であり、自ら動く者は自分の運動を自分のものとして〈知って〉いる。しかしそれは、反省におけるような仕方で知っているのではない。それはむしろ遂行における遂行の直接的な確信であり、したがって、フッサールが〈後からの確認〉（Nachgewahren）と定義するような反省のごときものではない」（*PAD*. 78）。ラントグレーベにおいて、自ら動くことの持つ自己関係性は、自己自身の元に留まること（Beisichselbstbleiben）とも言い換えられる。「それ〔自ら動くこと〕は、それがすでに持っているものを超えて、求めて努力している対象へと行くことであるが、しかし、この自己を超えていくこと（Über-sich-hinaus）において、なお自己自身の元に留まり続けるのである」（*PAD.* 83）。さらに、この自己自身を超えていく存在における自己自身の元に留まること（Beisichselbstbleiben im Über-sich-hinaus-sein）は、ラントグレーベがハイデガーの情態性概念（Befindlichkeit）と重ね合わせて理解する自己自身の元にあること（Beisichselbstsein）と、密接な関係がある。この「自己自身の元にあること」は、キネステーゼ的主体の健全な情態ないしは阻害された健全な情態（Wohlbefinden oder geströrtes Wohlbefinden）に言及して、使用される。「運動が努力して追い求めているものは、そこに運動が自己の充足を求めているものであるが、充足とは自己自身の元にある基本的なあり方として、自己自身と和合して在ること（in Frieden mit sich selbst sein）にほかならない。したがって、我々は、機能している主観性の自己情態がそこで構成される、基本的統合のこの次元の性格規定に、ハイデガーの情態性の用語を使うことができる」（*PAD.* 79）。しかしながら、アンリが指摘するように[5]、ハイデガーにおいて情態性が依然として時間性によって規定されている限り、ラントグレーベのこの解釈の方向は適切ではないであろう。いずれにしろ、自己自身の元にあることにしても、また、自己自身の元に留まっていることにしても、反省に先立って、すでに受動的に生起している統合（ein schon passiv geschehene Einigung）であるキネステーゼ的先反省性の構造を、より具体的に記述しているのである。「というのは、キネステーゼ的先反省性は、超越論的主観性のこの〈本源的〉働き（dieses "urtümliche" Fungieren）は、すでに受動的に生起している統合であって、その統合は反省への移行を待って初めて分裂するのである」（*PAD.* 85）。

自ら動くことのただ中におけるこの自己自身の元にあること、ないしは自己自身の元に留まることとしての先‐反省的で受動的な統合（Einigung）こそ、アンリが内在の概念において指し示そうとしたものにほかならない。

アンリから一カ所だけ引用すると、「超越の意味で、〜へと自らを越えていくこと、〜へと自らを関係づけることは、〔中略〕自分を超えていくことがなく、反対に自己に留まるものとして、内在として、まさしく可能となっているのである」（*EM.* 319）。

確かに、アンリは『顕現の本質』において、内在を主に、時間化（Zeitigung）である超越の自己開示として語ったけれども、後の彼の著作『マルクス』や『精神分析の系譜』において明白になるように、本当は内在は、生きている力である生が感情として自分自身を顕示する、その仕方を定義している。言い換えると、アンリは志向性の根拠を、意識ないしは時間を超えて、超越論的な身体的運動に見いだしたのである。メーヌ・ド・ビランの哲学についての彼の独創的な解釈が、ラントグレーベがキネステーゼをめぐって展開するその同じ諸理論に、アンリを導くのであるが、このことを次の章で見ることにしよう。

注

（1）Ulrich Claesges, "Zeit und Kinästhetisches Bewußtsein, Bemerkungen zu einer These," *Phänomenologische Forschungen* 14, Karl Alber, 1983, S. 141f.（以下、Claesges. と略記する）

（2）Ludwig Landgrebe, "Faktizität als Grenze der Reflixion und die Frage des Glaubens," *Faktizität und Individuation*, Felix Meiner Verlag, 1982.（以下、*FI.* と略記する）

（3）メルロ=ポンティの「大地」、「野生の存在」については、加國尚志「後期メルロ=ポンティにおける〈大地〉概念の解釈」（関西哲学会年報『アルケー』第三号、一九九五年、所収）。後期メルロ=ポンティを扱った論文の大部分は空疎な言葉の羅列に終始するが、この加國論文は確固とした独自の研究の方法論を持ち、日本語で書かれた後期メルロ=ポンティ論の最良のもののひとつである。

（4） Ludwig Landgrebe, "Phänomenologische Analyse und Dialektik," *Phänomenologische Forschungen* 10, Karl Alber, 1980, S. 71.（以下、*PAD.* と略記する）

（5） Michel Henry, *L'essence de la manifestation*, Tome I, §65, Presses Universitaires de France, 1963.（以下、*EM.* と略記する）

第六章

アンリの身体論

・・内在の概念とキネステーゼ・・

アンリは彼の身体についての考え方をメーヌ・ド・ビラン解釈として提示した。彼の『哲学と身体の現象学——メーヌ・ド・ビランの存在論について——』(1)を検討し、世界を構成する最も根源的な自我の在り方としてのキネステーゼの問題を追求する。実際、アンリの身体の現象学は、ラントグレーベの努力が開拓するキネステーゼの領域を、すでに全体において見渡しているだけではなく、さらに特筆すべきことは、キネステーゼ概念の核心を成す問題を、アンリの内在の概念が本質的には解決してしまっているということである。

前章で見たように、ラントグレーベのキネステーゼ理論は、現象学にとって根源的主体の在り方である生き生きした現在を、キネステーゼとして把握しようとする。キネステーゼは「自らを動かす」、「私は自分を動かす(Sichbewegen, Ich bewege mich)」として、「自ら動く」であり、その意味で「動くこと・運動」である。自ら動くことであるキネステーゼが、なぜ、生き生きした現在と言われる、現象学的反省の届かない原事実としての私の存在でありうるのだろうか。ラントグレーベによれば、「私が在る」ということは、「私が現に、すなわち、今、ここに、在る(Ich bin da)」ということにほかならない。この「現に(Da)」は、いわゆる自然的態度においては、時空の「今、ここ」を意味しているが、現象学的還元が施されると、それは、「今、ここ」としての時間と空間を構成する働きに関わるものとして取り出される。この時間・空間を構成する働き、ないしは時間・空間がそこから生まれるその源が、キネステーゼであると彼は主張するのである。しかし、どのようにして自ら動くこととしてのキネステーゼは、時間と空間とを構成するのだろうか。自ら動くことはその本質において「原努力(Urstreben)」であり、原努力として、欲求の充足を目指している。簡単に言えば、欲求が直接、即座に充足されないことが、言い換えると、欲求が充足されるまでの経過が、時間・空間意識を産み出す。

ラントグレーベのこの理論は、次の三つのテーゼを内包している。(1)自ら動くことは、先反省的な自己意識あるいは「自己への気づき」を可能にするような構造をしている。(2)いかなる意味でも、時間を本質とする意識には基づいていない運動的なこの自己への関係性が、生き生きした現在と言われる根源的自我の統一の原理である。(3)時間・空間意識が、原努力の欲求充足の過程において形成されるのであれば、自ら動くことであるキネステーゼの本当の相関者は、時間空間としての世界・見えうる知覚世界ではなくて、いっそう根源的な、欲求の発生と充足に関わる別の世界でなければならないだろう。

(1)に関しては、ラントグレーベはキネステーゼにおける自己関係性を積極的に強調しながらも、その構造を説明することはないが、アンリの内在の概念は、身体運動に適用されるとき、この課題を果たすことができる。(2)については、ラントグレーベはこの問題をヘルトの生き生きした現在の「自己共同化」から引き継ぎながらも、自分の理論に基づけて論ずることはなかったが、アンリの習慣としての身体の理論は、キネステーゼ的主体の統一の問題を考える際の強力な武器となる。(3)アンリがメーヌ・ド・ビランの「抵抗する連続」に施した解釈は、時間・空間の優越する知覚世界の根底に息づく、時空の手前に潜む根源的世界の存在が、真のキネステーゼの相関者であることを、ラントグレーベとは別の形で、しかもより鮮明に提示している。

一　主体的身体

コギトの規定においてメーヌ・ド・ビランは、デカルトの静的な自我の捉え方を批判した。後者の「我思う」という自我の定義に対して、ビランは「私はできる」という産出力としての自我を対置した。これがアンリの解釈の出発点である。例えば、欲望とか、行為とか、運動とかが問題であるとき、デカルトの概念においては、ただ観念だけが、すなわちある欲望についての観念、ある行為の観念、ある運動の観念だけがコギトに属しているのであり、そのものとして考えられた行為や運動は、もはや思惟の規定でなくて、それとは異質の実体・延長に割り当てられている。したがって、私が或る運動を実行するということはデカルトにとっては、その運動の観念を思い抱くということにほかならず、その結果、心身結合の事実に基づく自然の教えに従って、現実の運動が物体としての身体において第三人称の機械的物理的過程として進行するということになる。これに対してメーヌ・ド・ビランは、自我を努力として、原因として、生きた力として定義することによって、「私が絶えず世界を変容するその活動として」（*PC.* 72）自我の存在を捉えた。「自我は力であり、コギトの意味は『我思う』ではなくて『私はできる』である」（*PC.* 73）。しかし、それだけではない。メーヌ・ド・ビランの独創性は、観想的で理論的な自我の理解に対して、行動的な自我の解釈を提唱した点にあるのではない。行動的な哲学ということで言えば、彼よりもはるかに豊かで輝かしい世界観を提示した哲学者がいく人もあるとアンリは指摘する。彼の哲学は、観想や思惟の哲学に対立する行為の哲学ではない。「その独創性、その深さは、コギトを『私はできる』として、行為として、運動として規定したことではなくて、その運動や行為の在ることが、その力の存在が、まさしくコギトの存在にほかならないことを確立した点にある」（*PC.* 74）。

身体運動の存在が主観性に属することをメーヌ・ド・ビランはどのようにして確立したのか。彼は、「運動がそれによって我々に与えられるその認識の様態」についてのまったく新しい理論を提出したのである。「この認識の様態はまさしく内的な超越論的経験の様態であり、それによって、運動は直接、絶対的な仕方で我々に与えられる」（*ibid.*）。運動は世界の中の事物として超越的な存在として知られるのではなくて、内在において、デカルトのコギトとまったく同じ資格で、同じ仕方で経験されるのである。私の身体が物体として世界の一対象と同じ資格で私にとって存在し、また、知られるのなら、私は身体を、例えば手を動かすために、紙を切ろうとしてまず鋏がどこにあるか探すように、自分の手のある場所を探さなければならないだろう。このようなことが決して起こらないのは、私の身体が世界の中の超越的対象とはまったく違った仕方で私に与えられ、経験されているからにほかならない。この私の身体の私自身に対する独特の与えられ方を、アンリは、メーヌ・ド・ビランの解釈にあたって、内在として明らかにしたのである。

身体を物体とする伝統的な理解から解き放して主観性のうちに取り込む努力としては、メルロ゠ポンティの『知覚の現象学』をその優れた例として挙げることができる。しかし、『知覚の現象学』はこの目的を間接的な仕方でしか達成することができなかった。身体を対象として考える諸科学が克服することの困難な問題に遭遇している事実を科学自身に語らせ、このような困難は実は、身体を「諸部分がお互いに外在的な」物体として取り扱う科学の前提から来ることを明らかにし、そこから、身体は物体ではなくて世界の独特の理解の能力として、構成されたものではなくて構成するものとして、超越論的な存在であると結論する。これに対してアンリの場合は、身体の超越論的性格を、メーヌ・ド・ビランの解釈にアンリの内在の概念を適用することによって、直接に、すなわち、身体の、むしろ身体運動の存在論として、対象一般とは存在論的に異なるものとして展開したのである。

したがって、メーヌ・ド・ビランにおいて身体が「私はできる」として、しかもそのようなものとして超越論的に内的に経験されて、自我の主観性の領域に組み入れられる以上は、彼のコギトとデカルトの「我思う」としてのコギトとの間には本質的な相違は見いだせない。メーヌ・ド・ビランは「私はできる」としての「努力」を、主観性そのものの一様態として決定するのに対して、デカルトの方は、反省的思惟を研究してそこから自我の存在としての主観性を明らかにした。言い換えると、身体的運動もまた、デカルトが反省的・表象的思惟の考察を通して開示した自我の主観性の構造に、同じく属していることをメーヌ・ド・ビランは新たに指摘したのである。「我思う」と「私はできる」とは、存在論的には同じ規定を共有している。この事を確認した上で、なお次のことに留意しなければならないとアンリは言う（*PC.* 77）。それはメーヌ・ド・ビランの方がある意味でデカルトよりもデカルトの発見に対して忠実であったという事実である。デカルトは自分の発見したコギトの領域を、彼の二元論の前提に阻まれて、身体にまで拡張することができなかった。デカルトにとって身体は物体として自我とは本性的に区別された実体として最初から立てられていた。身体運動に関して言えば、運動そのものは機械的物質的過程として、自我の本質である思惟の外の出来事として捉えられている。運動に関してデカルト的コギトのうちにまだ見いだせるものと言えば、それは単なる運動の観念であり、運動の内的な企画だけである。現実の運動の生起する場所は、延長である一物体にほかならない身体である。これに対してメーヌ・ド・ビランは、運動の観念だけではなくて、運動そのものも、あるいは身体の観念だけではなくて身体そのものも、コギトという超越論的な内的経験に内属するということを、私にとっての私の身体の経験を分析することによって明確にした。ここにメーヌ・ド・ビランの哲学的直観の根本があるとアンリは考える（*PC.* 79）。ついでに触れると、デカルト的コギトとメーヌ・ド・ビランのコギトの同質性と、後者による前者の運動的身体的コギトへの展開発展は、のちのアンリの著書『精神分析の系譜』(2)において、メーヌ・ド・ビランという一人の哲学者の思索の枠を越えて、西洋の哲学の流れ全体という大きな文脈において、表象の哲学から力の、生の哲学への展開として描出されることとだろう。

ビラニスムにとって身体は、対象的な存在ではなくて、「我思う」の私がそうであるのとまったく同様、主観的な存在である。超越的ではなくて、超越論的な存在である。私に、私の経験のうちにおいて与えられる私の身体は、物体や延長ではなくて、身体運動の遂行において感じられる運動、言い換えると「努力の感情（sentiment de l'effort）」にほかならない。注意しなければならないことは、ここで言われている「感じられる運動」としての「努力の感情」を、運動「感覚」と取り違えないことである。アンリはメーヌ・ド・ビランの言明を引用している。「この内的な認識には名前が必要である。というのは、『感覚（sensation）』という言葉はすべてを言い尽くしていないからである」（*PC.* 96）。感覚は我々が世界の対象を認識する仕方であり、私にとっての私の身体を経験する仕方ではない。もちろん私は自分の身体を「感覚する」ことはできる。しかしそのとき、私の身体は感覚において世界の中の超越的な存在者として現れているのであって、言い換えると、私の本源的な、超越論的な身体の対象として私に経験されているのであって、私自身にとっての本来の身体としてではないのである。

メーヌ・ド・ビランにとって、身体は、我々が世界に対して持つ能力の総体として、我々が世界へと働きかける運動そのものである。その意味で努力・生き生きした力である。その身体・運動は、対象的・物体的なものではなくて、主観的で、コギトの経験のうちにその構成要素として、しかも最も根源的なものとして含まれている。メーヌ・ド・ビランの主体的身体としての運動を、アンリは、以下の三点において、特徴づけている。⑴身体運動はそれ自身で知られる。⑵身体運動は我々に内属している。⑶身体運動は自我と世界との間の媒介者ではなく、道具ではない。⑴については、我々は自分の身体運動を、志向性によって構成される対象として、例えば感覚や知覚などにおいて、アンリの言う「現象学的隔たり」を置いて認識するのではなく、直接、内在において、経験するのである。それは志向性によって対象が与えられる仕方ではなくて、その志向性そのものが志向的体験として私に知られるその仕方と同じである。コンディヤックの自己の身体の認識についての理論に対するメーヌ・ド・ビランの批判は、このことを理解する例証として役に立つだろう。コンディヤックの意見では、私は自分の身体を、触覚、より正確には「固さの感覚（sensation de la solide）」によって、体の表面に沿って運動しながら撫で廻していく手の触覚によって認識することになっている。これに対してメーヌ・ド・ビランは反論して、そのようにして触覚において知られる身体は、対象的で表象的な身体であって、身体についての二次的で派生的な認識にすぎない。本当の身体は、その運動して触っているその手そのものである。したがって、コンディヤックは、解くべき問題をすでに解決されたものとして前提する循環を犯していることになる。身体の触覚による表象的認識のための道具として使われる運動する手は、それでは、まず、どのようにして我々に知られるのか。筋肉感覚という意味での運動感覚によってであろうか。しかし、この種の感覚は、私が自発的に身体を動かすときだけではなく、外的な原因によって、例えば誰かが私の腕を捉えて持ち上げるときにも、引き起こされるのである。原因に関して中立的なこのような筋肉感覚が、私の意志の結果として、すなわち私から発して私の運動として認められるのは、ラニョーが逡巡の末にそう結論したように、判断の働きによるのだろうか。筋肉感覚に因果律が適用されて、その感覚が私の意志の結果であると判断されるからだろうか。しかしながら、筋肉感覚に因果律が適用されるにしても、原因を私として指定する根拠は何なのだろうか。筋肉感覚とは別の仕方で、私の運動は私のものとして、私から出た、私が原因の運動として、すでに知られていなければならない。私の運動の覚知は、経験論的な運動感覚に基づくものでもなければ、主知主義的な判断に基づくものでもない。それはまったく別の、内在という開示様態に基づいて、直接、運動そのものとして我々の経験に与えられるのである。(2)もまた、同じことを異なる仕方で述べているのである。

(2)は、世界に対して働きかける能力としての我々の身体・運動を、我々はどのようにして現実の運動にもたらすことができるか、あるいは、我々はいかにして自分の身体を動かすことができるかという問いへの答えとして導き出される。コンディヤックの場合で言えば、私はいかにして、自分の体を撫で廻すために、手を動かすことができるのだろうか。それは、私に手が、世界の中の一対象として与えられているからではない。もしそうであれば、私は自分の手を動かすために、あたかも或る機械を操作するときのように、手を動かすために持つ一つの内的な手をさらに必要とすることだろう。そればかりではなくて、手を動かすに先立って、どのようにすれば手が動くかという手の仕組みと操作に関する対象的な知識をあらかじめ持っていることが要求されることだろう。しかし、ひとは生理物理学的に、解剖学的に手や腕や脳の構造が明らかになる前から、そのような知識とは独立に、それらの科学の存在しなかった原始時代から、あるいは言葉も話せない幼児期から、すでに腕を動かし、手を使うことができたのである。なぜか。(1)において、運動としての身体は直接、内在において、いかなる現象学的隔たりも介さずに我々に与えられることが示された。身体・運動が直接知られるということは、知る働きと知られる対象とが異ならないということを意味する。もし両者が異なるならば、知られる対象である運動は、それとは別の知る作用を介して、我々に経験されることになる。そうなれば、身体・運動は、世界の中の出来事としての対象的運動と、例えば投げられた石の運動と、その運動の知られ方において違わないことになってしまう。身体の運動は、三人称の過程となってしまう。身体・運動の経験において、知る働きと知られる対象とは一致する。したがって、身体運動を直接知るということは、その運動を行うことである。運動を知るということは、そのまま、行うということである。運動を行うということが、そのまま、運動を知るということである。知るという作用は、明らかにコギトに属する事柄である。身体運動を知るということは、主観性の領域を構成する内在の働きにおいて、遂行される。すなわち、身体運動はコギトに内属し、それゆえに、身体・運動は、自我の構成要素であり、その在り方は、自我の存在と一致する。したがって、運動を知ることが運動をすることと同じである内在の自我の領域においては、身体運動そのものが自我である。私は身体・運動であるから、私は身体運動を行うことができるのである。

ここから、(3)も自ずと結論される。なぜなら、身体・運動が、具体的には努力の感情として自我のうちに取り込まれたのであるから、運動は私であり、したがって、運動は自我と世界との間に媒介項として、「媒体」として、挿入される必要はない。媒体としての身体という概念は、反省的・表象的な哲学の思いついた虚構にすぎない。さらにまた、世界に働きかける身体・運動の存在が自我の存在と一致しているということから、言い換えると、意志的運動が直接体験されるということから、意志的努力における自我は、その世界への作用において、原因として自らを覚知する。因果律の概念の経験的基礎は、この、意志的運動の自発性にあると、メーヌ・ド・ビランはヒュームを反駁する。

二　運動的志向性とその相関項としての「抵抗する連続」

身体運動は、主体的身体として、内在において超越論的な内的経験として、フッサールの用語法を使えば、志向的体験として、コギトのうちに、努力の感情として私に、私として与えられる。このような運動は、固有の志向性であるとアンリは考える（*P.C.* 99）。運動的志向性が独特の性格を持つということは、この志向性が通常の意味での認識作用ではないからであり、「我々の理論的生の存在をなすような志向性ではないからである」。したがって、その相関項である「超越的な要素は、そこでは、表象の場合とはまったく異なって体験される」ことになる（*ibid.*）。それればかりではない。運動的志向性は、他のさまざまな志向性と並ぶ、それらの中の単なる一つの志向性に留まるのではない。それは自我の生の最も深い志向性として超越論的主体性の他のすべての規定性のうちにいつも見いだされる志向性である。したがって、運動的志向性の相関項である超越的要素は、すなわち身体運動の対象として到達される世界は、他のあらゆる超越的存在の根拠・基礎をなす。世界がまず身体運動によって根源的な仕方で我々に与えられるからこそ、我々は別の新しい志向性に基づいて、そのすでに与えられている運動的世界を、理論的、知的認識において、あるいはもっと一般的に言って、表象において認識することができるのである。さらにつけ加えれば、この表象の本質が時間化の超越の作用に基づく、感性的にも知的にも共通の見るという作用にあるならば、知覚もまた、もはや『知覚の現象学』のメルロ＝ポンティにとってそうであったような根源的な世界の現れの舞台ではなくて、派生的なものとなる。世界の運動的志向性による把握の派生態としての知覚を、ベルクソンはメルロ＝ポンティに先立って適切に定義して、「可能的行為（action possible）」と呼んだ。いかなる表象的、したがって知覚的対象としても与えられないこの運動的志向性の超越的対立項は、表象的ではないがゆえに、言い換えれば感性的にも知性的にも知覚されることがない、直観に与えられることがないという理由で、現象学的には「無」であろうか。運動的志向性が超越論的な内的経験としてコギトにおいて、コギトとして体験される限り、その志向性の相関項も、その体験を通して、その体験のうちに、現象学的に意味のあるものとして与えられているというのがアンリの答えである（*PC.* 100-1）。もちろんその場合、運動的志向性の相関項である世界は、あるいは世界の中にある対象は、知覚においてそうであるような、直観においては与えられない。そうではなくて、「努力に対して抵抗する限界項（terme résistant à l'effort）」（*PC.* 101）という身分で、我々の経験に露呈するのである。しかし、実際のところ、抵抗するこの要素は、抵抗する何ものかであり、その「何もの」かという意味でその把握においては、たとえ運動的な把握においてであっても、実体の概念を前提するのではないか。したがって、運動的志向性における世界の把捉においても、その把捉が実体の概念を前提している限り、それは「判断」に基づいており、したがって、運動的志向性は世界の根源的経験を我々にもたらしえないのではないか。

これはまさしくラニョーが陥った誤りであるとアンリは指摘する（*ibid.*）。アンリは引用してラニョーに次のように言わせる。「我々は直接抵抗を感じるように思う。それは錯覚である。というのも、抵抗の観念は我々に抵抗する外的物体の観念を前提し、さらに延長において接触している二つの物体の表象を前提する」（*ibid.*）。なるほど、抵抗は、感覚によって知られるという意味では感覚されない。このことは確かである。しかし、抵抗の経験が成立するためには実体の概念が必要であるという主張は正しくない。そうではなくて反対に、実体の概念が抵抗の経験に、メーヌ・ド・ビランの表現を使えば、「抵抗する連続（continu résistant）」に基づいているのである。抵抗する連続が現実的で、実体の観念はその現実の表象にすぎない。「観念が現実的なものの根本にあるのではなくて、その逆が本当である」（*PC.* 102）。

現実の超越者とは、運動的志向性そのものの純粋の相関者のことであって、そのようなものとして、その超越者は、メーヌ・ド・ビランにおいて、「抵抗する連続」という名称を与えられる。メーヌ・ド・ビランの独創性は、この抵抗する連続が超越的存在についての我々の最も具体的な経験であって、理論的、知的な表象的認識として主題化される前にすでに成立していることを明らかにしたことであると、改めてアンリは強調した上で、次のきわめて興味深い指摘をする（*PC.* 102）。すなわち、「抵抗する連続」というメーヌ・ド・ビランによる命名に含まれている「連続」という概念こそが、運動的志向性の相関項として「抵抗」が世界についての我々に経験の根本をなすことを明示していると言うのである。この点について詳しく見てみよう。まず、この「連続」は、空間的連続性と解されてはならない。なぜならば、メーヌ・ド・ビランの哲学において空間は、少なくとも語の正当な意味での空間は、現実的なものの経験の構成要素ではなくて、むしろ反対に、そのような経験が展開された結果形成される構成されたものにほかならないからである。「運動の展開において、またその展開によって、それに抵抗する超越的相関者は、この広がり・延長を獲得するのであり、したがって、この広がり・延長は私の最初の経験の条件ではなくて、むしろ最初の経験の産物なのである」(*PC.* 103)。それではこの「連続」を時間形式の表現と取るべきであろうか。すなわち、延長ないしは空間の経験が成立するために必要な時間形式として。そのように理解するとしても、時間は、空間と同じように、構成されたもの以上ではありえないだろう。というのは、「連続」の意味が空間構成の時間的性格を表しているならば、それは、空間の構成が実現されるその時間的様態そのものと同一視されるからである。「抵抗」が「空間」の連続として構成されるとき、ともに構成されるのが「時間」の連続であると言うことができる。ところが、「抵抗する連続」は、そのような空間や時間の連続として構成される前に、その構成に先立って、すでに経験されているのでなければならない。

抵抗する限界項を「連続」と指名したことには、もっと根源的な意味がある。「それは、この抵抗する限界項が現実的なものの根拠、事物の本質を構成しているという事実を指しているということである。それというのもとりわけ、そこにあるのは権利問題であり、現実的なものを抵抗するものとして規定することは、ア・プリオリな規定であり、このような規定は我々の現実的なものについての経験に決して欠けることがなく、常にその根拠を構成するだろうと我々が確信しているからである」(*ibid.*)。そして、この確信は理性の要求に基づくものではなくて、現実的なものについての我々の経験の本性に基づいている。すなわち、運動は根源的な志向性であるので、「自我の生のいわば不断の志向性(intentionnalité en quelque sorte permanente de la vie de l'ego)」であるので、現実的なものについての経験において我々に与えられるものは、不可避的に、我々の運動に、この運動の超越的限界項として、したがって抵抗する連続として、与えられるという本質的性格を呈するという事実に基づいている。

抵抗する連続の「連続」は、運動的志向性の相関項である抵抗が、現実的な、実的なものであることを、我々の現実性の根拠であることを明示している。抵抗する連続は、運動的志向性の相関項である以上、したがって、最も広い意味での表象ではないので、時間を本質とする現象学的還元（反省）にはかからない。現象学的反省が還元を施しうるのは、その対象が表象的なものである場合に限られる。同じことの言い換えであるが、この独特の志向性は表象的性格を免れているので、その相関項はいかなる意味でも観念的なものではない。抵抗する連続がこのような現実性を持つのも、運動的志向性が内在の絶対的確かさにおいて主体的身体として生きられるからであり、抵抗する連続であるその超越的限界項は、運動的志向性の内在的確かさを、世界の現実性の確かさとして、与り持つからである。要約すれば、運動的志向性の相関的超越者を「抵抗する『連続』」とするメーヌ・ド・ビランの規定が明確にしようとしていることは、我々の経験において現実的なものとして本源的第一次的に与えられるのは、フッサールがそう見なしたような表象的直観の性格のものではなくて、そのような性格とは無縁な運動的な、キネステーゼ的性格のものであるという事実である。抵抗は我々のいかなる現実性の経験においても、常に、したがって、連続して欠けることなく与えられ、それゆえに、我々のいっさいの現実性の根拠となっているからである。

しかし、ここで、運動的志向性がアンリの存在論全体の中でどのような位置を占めるのかを問う必要はないだろうか。簡単に言えばアンリの存在論は二元論である。超越の作用によって開かれる脱自的な存在論的地平において、またその地平の光に浴することによってのみ存在者はその存在の意味を得ているとする、彼によれば西洋の哲学的思惟に伝統的な一元的存在論に対して、彼は、そのように存在の地平を展開する超越の作用そのものの存在・現れをさらに問題にし、超越の作用そのものはもはや超越の作用に基づいては現象せず、かえって、それとはまったく異質な内在の過程においてその存在を得てくることを明らかにした。存在論的過程としては、超越の作用とその作用そのものの顕現である内在しかない。そして、その超越の作用は、対象との間に現象学的隔たりを設定する働きであり、その働きの本質は時間化の作用であった。時間を存在の地平として形成しその地平を受け取るという仕方で展開される超越の働きによって、世界の現象性と存在者の存在は与えられる。この超越の作用が時間の脱自に基づく限り、その作用によって保証される現象性は、表象性であり、知覚しうるということであり、見えうるということである。その意味で、意識されるということである。『顕現の本質』の提供する概念装置によれば、この超越の作用以外に我々が自由にしうる存在論的概念は、内在しかない。そこで問題である。『哲学と身体の現象学』が提供する「運動的志向性」をアンリの存在論の枠組みで取り扱おうとするならば、我々はどうしたらよいのだろうか。この問題には、出版の順序とは逆に、アンリの思惟の歴史においては『哲学と身体の現象学』の方が『顕現の本質』よりも先に完成したという事実も関係していると思われるが、我々の困惑は次のように言い表される。(1)運動的志向性は、これまで見てきたことから明らかなように、非表象的である。言い換えると、その志向性の本質を、見せることを本質とする脱自的な光に基づく意識の志向性と同一視することはできない。しかしながら他方、運動的志向性を、それが依然として志向性の性格規定を受ける限り、内在のうちに回収することもできない。内在においては作用とその作用の対象とが同一のものとして一致していることを特徴とする。もし運動的志向性の働きが超越の作用を本質とせずに、内在の根源的自己受容性そのものの実現であるのなら、運動的志向性すなわち身体と、その志向的相関項である世界の現実性とは、世界の存在とは一致し、同じものであるはずである。

実際、我々は以前、抵抗の感情性に立脚して、そのように理解しようとした(3)。しかし、運動的志向性が内在であるならば、世界は我々の内面に文字通り呑み込まれてしまうことだろう。世界を我々の外に経験するという事実は、表象的・知覚的な意識の志向性のもたらす幻覚ということになるだろう。こうして、新しいタイプの観念論が生まれることになるだろう。

最も妥当な考え方は、運動的志向性を、一つの独自の志向性として認めることであろう。独自のというのは、志向性の一般的特性である相関項の存在を承認することによって、作用とその対象との間に一定の差異を保証する一方、他方で、この差異を、表象的志向性の本質を成す時間に基づく現象学的隔たりとは別の性質のものとして、区別しなければならない。そうすることによって初めて、運動的志向性が、志向性であると同時に、しかも独自の志向性であるということが言える。しかしながら問題は、最大の困難は、運動的志向性に固有のこの運動とその対象との差異を現象学的にどのようなものとして規定するかにある。しかし、この困難は今のところ未解決のままに残しておかざるをえない。

三　根源的に反復する力能（習慣）としての身体と「私はできる」の解釈

運動的志向性、メーヌ・ド・ビランの言葉で言えば「意志された努力」「生き生きした力」であり、フッサールの用語法に従えば「キネステーゼ」である身体と、その志向的相関項である超越的世界について、これまで見てきたことをアンリは次の二点にまとめる（*PC.* 128sqq.）。(1)「我々の身体は、それが超越論的な内的経験である限り、身体そのものについての直接的知である」。(2)運動的志向性の直接的自己知あるいは自覚として経験される身体は、それが志向性である以上、志向性の相関項として世界についての超越的経験を構成する。その場合、運動の自己知は、超越的な世界経験の一つではなくて、そのような経験一般の可能性の条件として機能している。(3)以上の二点を確認した上で、アンリは、メーヌ・ド・ビランの解釈として魅力的であるばかりではなく、身体・キネステーゼ論にとっても独創的なテーゼを提出する。「世界についてのこの身体的認識は顕在的な（今の（actuel））認識ではない。我々の身体は正確には一つの認識でなくて、むしろ認識能力であり、無限に変化に富んで、多様で、しかしながら調和した認識の原理であり、身体はまさしくそのような認識の所有者なのである」（*PC.* 131）。この考えは、クレスゲスが空間の構成に際して提出した、潜勢的能為の体系であるキネステーゼとしての身体という把握と合い通ずるものであると同時に、(4) そのような身体概念を理論的にさらに深めるものでもある。しかし、このことは後で見ることにしよう。しかし、いかにして身体の認識はそのときどきの顕在的認識であることを越えて、そのような認識の可能性一般としての能力でありうるのだろうか。この問題をアンリは、意志的なもののみが記憶可能であるというメーヌ・ド・ビランの主張に含まれる意志的運動と記憶との関係を反省することによって、解明しようと試みる。

例として、パイプに火をつけるためにポケットの中のライターを取り出す手の運動のことを考えてみよう。私はこの運動を毎日、それも日に何度も行うのであるが、この手の運動は、我々の今の関心から見て、次の四つの要素を含んでいる。⑴運動のそれ自身による根源的認識。我々が運動的志向性の内在的経験と呼んだものである。⑵この運動を、すでに実行された運動（今朝あるいは今さっき私が火をつけるために行ったライターをポケットから取り出すという動作）と同じものであるとする再認。⑶運動の超越的項としてのライター（固体 solide）の認識。⑷同じ運動によってすでに到達されたことのある超越的項（今さっきポケットから取り出したものと同じライター、あるいはもっと一般的に言って、たばこに火をつける道具一般としてのライター、さらには固体一般）としてのこの項の再認。

⑶と⑷の要素すなわち固体（ライター）の認識と再認という出来事から考察すると、この固体が我々の認識に与えられるその仕方は「ある絶対的に一般的な意味」を持っているとアンリは言う。「事物は身体に対して、唯一であるべきであるという性格を自身のうちに帯びているような経験においては決して現前することはない。そうでは

なくて常に反対に、事物は二度出会われるものとして我々に与えられる」（*PC*. 133）。「ある対象が私の身体に与えられるたびに、その対象は身体に、現在の経験の対象というよりは、私の身体が到達することの『できる』或るものとして、私の身体がそれに対して持っている力能に服する何ものかとして、自らを与えるのである」（*ibid*.）。運動の対象である固体・ライターの認識は、単にそのとき限りの一回きりの認識ではなくて、同時に再認を、その認識の無限の反復可能性をも含んでいる。そしてその理由は、「私の運動というのは、私の身体の現在の、言わば経験的な状態ではないからである」（*ibid*.）。「身体は力能である。その認識は瞬間に限定されることはない。その認識は認識一般の可能性であり、世界が私に与えられる現実的で具体的な可能性である」（*PC*. 134）。

私の運動の認識は、個々の経験的な認識ではなくて、運動的経験を可能にする条件そのものの認識であり、その意味で、アンリは身体の根源的認識を「存在論的認識」と呼ぶ。この身体的・運動的認識を可能にする条件としての「存在論的認識」は、単なる可能性の条件として論理的な存在に留まっていない。単なる経験の成立のために理論的に割り出された理念的な存在ではない。この可能性の条件は、身体として、運動の力能として、具体的に現実に存在する。「習慣（habitude）」という概念に、アンリは、このような存在論的意味を持つ身体に与えられるべき高度で根源的な規定を、新たに盛り込んで、この手垢にまみれた概念をまったく一新する。「我々が習慣と呼ぶのは、存在論的可能性の具体的で現実の存在であり、我々はまた、身体が習慣である、我々の習慣の総体であると言うことによって、身体が力能であるという考えを、うまく表現できる。世界に関しては、それは我々のすべての習慣の項であり、そしてこの意味において我々は真実、世界の住人（habitant）である。住む（habiter）ということは、世界に通い慣れる（fréquenter）ということである。それこそ人間的現実の事実であり、この住み慣れる（habitation）という性格こそ世界とそこの住人である身体の両方をうまく定義するのに役立つ存在論的性格である」（*PC.* 134）。

ライターを取り出す私の手の運動は、孤立した行為としての経験的事実ではない。そうではなくて、力能である。「固体が、それについての私の認識において、現前するのは、私の手であるが、その手は、摑むという単独の作用ではなくて、把捉の一般的可能性であり、その把捉の現在において、すなわちその存在論的現在において、この固体の、また世界のあらゆる固体一般の過去や未来の一切の把捉も、同時に自分のうちに携えている把捉の一般的可能性である。この意味で、私の身体の存在は習慣であると、すなわち認識の一般的で限りない可能性と言われなければならない」（*PC.* 134）。この事実を、身体は瞬間的な知ではなくて、私の存在そのものである永続的な、あの知であるともアンリは表現している（*PC.* 135）。フッサールの言うように、ア・プリオリが、「いつでも」という時間的常在性・常時性（Allzeitlichkeit）を意味しているならば、身体の習慣性はア・プリオリであり、一つ一つの経験的に規定される具体的な身体運動は、幾何学のア・プリオリの真理が個々の経験的図形に基づいて証明されるのとまったく同じ仕方で、同時に、その身体運動の常に反復可能であることを、すなわち身体運動のア・プリオリな性格を表明している。その身体運動のア・プリオリな性格を、運動に必然的に伴う「私はできる」という感情が表しているのである。しかし、身体運動をフッサールの意味でア・プリオリなものと規定することは、厳密には、誤りである。というのは、フッサールは、ア・プリオリを時間的常在性と定義し直すことによって、永遠的で超時間的な存在と見なされてきたア・プリオリな存在を、時間の中に引き入れたのであるが、これに対して、運動身体のア・プリオリは、時間に先立ち、時間をも構成するものとして、かえって、フッサールのア・プリオリの起源にあるものであり、時間とともに時間的な常在性をも可能としているものであるからである。表象的時間的反復の根源にはいつも、運動的反復がある。このことについては少し後で述べる。

身体の在り方が習慣であるということは、身体運動の知において、再認は認識に還元されるということを意味する。言い換えると、本源的な身体的知においては、「いかなる過去の意味も現れない」ということである（PC. 136）。というのも、ライターを取り出す私の運動は、時間の中に個別化、個体化されるような経験的出来事では本来ないからである。もしそのようなものであれば、私の運動はそれが為される瞬間には現在であっても、じきに過去へと衰退していくことだろう。過ぎ去ったものはもはや取り返しがつかず、私の支配から、私の力能から永遠に逃れ去る。もちろん思い出すことはできる。しかし、思い出は、過去の彼方へ沈みこんでしまったものをそのものとして我々に返すことはできない。思い出はただ、あるイマージュを我々に提供するだけであり、そのイマージュの意味はまさしく、その対象を我々が失ってしまったものとして我々に与えるところにある。このような記述が、我々の例である固体の把握の動作に合わないことは明白であるとアンリは言う。「そのような作用は決して過ぎ去ってしまわない。それは本質上、永続的な可能性として私に提供されているのであり、過去、現在、未来を支配する力能である」（PC. 136）。このような存在論的構造に基づいて、身体・運動は「習慣」と定義されたのである。

他方、また同時に、「主体的運動の固体の把捉として遂行される認識が存在論的認識であり、この固体の認識の一般的可能性であるならば、この認識は固体を時間の中に個体化・個別化されたこのものとしては認識しはしない。この同じ運動のうちで常に認識可能なものとしてその固体を認識する。その運動が産み出し、また常に繰り返し産み出すことの可能な認識においてその固体を認識し再認するのである」（PC. 137）。少し上で、再認は認識に還元されると表現したが、正確には、身体・運動的認識においては、認識は再認をそのうちにすでに含んでいる。事実上の問題は別として、権利上は、身体・運動は反復される。たとえ現実にはたった一度しか実現されなかった身体の運動があったとしても、その動作はそのたった一度のうちに、無限に反復される可能性を同時に体現しているのである。たった一度きりの行為というのは、本質的には存在しない。したがって、このような運動の認識の超越的項（我々の例ではライターという固体）もまた、たとえその項の認識が事実においては一度しか行われないとしても、我々が人生においてそのような経験を一度しか持たなかったとしても、本質においては、その固体の認識は繰り返し反復されうるものとして生じるのである。一度の認識に、その一度のうちに繰り返し認識される可能性がともに与えられているのである。

本質的に反復可能な、したがって時間の中である特定の位置を占有するものとして個別化されない我々の運動やその運動の対象が、思い出として、あるいは再認として時間場所をとって我々の経験に現れるのは、それは、別の新しい志向性のまなざしが、運動対象に、厳密に言えば運動そのものに向かって、それを時間のうちにおいて時間化し存在者化するからである。もっと言えば、身体・運動はその本質において根源的に反復であるから、一度遂行された運動は失われず、それゆえに思い出として想起可能なのである。為された運動は常に繰り返すことができるものとして本質的に保持されているのである。運動がこのようにして保持されているから、その対象もともに保持されるのである。運動を再現できるということは、対象を現実に、あるいは表象的に再現できるということにほかならないからである。この意味で、記憶の根底には、習慣がある。ベルクソンは身体の記憶である習慣は本当の記憶ではないと言った。習慣が本質的に無限反復として、過去という時間的規定を受けつけず、或る意味ではいつも今であるという点では、ベルクソンの言う通りである。しかし、記憶を身体から、運動から分離し、精神の中に置くという彼のテーゼに照らすと、彼の言は間違いである。というのも、習慣としての身体こそ、記憶の根拠にほかならないからである。しかしながら、身体に属する運動図式が記憶の再生に重要な役割を果たすと認めたとき、ベルクソンも同じようなことを考えたとも言えるかもしれない。

四　キネステーゼ的自我と世界

前章で、ラントグレーベのキネステーゼ理論について述べた際に、実は、二つの問題が論じられないままになっていた。アンリの身体概念を見てきた今、それを踏まえて、それらの問いを改めて取り上げてみたい。

一つの問いは、キネステーゼ的世界についてである。まず、問題がどのようなものであるか、問いそのものを明確にする方がよいだろう。すでに我々が知っているように、ラントグレーベによれば、時間と空間を構成するのは、自ら動くと規定されるキネステーゼによってである。しかし、キネステーゼがどのようにして時空を構成するかについてのラントグレーベの記述を改めて注意して見ると、そこにはある種の欠落があるように思われる。その欠落は、特に空間の構成に関する記述において目立ったものとなる。直接関係する箇所をラントグレーベからもう一度引用すると、努力の直接達成されないことが「努力の経過を伸張的な経過として理解させ、また、踏破される周辺の場所の変容としての運動、したがって運動の空間性（zwischen der Bewegung als Veränderung der Stellung in der durchmessenen Umgebung, also ihrer Räumlichkeit）と、運動を導いている絶えず繰り返し更新される努力の持続との間に成立している連関を明らかにする。このことは、空間性の発見と、運動が消費する時間の発見とが一体であるということである[(5)]」。ここでラントグレーベのテクストが「踏破される周辺の場所の変容としての運動、したがって運動の空間性」と言うとき、このような記述は、そこで運動が展開される何らかの「空間性」を前提せずに、果たして理解可能だろうか。努力の目標を達成して充足するための運動の展開によって、空間が構成されるとラントグレーベの理論は告げるのであるが、にもかかわらず、空間を構成するためには運動は展開されなければならず、そして運動が展開するためには、その展開を保証する何らかの「場所」が必要ではないのか。それとも、時間の構成が運動の持続によって構成され、そして、この運動の持続の場合は、持続とは別に時間を考える必要がないように、空間の構成に関しても、運動の展開がそのまま空間性の創出ということになるのだろうか。しかし、もしそうだとしたら、時間を産み出す運動の持続と、空間を産み出す運動の展開とは、どのように区別されるのだろうか。ラントグレーベの記述による限り、両者の間に現象学的区別を見いだすことは困難に思われる。

ラントグレーベは、先の章で我々が取り上げた論文で自分がフッサールの「大地」の概念について述べたことを忘れてしまっている。ここで、ラントグレーベの記述に、アンリの解釈した、ビランの「抵抗する連続」を組み込んでみよう。すなわち、キネステーゼが展開する根源的な場所・世界をフッサールの「大地」と見て、この「大地」をビランの抵抗する連続の概念で解釈するのである。問題は「抵抗する連続」の「連続」の意味である。この連続は空間や時間の意味での連続ではない。言い換えると、私が抵抗を時間や空間の連続として経験するという意味ではない。というのも、すでに見たように、ビラニスムにおいては空間も時間も現実的なものの経験の構成要素ではなくて、反対に、現実的なものである抵抗についての経験が展開された結果形成される、構成物にすぎない。空間に関しては、「この広がり・伸長（extension）は私の最初の経験の条件ではなくて、むしろ最初の経験の産物なのである」（*PC.* 103）。また、時間に関しても、「連続」の意味を私の抵抗の経験が推移する時間形式と解釈するとしても、その場合、時間は「空間の構成が実現されるその様態そのものと一致するように思われる」（*ibid.*）ので、時間もまた空間と同じように、抵抗の経験における構成物ということになる。しかしながらビランにとって、抵抗の経験は時間や空間のそれよりも根源的であり、時間や空間の意識は、抵抗の経験から派生した、二次的な経験にすぎない。第一次的な志向性である運動は相関者として抵抗を持ち、抵抗は我々の経験の現実性の根拠をなす。

現実的なものについてのすべての我々の経験は、その現実性の根拠として常に、抵抗を持つ。いかなる現実的なものも、その根拠である抵抗から独立に経験されることはない。抵抗する連続の「連続」は、抵抗が我々の経験の現実性のア・プリオリな規定性であることを表現している。しかも、この際ア・プリオリは、時間における常在性として理解されてはならない。時間における常在性としてのア・プリオリを更に根拠づけている、運動における反復可能性である。

ラントグレーベによれば、時間と空間はキネステーゼによって構成される。しかし、キネステーゼの本来の相関者は、時間や空間ではなくて、別にある。それは、見えうる表象的な知覚世界ではなくて、抵抗する連続としての、見えない世界である。この後者の世界は、欲望とその充足という、内在において遂行される生の営みに、直接、そして最も深く関わっている、実践的、キネステーゼ的世界である。時間空間としての世界の根本に、さらに深い根本的な原世界が在り、それが抵抗する連続である。この抵抗する連続を相関的な場所としてキネステーゼは自己を展開し、そうすることによって時間と空間とを構成すると我々は考えたい。言い換えると、抵抗する連続とは、欲求が自己を充足するために克服しなければならない抵抗としての世界である。抵抗する連続をこのように、時空を構成するキネステーゼとの関係で捉えるならば、抵抗する連続の「連続」が時間と空間との手前にあって、かえって時空の経験を可能にするというアンリの解釈とも合致し、また、ビランの努力を主体的運動すなわちキネステーゼと読むアンリの読み方とも一致する。

ラントグレーベのキネステーゼ理論に関して我々が論じ残したもう一つの問題は、キネステーゼ的自我、キネステーゼの「自己意識」についてである。ラントグレーベは、「自ら動く」のキネステーゼには、フッサールの定義する「後からの確認」としての反省とは異なる自己関係のあることを認めている。この自己関係性は、フッサール的な反省性に先立つ、先反省であり、運動遂行における遂行の直接の確認としての自己の「気づき」である。もう一度引用すると、「それ〈自ら動くこと〉は自己関係であり、自ら動く者は自分の運動を自分のものとして〈知って〉いる。しかしそれは、反省におけるような仕方で知っているのではない。それはむしろ遂行における遂行の直接的な確信であり、したがって、フッサールが〈後からの確認〉（Nachgewahren）と定義するような反省のごときものではない」（*PAD*. 78）。ラントグレーベにおいて、自ら動くことの持つ自己関係性は、自己自身の元に留まること（Beisichselbstbleiben）とも言い換えられる。「それ〔自ら動くこと〕は、それがすでに持っているものを超えて、求めて努力している対象へと行くことであるが、しかし、この自己を超えていくこと（Über-sich-hinaus）において、なお自己自身の元に留まり続けるのである」（*PAD*. 83）。さらに、この自己自身を超えていく存在における自己自身の元に留まること（Beisichselbstbleiben im Über-sich-hinaus-sein）は、自己自身の元にあること（Beisichselbstsein）と、密接な関係がある。すでに述べたことであるので結論だけを記すが、自己自身の元にあることにしても、また、自己自身の元に留まっていることにしても、反省に先立って、すでに受動的に生起している統合（ein schon passiv geschehene Einigung）であるキネステーゼ的先反省性の構造を、より具体的に記述している。

ところで、自ら動くことのただ中におけるこの自己自身の元にあること、ないしは自己自身の元に留まることとしての先-反省的で受動的な統合（Einigung）こそ、アンリが内在の概念において指し示そうとしたものにほかならない。アンリが、内在の概念を使って身体に関してビラニスムから引き出した重要な結論の一つを思い起こそう。それは、身体は根源的な「習慣」であり、反復であり、本来的に「能力」としてしか存在しないということである。このことは、次の簡単な事実によって確かめることができる。私にとって、身体運動を知るということは、その運動を実際に行うことである。また、ある身体運動を再認するということは、その同じ運動を現実に遂行することである。したがって、運動の再認は、同じ運動を反復することを意味する。それだけではない。反対に、いかなる身体運動も、権利上、再認可能なものとして、繰り返されることのできるものとして、生起する。というのも、私は自分の身体運動を、超越において対象として知るのではなくて、内在において直接知るからである。私が自分の運動を時間対象として超越の脱自的な働きにおいて知るのであれば、その運動は一定の時間場所を占める個別的な出来事として経験され、やがて、過去となって消えてしまうことであろう。私はその運動を表象的に思い出すことはできたとしても、その同じ運動を再産出することはできないであろう。ところが、私は自分の身体運動を好きなだけ反復することができる。それは、私が自分の運動を内在において、個別的で一回限りのこの運動として知るのではなくて、この運動を行うことの「できる」を同時に知るのである。言い換えると、ある運動を遂行するということは、単に、一回限りのその運動を実行するということに留まらず、一般的にその運動ができるということ、その運動の能力があるということを、「私はできる（Ich kann）」を、同時に学ぶのである。或る行為をするということは、取りも直さず、その行為を何度も繰り返すことができるということを意味する。その意味において、内在において知られる運動としての私の身体は、根源的な習慣にほかならない。そして、その意味における反復可能性こそ、運動的ア・プリオリにほかならない。

内在において直接、主観性として経験される私の身体が、根源的な反復であるという事実を、我々は次のように理解したい。内在において作用や運動は、根源的な受動性において自分自身を直接受け取るという仕方で生起する。したがって、内在において作用や運動が、もともと自分自身を受け取るという仕方において現象する限り、反復としてしか存在しえないと。しかし、この反復は表象の反復ではなくて、その根拠となっている時間化の作用の反復、運動の反復である。行為の反復である。どのような身体行為も常に同時に、反復可能なものとして、能力として、遂行される。その限りにおいて、キネステーゼは能為の系であり、この系に対応するのが行動の地平としての世界である。時空としての世界であり、ベルクソンが適切に表現したように、可能的行為（action possible）としての知覚である。ラントグレーベが記述した時空の生成は、この意味でキネステーゼの産物である。しかしながら、ある行為の遂行は常にその行為についての「私はできる」を伴っているとしても、まず、現実の行為、根源的努力の充足を目指す現実の行為が先行しなければならない。能為の系としてのキネステーゼの核を成すのが、この現実の遂行としてのキネステーゼであり、前者の相関者が時空としての見える知覚であるならば、後者の、キネステーゼの真の相関者は、運動的対象である限り見えない、抵抗する連続としての生き生きした世界である。この力の対象である世界、欲求や充足の内実を成すこの生の世界は、生き生きした力である生そのものとともに、内在において、感情として自らを現示する（sich zeigen）と我々は理解する。そのような理解に立てば、アンリは、現実のキネステーゼの相関者としての、根源的努力の充足対象としてのこの世界を、コスモスと呼んだことになるだろう。

アンリが彼のカンディンスキー論『見えないものを見る』で提出したコスモスの概念については、後の章で検討することにして、この章を閉じるに当たって、運動的反省、ないしは運動の次元でのコギトと、運動に必然的に伴う「私はできる」との関係について、一つの結論を引き出しておきたい。もし自分の実行する運動を知るということが、その内在の構造に基づいて、同時にその運動の再認でもあるならば、すなわち、身体運動の認識は同時にその同じ運動の反復可能性を包含しているならば、ある身体運動の体験は、取りも直さず、その運動の反復可能性の体験であり、したがって、その運動能力の所有の体験でもあるだろう。言い換えれば、キネステーゼとしての自我の自己経験は、能為として能力として、また反復として習慣として、「私はできる」という事実の体験ということになるであろう。

注

（1）Michel Henry, *Philosophie et phénoménologie du corps*, Presses Universitaires de France, 1965.（以下、*PC.* と略記する）なお、アンリの存在論ならびにメーヌ・ド・ビランの哲学については、山形頼洋『感情の自然』（法政大学出版局、一九九三年）のそれぞれ第四章、第七章を参照されたし。

（2）Michel Henry, *Généalogie de la psychanalyse*, Presses Universitaires de France, 1985.〔山形頼洋・宮崎隆ほか訳『精神分析の系譜』法政大学出版局、一九九三年〕

（3）山形、前掲書。

（4）Ulrich Claesges, *Edmund Husserls Theorie der Raumkonstitution*, Martinus Nijhoff, 1963.

（5）Ludwig Landgrebe, "Phänomenologische Analyse und Dialektik," *Phänomenologische Forschungen* 10, Karl Alber, 1980, S. 84.（以下、*PAD.* と略記する）

第Ⅱ部

第七章

言葉と運動

・・メルロ＝ポンティの「肉」の概念を超えて・・

一　語は意味を持つ

『知覚の現象学』においてメルロ＝ポンティは、言語能力とはどのような能力を指すのかを問うて、経験論的な考え方と主知主義的な理解との両方を批判している。経験論的な立場に立てば、或る言語が話せるということは、発音され聞かれた語が我々のうちに何らかの痕跡として残っているということになるだろう。この痕跡が物体的で生理学的なものであろうと、あるいは心的で無意識的なものであろうと、そのことは重要ではない。この痕跡がどのような性質のものであろうとも、言語能力をこのような痕跡の所有に基づかせる経験論的な言語理論には「語る主体」がいない。(1) この理論によれば、語るということは、刺激が、神経機構の持つ法則に従って、語の発声を引き起こす興奮を開発するか、あるいは意識の諸状態が、すでに獲得されている連合のおかげで、適切な語詞像を出現させるかのどちらかであるが、いずれにしても、言葉は、語る人のいない、三人称の過程の出来事となる。語る人がいないから、語る意図もない。語を統御する語る意図もないままに語が自動的に産み出される。語りはもはや行為ではなくなり、主体の内的可能性を現すものではなくなる。

これに対して、主知主義的解釈によれば、言語能力があるとは一定の語の蓄えがあるということではなくて、むしろ語の使用の仕方に関わっている。語の背後に語を条件づけている或る態度もしくは語る機能がある。その機能は、「或る感覚的所与を一つの範疇のもとに包摂する一般的能力」（*PHP*. 205）と同じものである。こうして今度は、言語は思惟によって条件づけられたものとして現れる。

これら二つの理論に対してメルロ＝ポンティはたった一つの批判で反撃する。どちらの理論においても語は意味を持っていない。これが彼の批判である。経験論的な理解においては、語の喚起はいかなる概念によっても媒介されてはいない。与えられた刺激ないしは意識状態が神経機構の法則によって、あるいは連合の法則によって、語を呼び出すことになるので、語は意味を持たず、いかなる内面的な力も持たない（*PHP.* 206）。また、主知主義的な理論に従って、語の背後に範疇的な操作を認めるならば、そのとき、意味は範疇的態度の本質にほかならない思惟によって、外から語につけ加えられるので、語そのものは意味を持たない単なる記号となるだろう。意味を所有しているのは思惟であって、語は空虚な外皮にすぎない。「第一の場合には語る人がいない。第二の場合にはなるほど主体はいるが、しかしそれは語る主体ではなくて、思惟する主体である」（*ibid.*）。語は意味を持つという事実を認めることによって、経験論と主知主義の言語論を同時に乗り越えることができ、また、語が意味を持つ限りにおいて語る主体が存在しうるのである。

もし語が意味を持たず、意味は語に先立って思惟において構成されるならば、言葉なしに考える純粋思惟が存在することになるだろう、その結果、語はその純粋思惟が考えたことを外から包み込む着物のようなものとなってしまうだろう。言葉が純粋思惟においてすでに形成された意味を他に伝達するためだけの偶然的な記号にすぎないならば、我々が日々行っている言葉を使ってのコミュニケーションはまったくの錯覚ということになるだろう。というのも、そのとき、会話は次のようにして進行すると考えられるからである。まず、私が伝達すべき意味内容を純粋な思惟活動として構成する。次いで、その構成された意味を言葉ないしは語という運搬のための道具に乗せて、会話相手に送り出す。すると、その言葉は私の対話者に私が考えたことと同じことを自分自身で考えるきっかけを与える。すなわち、言葉と同時に私の考えが対話者に直接そそぎ込まれるのではなくて、言葉は対話者が私の考えを再構成するための手がかり、ないしは指標にすぎない。もし会話がこのようなものであれば、会話において私は自分が考えたことしか理解せず、他人とともに考え、他人から学ぶという経験は成立しないことになるだろう。対話において他人は私が自分自身を理解するきっかけを与えるかも知れないが、自分で考えたことしか、言い換えれば自分が置いたものしか理解できないのであれば、対話は私に他人についてのいかなる理解ももたらさないことだろう。対話は見せかけで、実は私は自分の思念に耽っているにすぎないのである。

語は意味を持つ。ソナタの意味がソナタを構成する音から切り離されては存在しないように、我々の思惟も言葉を離れては生まれることも生きていくこともできない。音楽とは違って言葉の場合は、言葉とは無関係に思惟が、意味が存在するかのような錯覚に我々が陥るのは、最初は根源的な言葉（parole originaire）（*PHP*. 208）とともに生まれた意味が、獲得されて我々の自由になる意味としてその後も存続するからである。

語が意味を持つのは、言葉に思惟が内在的であるのは、それはちょうど、或る身振りとその身振りの意味とを切り離して考えることができないのと同じ理由からである。例えば怒りの身振りを目の前にしたとき、私はその意味で或る怒りを理解するのに、同じ身振りを私がしたとき私が体験した感情を思い出し、目の前の身振りからその意味を類推したり、判断したりする必要はない。というのも、身振りの意味は身振りそのもののうちに言わば直接現れているからである。言葉の意味も、身振りの意味がそうであるように、言葉そのもののうちに直接現れているのである。言葉は意味との関係において、記号ではなくて、紋章である。

実際、言葉は一つの身振りである。喉や舌や口などを使って行う音声的な身振りである。しかも、その音声的な身振りの意味は、メルロ＝ポンティによれば（*PHP*. 218）、「情動的な本質」を持つ。悲しいときに泣き、恐怖のあまり叫び、喜びに歌うように、言葉の起源には情動の表出があり、同時に情動の表出とその意味との関係がそのまま言葉と意味との関係を形成している。ふつうの身振りが知覚された身体の動作に基づいているならば、言葉としての音声的身振りは、声に基づいている。というのも、すでに本書の第二章で論じたように、声とは聞かれた私の身体にほかならないからである。身体である私は見えるものであるばかりでなく、聞かれうるものでもある。言葉は聞かれる身体としての声によって実行される身振りである。メルロ＝ポンティを補って、この点を強調しなければならない。言葉が声によって遂行される身振りであるから、語が意味を持つ限り、話す主体が存在しなければならないのである。

新しい意味は言葉とともにこの世界に生まれ出る。新しい意味を産み出す言葉をメルロ＝ポンティは根源的な言葉、語る言葉（parole parlante）（*PHP*. 229）と呼んで、根源的な言葉によって産み出され獲得された意味を伝達する、構成された構文と語彙の体系である言語、あるいは語られた言葉から区別する。

二　暗黙のコギトと語られたコギト

語と意味、あるいはもっと一般的に、言葉と思惟との関係についてさらに詳しく考察するために、同じ『知覚の現象学』がコギトについて述べている箇所を取り上げよう。というのは、「コギト」において表現とその意味とはきわめて特殊で、また、特権的な関係で結ばれているからである。例えば、「猫」という語で、この語が表す観念の「猫」を思い浮かべるとき、この観念としての猫はこの世界のどの猫でもよい、また、どの実在の猫でもない、猫一般を指している。そして、それ以上のことは意味していない。ところが「コギト」の場合は事情は異なっている。もちろん、この語は、この論文を書いている私にも、またこの論文を読む読者としての私にも、さらにはこの語に初めて哲学的な意味を与えたデカルトの自我にも当てはまる「私」、すなわち誰でもよい、したがって誰でもない「ひと」の「私」、一言で言えば、代名詞としての「私」に関係する事柄を意味する言葉として機能している。と同時に、他方、この語は、他の誰でもない、今この言葉を「私は思う」と発しながらこの文章を書いている私だけに特権的に関わっているのである。そしてデカルトの「コギト」が本来目指しているものは、後者の特別な意味なのである。それは、たとえこの世界に私以外の誰もいないとしても、たとえ世界が存在しないとしても、そのように疑っている当のこの私だけは存在するという特別な意味に関わっている。

「私は『第二省察』を読んでいる。問題になっているのはまさに私であるが、それは観念としての私であり、私に固有の自我でもなく、さらにはデカルトの自我でもない。そうではなくて、反省するすべての人の自我である。語の意味と観念のつながりを辿って私はこの結論に達する。なるほど、私が思っているからには、私は存在する。しかし、それは言葉だけの実のないコギトである。私は自分の思惟と自分の存在とを言語の媒体を通して間接的に捉えているにすぎない。したがってこのコギトの本当の表現形式は、『ひとは思う、ひとは在る』となるだろう」(*PHP.* 459)。我々がデカルトを読んで手に入れるコギトは、したがって、「語られたコギト(cogito parlé)」であるとメルロ=ポンティは言う(*PHP.* 460)。すなわち、「語として置かれ、語に基づいて理解されたコギトであって、まさしくこの理由から、ねらいのはずれたコギトである。というのも、我々の存在の一部、それも、必死になって我々の生を概念的に固定し、疑わしいものとして考えている我々の存在のその部分が固定化と思惟の手から抜け落ちるからである」(*ibid.*)。

語られたコギトが「ひとは思う、ひとは在る」という意味しか与えないとすれば、私はデカルトの『省察』を読むことによって、どのようにして、語られたコギトが常に捉え損なっている「このかけがえのない私が思う、この私がある」というコギトの真正の意味を手に入れることができるのであろうか。語られたコギトが外から「私は思う、私は在る」という意味を私の中に注入するのだろうか。語られたコギトに接する以前には、私は思うことも、また、存在することもなかったのだろうか。私の存在も思惟も外から決定されるのだろうか。もし語られたコギトが、一人のひととしての私に「ひとは思う、ひとは在る」と教えなかったら、私は決して思うこともなかったのだろうか。また、思うことは私において存在することと一致しているから、語られたコギトに教えられなければ、私は存在することもなかったのだろうか。

そのように結論することは、真理の半分を見ていないからであるとメルロ=ポンティは言う（*ibid.*）。語られたコギトは一般的な匿名の「ひと」の思惟と存在とについて、「思惟する者は存在しなければならない」という仕方で、根拠づけることができるだろう。しかし、「もし私が、あらゆる言葉に先立って、私自身の生と私自身の思惟とにふれていなかったならば、もし語られたコギトが私の中で暗黙のコギトに出会っていなかったならば、私はそれら（「我思う」という語や「我在り」という語）にいかなる意味も、派生的で非本来的な意味も見いださず、また、デカルトのテキストを読むことさえできなかっただろう」（*PHP.* 461）。言葉にならない沈黙のコギトがあらかじめなければ、私は語られたコギトの意味を理解することができない。もしデカルトがまず自分の存在について看取していなかったならば、「省察」において語られたコギトを企てようとも決して思いつかなかったことだろう。語られたコギトの手前にすでに暗黙のコギトがある。言い換えると、言葉「コギト」の意味は、暗黙のコギトとして、言葉に先だって与えられている。

それでは、メルロ=ポンティの主張に反して、言葉は意味の構成者としての純粋思惟を前提すると言わなければならないのだろうか。彼は警告する、「問題は挙げて、暗黙のコギトを正しく理解し、暗黙のコギトの中にそこに本当に見いだされるもの以外は入れないことであり、また、意識は言語の産物ではないということを口実に言語を意識の産物にしないことである」（*ibid.*）。確かに、真なる命題として言明された語られたコギトの手前に、暗黙のコギトが、「私による私の体験」（*PHP.* 462）が在ることは『知覚の現象学』も認める。しかし、この暗黙のコギトは世界や自己についての定立的な意識ではない。この主観性は「自己や世界について確固とした把握をしているわけではない。それは世界を構成するのではなくて、自分の回りに自分が与えたわけではない場（champ）のごときものとして世界を察知するのである」（*ibid.*）。「我思う、我在り」という語られたコギトが、言葉の以前の沈黙世界でそのまま凍てついているのが、暗黙のコギトではない。暗黙のコギトは語り出されてはいないけれども、純粋な思惟としてすでに意識のうちに「我思う、我在り」の形を取って見いだされるのでは決してない。語られたコギトと暗黙のコギトとは、単にすでに言葉に出して言われたか、まだ言われていないかの違いではない。両者は内容において根本的に異なる、別物である。自己の自己への現前であるこの暗黙のコギトは、存在そのものとして、いかなる哲学にも先立っていると認めながらも、メルロ゠ポンティは次のように宣言する。「ひとが思惟の思惟と信じているものは、単なる自己感情として、まだ自分を思惟してはいないので、開示される必要がある」（*ibid.*）。

暗黙のコギト、すなわち沈黙の意識は自分を〈思惟しなければならない〉不明瞭な世界を前にした一般的な「我思う」としてかろうじて捉えている。思惟しなければならない不明瞭な世界の把握、それは世界についての全体的で未分化の把握であって、ちょうど「初めて息をした子供の世界把握のような、あるいは、おぼれかけて命にしがみつく人の世界把握のようなものであって、たとえ、個々の知がすべてこの最初の見渡しの上に基礎づけられるとしても、この最初の見渡しはまた、知覚による探索や言葉によって取り戻され、確定され、明示化されることを期待されてもいる」（*PHP.* 463）。一般的な我思うとしての暗黙のコギトにしても事情は同じである。一般的な意識である暗黙のコギトは、特殊化され具体化されなければならない。すなわち、語られたコギトとして言語化されなければならない。そこから次のメルロ＝ポンティのコギトについての結論が出てくる。「暗黙のコギトがコギトであるのは、それが自分を明示化したときに限られる」（*ibid.*）。

それではやはり、最終的な主観性である暗黙のコギトは、語られたコギトとなるまでは自分を思惟しないのだろうか。そうではない、とメルロ＝ポンティは言う（*ibid.*）。暗黙のコギトが自分を知らないとしたら、それは物であって、後で語られることによって、意識となることは不可能である。彼が言いたいのは、暗黙のコギトは世界と自分自身について不明瞭で漠然とした把握しか持ってはいないということであり、その把握は、語られたコギトのような、自己についての明晰な定立的な意識ではないということである。

言わば明晰判明なコギトの意味は、語られたコギトとともに、語られたコギトによって初めて与えられる。一方、語られたコギトは暗黙のコギトを前提している。しかし、暗黙のコギトは世界についても自己についても一般的で漠然とした把握しか持たない。その限りにおいて、暗黙にコギトが語られたコギトの意味として、語られたコギトに先立ってあらかじめ構成されてしまっているのではない。これがメルロ＝ポンティの主張の要約であろう。しかし、これで問題は解決したのだろうか。言葉なしに思惟は存在しえない。言葉に先立って意味を構成するような純粋思惟は存在しない。たとえそのことは認めるとしても、語られたコギトに先立って、暗黙のコギトがすでに一つの意味として、非言語的な意味として、存在している。この沈黙した意味はどこからくるのだろうか。そしてこの意味は言葉とどのような関係にあるのだろうか。「私の個々の思惟の手前に、暗黙のコギトと世界の起源的企投を構成するために何が残るのだろうか。いっさいの個別的な作用の外に私が自分をかいま見ることができるとすれば、私とはつまるところ何だろう。私は場（champ）であり、経験である」（*PHP*. 465）。

「場」であり、「経験」である暗黙のコギトの非言語的な意味とは何か、また、そのような意味と言葉ないしは言語的意味とはどのような関係にあるのか、これらの問題を『見えるものと見えないもの』においてさらに追求することにしよう。

三　肉の概念

一九五九年一月の「暗黙のコギト」と題する研究ノートにおいて、メルロ=ポンティは『知覚の現象学』について自己批判を行う。デカルトのコギトは意味に基づく操作であるから、「それはそれゆえ自己と自己との先-反省的な接触（サルトルの、自己（の）非-定立的意識）ないしは暗黙のコギト（自己の身近にあること）を前提する。このように私は『知覚の現象学』において考えた。正しかっただろうか。私が暗黙のコギト呼ぶものは不可能である。〈思う〉（〈見ると思う、感じると思う〉という意味において）という観念を持つためには、〈還元〉を行うためには、内在や、～についての意識に戻るためには、語を持つ必要がある。語の結合によって私は超越論的態度を取るのであり、構成的意識を構成するのである。語は実的な（positif）意味に、最終的にはそれ自身で与えられたものとしての体験の流れに送り戻されるのではない。〈意識〉という語が送り戻されるような自己意識という神話――意味の差異しかないのである。

しかしながら沈黙の世界が在る。少なくとも知覚された世界は、非言語的な意味の存在する領域である。確かに、非言語的な意味ではあるが、しかし、とはいうもののその意味は実的（positif）ではない。例えば、個々の体験の絶対的な流れが在るわけではない。場があり、或るスタイルと或る典型を持った場の場がある」。(2)

また一九五九年二月の研究ノートには次のように書かれている。「本質のコギト、意味のコギトの下に暗黙のコギトを見なかったデカルトの素朴さ。しかし、沈黙の意識に自分が完全に一致していると思いこんでいる沈黙のコギトもまたおめでたい。というのも、沈黙についてのその記述そのものが完全に言語の力に基づいているのだから。人間身体についての記述によって実現されるような、沈黙の世界の入手は、沈黙のその世界ではもはやなくて、分節され本質にまで高められた世界である」（*VI.* 233）。

『知覚の現象学』が、語られたコギトの背後に前提として置かなければならなかった暗黙のコギトそのものも、実は、語られたコギトから出発してその前提として探し求められている限りにおいて、言語的に構成されたものである。非言語的な意味が知覚の世界として存在する。しかし、その意味は、暗黙のコギトとして言語的な意味から逆に遡って想定されるような先言語的な意味とは異なっている。同じ研究ノートに「暗黙のコギトと語る主体」と題して一九五九年二月の日付でメルロ=ポンティは、『知覚の現象学』のコギトについての章（第三部第一章）と言葉についての章（第一部第六章）とが結びついていないことを認めた後、次のように書いている。「暗黙のコギトはどのようにして言語は不可能ではないかということを理解させなければならないが、しかし、どのようにして言語は可能であるかということを理解させることはできない。知覚的な意味から言語的な意味への、行動から主題化への移行の問題が未解決のままである。主題化そのものも、しかも、より高次の行動として理解されなければならない。両者の関係は弁証法的な関係である。言語は沈黙を破ることによって沈黙が欲しながら手に入れていなかった物を現実化するのである」（*VI.* 229sq.）。したがって、問題はまず、「場」とか「経験」とか言われた非言語的な意味とは何かということであり、さらには、知覚的な意味である非言語的な意味から、言語的な意味との間にどのような関係があるのか、ということである。我々はこの問題を語られたコギトに先立つ非言語的な意味での自己

(soi) をめぐる問いとして考察しよう。
『知覚の現象学』は、世界を理解し、世界を根源的に企投する身体を提案した。知覚はもはやデカルトが考えたような精神の直観によっては行われず、したがって、身体はそのような精神の対象としての物体ではもはやなくなった。身体は初めて我々に世界を与えるものとして、対象的身体ではなくて、現象的な身体でなければならなかった。これに対して、『見えるものと見えないもの』においては、身体はもはや一面的に現象的身体ではなくなり、現象的であると同時に対象的なものとして我々に提示される。身体は「肉」として、見るものであると同時に見えるものでもあると主張される。

身体が見るものでもあると同時に見えるものでもあるという主張は、我々の日常的な触覚の経験を根拠にしている。私は右手で或る物を触りながら、一方、左手で、その物を触っている右手を触ることができる。私は触っている自分に触ることができる。触覚について言うことのできることは、視覚についても妥当する。というのは、メルロ=ポンティにとって視覚は、視線によって触れる、あるいは離れて持つという意味で、触覚の一変種にすぎないからである。例えば、私は鏡で自分自身を見ることができる。それというのも、もともと、私が単に見るものであるばかりでなく見えるものでもあるから、私は鏡を使って自分自身を見ることができるのである。もし私がもっぱら見るものであって、原理的に見えないものであるならば、たとえ鏡の前に立ったとしても私は自分を決して見ることがないだろう。見る私が存在論的に見えるものでもあるから、私は実際にも見えるのである。そればかりではなく、見るものは同時に触られるものでもあり、また逆に、触るものは見えるものでもある。このような、見るものと見えるものとの、また、触るものと触られるものとの可逆性、あるいは触覚と視覚との間のような諸感覚間の越境ないしは跨ぎ越しの関係を可能としているような存在論的な要素を、「存在の〈要素〉(“élément” de l'Être)」

（*VI.* 184）をメルロ＝ポンティは「肉」と名づけるのである。

見るものと見えるものとの、あるいはもっと一般的に言って、感覚するものと感じられるものとの間にある可逆性において、すなわち肉において、見るものは同時に見えるものとして自分自身を見る。肉の可逆性はナルシシスムを意味している。しかも、単に外から見られた自分自身に魅了されるのではなくて、もっと深い次元でのナルシシスムである。すなわち、外に見える自分によって逆に見られ、見える自分によって見つめ返されるという意味でのナルシシスムである。「自分が住まっている身体の輪郭を、他人が見るように、外部に見るのではなくて、むしろそれによって見られ、そこに存在し、そこに現れ出て、その幻影によって魅惑され、囚われ、自己疎外され、その結果、見るものと見えるものとは相互に互換され、どちらが見、どちらが見られているかもはや言うことができない。この可視性、感性的な物それ自体の持つこの一般性、自我そのものに生得的なこの匿名こそ先ほど肉と呼ばれた物にほかならない」（*VI.* 183）。肉は「存在の元素」として、単に身体の組成であるばかりでなく、世界も見えるものである限り、感性的な物である限り、肉でできている。というのも、「存在（Être）」はサルトルの言うような、即時的存在として、自己同一として、闇の中にあるようなものではなくて、自分の否定をも、すなわち自己の知覚されることをも含んだ存在であるから（*VI.* 304）。「肉的な存在は、さまざまの深さや奥行きを持ち、いくつもの層からなり、いくつもの顔を持ち、潜勢的なものとして、また、或る不在の提示として、存在の原型である。感性的でかつ感覚するものでもある我々の身体は、その原型の非常に注目すべきヴァリアントである」（*VI.* 179）。確かに、世界の肉は私の肉のようには自分を感覚することがない。それは感性的ではあるけれども、感覚するものではない。しかし、知覚されることから出発して初めて知覚することが理解されるとメルロ＝ポンティは言う。「結局のところ、世界の肉によって自己の身体は理解される。世界の肉、それは見られた‐存在である。すなわち、それは優勝的に知覚される存在である。そして、世界の肉によって、知覚されることも理解されるのである」（*VI.* 304）。知覚されたものである私の身体を他の知覚されたものに適用するということは、すなわち、身体を自分によって見られた物として、したがって知覚するものとして扱うことにほかならない（*ibid.*）。

知覚的世界は肉を組成としている。知覚的世界の成分は肉である。したがって、知覚的意味である非言語的意味もまた、肉において生成していなければならない。それでは、特に我々の関心を引いている、語られたコギトの胚芽である沈黙の意味は、すなわち語られるならばコギトとなる非言語的な意味を、肉の概念はどのように説明するのだろうか。

四　決して実現されることのない可逆性と「自己としての肉」

肉が見るものと見えるものとの同時性と同等性を意味するならば、そして、身体が自分自身を見るとき、自分自身に触るとき、とりわけ肉の存在が実際にも確認されるならば（*VI.* 191）、肉は身体の持つ反省性を表してはいないだろうか。すでに『知覚の現象学』においてメルロ＝ポンティは、身体が自分自身を触るという動作において触るものであると同時に触られるものでもあるという事実を強調して、この事実に身体の次元での反省性を認めた。現象的身体は、意識の次元で「我思う」として表現されるコギトを、自分を見る、自分に触れるという仕方で遂行する。身体が自分自身を見る限りにおいて身体はすでに「自己」を持っているのである。もしそうであるならば、見るものが自分自身を知るのは、言い換えると見るものの自己知は、見られた身体・自己として実現されることになる。見るものの自己は見られたものにおいて実現されることになる。見るものは見えるものに文字通り等しく、とだろう。

交換可能な物となる。要するに身体としての私とは見える通りのものであり、それ以上でも、それ以下でもないこ

私が自分を鏡で見る。鏡で自分を見ることは、知覚の次元で、デカルトの『省察』の「我思う」を実行することである。鏡に映った私の像は見ている私とは異なっている。しかし、同一ではないという意味で異なってはいるけれども、交換可能であるという意味で等しいのである。というのも、鏡に映っている像を、それが自分の鏡像であると認めるのであるから。したがって、身体や知覚の次元における反省性ないしは自己は、見るものが見られたものと、同一ではないとしても、肉の可逆性によって交換可能という意味で等しくなり、その結果、見ている私は見られた像・私において私の自己を認めることになるだろう。しかも、肉の概念はもっと強い意味で理解される必要がある。肉の概念は、見るものが「同時に」見えるものであるということを主張しているのであるから、見るものが見えるものに先立って、見えるものから独立に存在することは許されない。自己の問題に関して言えば、見られたものとならない限り、知覚されない限り、身体の自己、知覚的なコギトは成立しえない。『省察』のコギトが、語られて初めてコギトとなるように、非言語的な意味での自己も、すなわち知覚の水準での自己も、知覚する自己も、知覚されなければ知られない、言い換えると、存在しない。

しかしながら、肉の可逆性について、今まで述べたことを修正するときが来た。『見えるものと見えないもの』の肉を論じる章「絡み合い—交錯」は比較的早い段階で、修正の必要性をほのめかしている（*VI.* 177）が、実際に改訂が行われるのは、次の引用の箇所においてである。「初め、我々は大まかに、見るものと見えるものとの、触るものと触られるものとの可逆性について語った。今は、それがいつも切迫してはいるけれども決して実際には実現することのない可逆性であるということを強調しなければならない」（*VI.* 194）。私の左手は、物を触っている右

手をいつも今にも触ろうとするけれども、物を触る運動としての右手に決して触ることはできない。触ったとたんに、右手は運動ではなくて、単なる触られたもの—対象になってしまう。肉の可逆性は、限りなく近づくことはできても現実には決して到達することのできない数学の極限に似ている。しかし、見るものと見えるものとが実際には一致しないとしたら、言い換えると、私が自分を見るとき、私が見ているその当の像に見ている自分を認めないとしたら、身体や知覚の次元においては反省は不可能となり、この次元においては自己は実現されないことになる。非言語的な意味の中に自己が、コギトの萌芽がないということになれば、その結果、いかなる意味でのコギトも、自我も、語られたコギトも、語るコギトもないということになるだろう。

しかしながら、メルロ＝ポンティによれば、見るものと見えるものとが最終的には一致しないということは、この挫折は、実は「挫折ではない」(*ibid.*)。見るものと見えるものとの間にあって両者の合致を妨げている隔たりは、実は、無や空虚ではない。それこそ、それ自体としては一致しない見るものと見えるものとを連結している存在の元素としての肉である。身体や世界は肉でできているから、身体や世界においては、見るものと見えるものとの間に可逆的な関係が成り立つ。「私は、好きなだけ、両者の経験の一方から他方への移行と変容とを体験する。それは、両者の間に私にはどうしても見ることのできない、しっかりと固定されて揺らぐことのない蝶番が隠されていると想定した場合にのみ考えられることである。しかし私の触っている右手と私の触られている右手との間にある、私の発話された声と私の聞かれたこととの間にある、また、私の触覚経験のある瞬間と次の瞬間との間にあるこの交差は、存在論的な空虚とか、非-存在といったものではない。それは、私の身体の全体の存在によって、また世界の全体の存在によって跨ぎ越されているのである。それは一方を他方に密着させている、二つの個体間の零圧力である」(*VI.* 194-5)。

見るものと見えるものとの現実の不一致にもかかわらず、両者の間隙を埋めて、両者を交換可能なものにしている存在論的な元素が肉にほかならない。そのことを「垂直の物と実存」と題された一九六〇年十二月の研究ノートにメルロ＝ポンティは的確な言葉で書き記している。「それは、可逆性は触るものと触られるものとの現実の同一性ではないということである。それは、両者の原理上の（いつも達成されない）同一性である。〔中略〕言い換えると、外の見えるものを見る身体に向けて再び閉じる諸可能性の連鎖は、両者の間に或る隔たりを保持している。しかし、その隔たりは空虚ではない。それはまさしく肉によって満たされている。肉こそ能動性を帯びた受動性・視（**vision**）が立ち現れる場所である」（*VI.* 326）。

自分を見る、自分に触れるという身体的、知覚的な反省において、私は自分を対象として、見えているそのものとして捉えているのではない。というのも、すでに何度も繰り返して言ったように、この意味での可逆性は最後の瞬間にいつも裏切られる宿命にあるからである。知覚している自分を知覚において把握しようとする反省の試みは、したがって、見えないもので終わる。しかし、メルロ＝ポンティがうまく言い当てたように、この見えないものは、見ている私の、知覚している私の見えないものである。彼の言葉を正確に引くと、「私が知覚している自分について持つ経験の、見えないもの、その経験の鏡像の裏側、私が鏡の中で自分の身体について持つ具体的な映像の裏側」である。彼の別の言葉で言えば、それは、「自己に開かれて在ること、自己に予定されている（ナルシシスム）」（*ibid.*）である。同じことをもう一度彼にしたがって言い換えると、「問題の自己は、隠れていることそのことが隠されてはいないということであり、それゆえに隠れていることを、ないしは潜勢的であることをやめないのである」（*ibid.*）。「自己の知覚はまた知覚である。すなわち、自己の知覚は私に根元的に現前不可能なもの（可視的ではないもの、自我）を与える。しかし、根元的に現前可能な物（私の触覚的ないしは視覚的現れ）を通して、透かした状態において（すなわち潜勢態として）私に与える」（*ibid.*）。

私が見ている自分を見るとき、見ている私と見えている私との間に可逆性は成立しない。私は自分自身を見ることはできないから、自分自身の把握としての反省の成立は、言い換えると、自己の成立は、見るものと見えるものとの合致ないしは一致にあるのではない。自己は可逆性が決して実現しないにもかかわらず成立するのであるから、自己は自己と自己との合致ではなくて、不一致を、言い換えれば、自己と自己との間の隔たりを表している。しかしながらこの隔たりは、サルトルの無のような、存在論的空虚ではなく、ある種の厚み（*VI.* 318）を、その意味で肉を、「果実」を、「自己と自己との厚みを通しての接触」（*VI.* 321）を意味している。

それではなぜ、見るものは、触るものは、自分自身を直接見ることができないのか、自分自身に直接触ることができないのか。なぜ可逆性は実現せず、常に失敗に終わる運命にあるのか。その理由をメルロ＝ポンティは次のように述べている。すなわち、運動は自分自身を知覚することができないからである。そしてそのことはさらに、知覚と運動とが同質であるところからくる。「私は運動している自分を見ることができない。自分の運動に立ち会うことができない。ところで、この権利上の不可視性は実は、知覚すること（Wahrnehmen）と自ら動くこと（Sich bewegen）とが同義であることを意味している。この理由のために、知覚することは、知覚が捉えようとする自ら動くことに決して合致することがない。知覚もまた一つの自ら動くことである。しかし、この失敗は、この見えないことはまさしく、知覚が自ら動くことであることを証明している。この失敗には成功が含まれている」（*VI.* 308）。

自ら動くことを、運動を知覚することが原理上できないという挫折の経験は、実は、運動と知覚とが同質であり、したがって、運動と知覚との間に或る種の反省が成り立っていることを立証する成功の経験でもある。「知覚は自ら動くことを捉えるのに失敗するのは（そして運動において私が自分にとって運動の零であり、私は自分から離れることがないのは）、まさしく知覚と運動とが同質であり、この失敗がこの同質性の体験であるからである。知覚することと自ら動くことの間では、一方の中から他方が現れ出る。或る種の脱自による反省、知覚と運動とは同じ茂みである」（*ibid.*）。

見るものが自分自身を見ることができないということ、もっと一般的に言って、運動が自分自身を見ることができないということ、この事実は、運動が知覚と同義であるということ、同質であるということの証明である。見るものが、あるいは運動が、自分を知覚することができないということは、言い換えると、見るものと見えるものとの不一致は、両者の「違わない（non différence）」という意味での同質性、同義性を明らかにするのである以上、見るものは見えるものにおいて自分と違わないものを見ている。その意味において、自分自身を反省しているのである。同じことをメルロ＝ポンティの表現を借りて言えば、見るものは、運動は、見えるものの裏地として自分を見ているのである。見るものは見えないという仕方で、自分を見ているのである。

しかし、見るものは、触るものはどうして自分自身を見たり、触ったりすることができないのだろうか。それは、知覚が見る働き、触る働きとして、運動の一つであるからであり、さらに根本的には、運動は自分自身に対して運動することができないからである。身体は「可動体ないしは動体全体の中の一つの可動体や動体ではない。私は身体の運動を私に対して遠ざかるものとしては意識しない。身体は自ら動くのであり、これに対して、事物は動かされるのである。このことはある種の被反省性〈réfléchi〉（sich bewegen）を意味する。身体はそのことによって自己として構成される」（*VI.* 302）。結局のところ、見るものと見えるものとの不一致に基づく肉の自己は、肉の反省性は、自ら動く身体が自分から離れることができないところにある。不一致にもかかわらず肉において実現される自己は、実は逆説的にも、自ら動くものが、運動が自分から離れることができないという、運動の自己との一致に基づいている。

運動におけるこの自己との一致は、運動と知覚との肉における合致の失敗としてしか我々には与えられないのであろうか。運動におけるこの自己との一致は、そのものとしては、一致としては経験されないのであろうか。『見えるものと見えないもの』の著者は、その可能性について気がついていたはずである。自ら動くものは自分に留まり続けることによって反省性と自己を構成すると記した、すぐ上で見たばかりの引用に続いて、次のように書く。「これと平行して、身体は自分に触るのであり、自分を見るのである。そしてそのことによって、身体は何物かに触り、見ることができる、すなわち、事物へと開かれて在ることができるのであり、それらの事物において身体は自分の変容を読みとるのである（マルブランシュ）（というのも我々は魂についての観念を持たないからである。魂は、それについての観念のない存在者であり、我々がその者であるがゆえに見ることのできない存在者である）。自分に触ること、自分を見ること、『感情による認識』――」。マルブランシュが主張するように、魂は、それについての観念が存在しないから我々はそれを見ることができず、ただ感じることができるのみである。自ら動くものは、そのものとしては見ることができなくとも、直接「感情の認識によって」感じることはできるのではないか。これこそメルロ＝ポンティが検討しなかった可能性である。

注

（1） Maurice Merleau-Ponty, *Phénoménologie de la perception*, Gallimard, 1945, p. 203.（以下、*PHP*. と略記する）

（2） Maurice Merleau-Ponty, *Le visible et l'invisible*, Gallimard, 1964, pp. 224sq.（以下、*VI*. と略記する）

第八章

声と反省

・● メーヌ・ド・ビランの反省概念と記号論 ●・

魂についての観念は存在せず、魂は感情によってしか知られない。これがマルブランシュのテーゼであるが、彼にとって、感情による知は正確な意味での認識ではない。我々はただ観念によってのみ認識するのであるから、感情に基づく自己についての知は、観念による認識に較べるとき、漠然として不十分であるとマルブランシュは考えた。このような感情についての認識論上の消極的な評価は、すでに見たようにメルロ＝ポンティにも、またリクールにも受け継がれているのであるが、他方、リニャックや[1]、彼の内奥感（sens intime）の概念を受け継ぎ発展させるメーヌ・ド・ビランにおいては、感情は、認識において積極的な意味を持つ。感情は曖昧で不完全な認識、劣った認識であるどころか、観念による認識の根底にあって、それを基礎づけている。ミシェル・アンリも同様の立場に立って、メーヌ・ド・ビランの存在論を、超越の根拠としての内在の概念によって展開する。先のメルロ＝ポンティの言葉に関係づけて言えば、自ら動く者は、決して自分自身から遠ざかることがなく、常に自分自身に留まっているという事実そのものが、アンリの言う内在にほかならない。他のものへと行く超越の作用それ自身は自分自身に対して超越することはない。超越の作用そのものは、超越の運動そのものは、内在において自分自身を作用として、運動として構成している。運動の自己は、運動それ自身が内在において常に自己自身に留まっているところに成立している。運動の自己は感情による認識において成立している。感情が認識を、概念や判断による認識を、根拠づけているのである。

アンリの内在の概念とそれに基づく存在論については、すでに別のところで詳述したので[2]、ここでは内在の概念を使って遂行されたアンリによるメーヌ・ド・ビラン解釈を背景に置きながら、メーヌ・ド・ビランがコギトと反省と言語（記号）との関係をどのように把握したかを、ビランに添いつつ見る。その上で、コギトないしは意味と表現との問題に関してそこからどのような結論を引き出せるか、考察する。

一　声と記号

それにしても、非言語的な意味における運動すなわち自ら動く者の自己が、メルロ＝ポンティの言うように運動の知覚的変容において、その知覚的変容の裏地として間接的にしか知られないのではなくて、アンリやメーヌ・ド・ビランの言うように感情によって直接把握されるとしたら、我々は再び、言葉以前に、言葉に先立って、言葉とは無関係にすでに存在している純粋思惟としてのコギトを認めることを強要されるのではないだろうか。

一見したところ、メーヌ・ド・ビランもデカルトと同じく、言葉に先立ち言葉から独立した純粋な意味としての自我の存在を認めているようにも見える。動物はなぜ人間のように制定言語を持たないのかという問いに対して、一般的な説は、彼らには多様な感覚印象から観念や一般概念や主語や属性や関係を抽象する能力が欠けているからであると答える。この説を批判して、メーヌ・ド・ビランは、動物は抽象能力がないから言葉を持たないのではなくて、逆に、言葉を持っていないから抽象能力が形成されないのであると反論することもできるだろうと言う。彼によれば、動物が言葉を持たないのは、抽象力がないからではなくて、抽象して分離すべきものをあらかじめ持っていないからである。「制定された記号の最初の使用は、本質上、意識の原初的事実、すなわち努力の主体を、抵抗する対立項（terme）から区別されたものとして、直接自覚することを前提とする。この区別が行われるやいなや、最初の知的な記号であり、動詞であり、優れてロゴスである〈在る〉の使用に根拠が与えられることになる(3)」。我々の意志作用の発動である意志的努力には必ずその意志作用についての直接的な自覚が伴い、その自覚において意志作用は努力の感情として我々に媒介なしに直接経験される。メーヌ・ド・ビランにとって、この意志的運動に直接的な自覚こそデカルトがコギトによって言い表そうとしたことの本質にほかならない。

メーヌ・ド・ビランにとって、努力の直接的自覚が言語成立の前提条件となっている以上、コギトは語られる以前に、語られたコギトとは独立に、すでに成立していると結論すべきであろうか。事態はそれほど単純ではない。というのも、メーヌ・ド・ビランにおいては、一方で、記号・言語の成立には反省が深く関わっており、他方で、コギトと反省とは切り離すことができない、密接に絡み合った事柄であるからである。

メーヌ・ド・ビランにとって記号・言語とは何を意味するか。彼にとって記号とは、我々の意のままになる感性的対象を指す。繰り返し反復可能であるという記号の特性も、記号が我々の意志に従う対象であるという事実、我々が欲するだけ何度でも、またいつでも使用することができるという事実に基づいている。記号がそれ自体で反復可能であるというわけではない。我々の意志が、我々の自ら動くというキネステーゼが、記号の反復可能性を、したがって記号の存在を根拠づけているのである。記号はその本性において意志的であり、記号は感性化された意志作用（actes de vouloir sensibilisés）（*E.* 485）にほかならない。そしてその意味において、最も本来的な第一の記号とは、声として実現される言葉、我々が耳で聞く記号としての言葉である。

なぜ声としての言葉が記号の中でも特権的な地位を占めるのか。それは声・言葉において、意志が最もよく感性化されるからである。さらに根本的に言えば、視覚、触覚などの知覚印象の中で、自分の声が一番自分の意志によって自由になる感覚印象にほかならないからである。記号がまず何よりも我々の意のままになる感性的対象でなければならないとすれば、自分の声こそ、その要件を満たす第一のものである。

さまざまな知覚印象がある中で、なぜ自分の声は他の印象に勝って自分の意志に従うのだろうか。視覚について考えてみよう。視覚対象は我々に外から、我々の態度とは無関係に受動的に与えられるのではない。対象を見ようとする我々の能動的なまなざしの運動によって、対象は構成されるのである。この意味で視覚対象は、まなざすという我々の積極的な志向作用の産物であり、したがって、我々の意志に依存している。しかしながら視覚対象の意志への依存度には限界がある。というのも、なるほど視覚対象はまなざしの運動なしには形成されないが、しかし、まなざす運動だけで自分の見たいものが見えるわけではない。触覚にしても同じような限界がある。メーヌ・ド・ビランが重要視する能動的触覚によって、さらに厳密に言えば、いっさいの触覚印象を除外して運動だけになった裸の衝突作用によって、外界を構成する物質塊の根本が抵抗として、正確には抵抗する力として[4]、その能動的触覚の運動に対峙して現れる。簡単に言えば、外部世界の根本的な経験は、我々が運動において出会う抵抗によって我々に与えられる。これが外界の経験に関するメーヌ・ド・ビランの主張である。しかし、たとえ触覚が我々の意志的な力である能動的運動に還元されたとしても、そしてこの運動に抵抗する力として物質界が与えられるとしても、それでもなお、意志された力である努力が、自分自身で自分に対して抵抗する力を産み出して、自分に対置するとは、メーヌ・ド・ビランにとっては考えられない。

このように、最も能動的な知覚である視覚や触覚さえも自分の対象を完全に自己の支配下に置くことはできない。というのは、これらの知覚は自分の自覚対象を構成することはできても、言葉の本当の意味で産出することはできないからである。それらは対象を創造することはできない。これに対して、声は、自分の声は、視覚や触覚の対象とは異なって、私自身の意志によって、自由に産出されるからである。視覚において私は自分の見たい物を想像することはできても、それを自由に作り出すことはできない。触覚において私は自分の触りたい物を意のままに作り出すことはできない（おそらく、見たいものを現実にも見たい、触りたいものを現実にも触りたい、もっと見たい、もっと感じたい、もっと生きたいというところに芸術活動があるのだろう）。というのも、通常の知覚においては、能動的で、志向的な構成の作用によって、対象の形式は創造されるとしても、その質料までは産出されないからである。これに対して、自分の声を聞く場合には、私は聴覚対象である音を、その質料まで含め自由に産出することができる。少なくとも、自分の声という知覚対象の外的条件への依存度は、他の知覚対象の場合と較べるときほとんど無視できるほど小さい。言い換えると、自分の声は他の知覚対象とは比較にならないほど私の自由になる。ここに、自分の声は、感性的対象の中で最も記号に適しているとメーヌ・ド・ビランが判断する理由がある。

他方、メーヌ・ド・ビランにとって、声は反省という我々の高度な知的能力と密接な関係がある。彼は反省作用を次のように定義する。「意志された努力を、その努力から部分的に或いは全面的に結果する何らかの様態において、意識すること、言い換えると、感じられた結果の中に原因（自我）を覚知すること、これが最初の反省作用である」（*E.* 487）。一見したところ、この反省の定義は奇妙に思える。しかし、反省が何らかの仕方で自己を振り返って把握するところに成立し、また、自己が世界との関係として優れて活動であり、作用であるならば、このメーヌ・ド・ビランの反省の定義はその本質において正当である。フッサールの遂行する現象学的還元が自我を世界を構成する志向作用の束ないしは諸志向作用を束ねる極として記述するのとまったく同じように、メーヌ・ド・ビランの反省は自我を能動的意志作用として把捉するのである。現象学的反省が、対象は意識の志向性によって構成されると明言するところを、メーヌ・ド・ビランの反省は、対象は、意志を原因とする能動的働きの一定の結果であると言い換えるのである。自分を或る結果の原因として、したがって力として捉えるところに彼の反省の特徴がある。現象学の意識の志向性や構成作用を、さらに力にまで、運動にまで、キネステーゼにまで還元したと言うことができるかもしれない。

二　声と反省

現象学において、反省は、自然的態度を取ることを中断して世界の即自存在を括弧に入れることによって、対象を純粋に意識の対象として取り出すことによって遂行される。メーヌ・ド・ビランの反省も同じように、自我を努力・原因として、対象をその結果として取り出すために、独特の方法を持っている。しかも、その方法は、現象学の場合のような人工的なものではなくて、我々に自然に具わっている、自分の声を聞くことである。メーヌ・ド・ビランは、自分が話しているのを聞くことができるというこの事実に我々の反省能力の基本的形態を見いだす。

しかし、ビラニスムにおいて、自分が話しているのを聞くことが反省することであるのは、自分の声において話している自分が対象化されるからではない。反省とは自分を対象化して外に見ることではない。また、メルロ＝ポンティの肉の概念が推奨するように、見えるものの裏側として、すなわち今の我々の問題で言えば、聞こえるもの・声の裏地として否定的で潜勢的な仕方で現れているわけではない。実際、メルロ＝ポンティは肉の概念によって、観念を、意味を、話された言葉の裏地として理解している。言い換えると、知覚における見えるものと見えないものとの間にある肉の関係は、言葉において語るものと聞かれるものとの間の肉の関係に昇華される。意味と、表現としての言語との関係はこうして、語るものと聞かれるものとの関係として理解される。すなわち、語ることの受動態は、語られることではなくて、聞かれることである。

メーヌ・ド・ビランの反省概念が意味しているのは、見るものが見えるものに単純に一致する対象化としての反省でもなければ、また、見るものと見えるものとの隠微な肉の関係としての反省でもない。そして、この点にこそビラニスムの反省概念と、それと結びついた言語論の独自性と新鮮さがある。メーヌ・ド・ビランにとって反省とは、自己を、自己の産出した結果の原因として認めることである。それは結果の上に、結果に還元された原因を見ることでもなければ、また、結果の裏側に原因を言わば間接的に触診することでもない。それは、自己を原因そのものとして、結果から区別して自覚することである。メーヌ・ド・ビランは反省を、視覚や触覚などの知覚をモデルとしてではなく、力の因果関係において捉える。その場合、反省の役割として特に強調されるのは、原因を結果から分離して、結果とは別のものとして識別する能力である。作用する自我を、その作用の結果から区別して、そのものとして、原因として把捉するために我々に自然に具わっているのが、発声機能と結合した聴覚にほかならない。この意味で自分の声を聞くということ、自分の語るのを聞くということは優れて反省することである。

ふつう、我々の能動的な働きは、その働きの結果である産出物といっしょに経験されるので、その結果と混同される傾向にある。例えば、触覚は能動的な手の運動がなければ不可能であるが、我々の注意は絶えず触覚の対象の感覚に向けられるので、その感覚を可能にしている手の運動が意識されることはほとんどない。このことは、一般的に知覚ないしは感覚が、我々の側の働きを待たずに与えられる受動的な経験として長い間見なされてきたという歴史的な事実によっても裏づけられる。単に知覚や感覚だけではない、最も能動的と考えられる身体の意志的運動についてさえ、この種の誤解を免れることはできない。メーヌ・ド・ビランの「エンゲル氏による力の観念の起源について」は、エンゲルがヒュームの付した注を考察して、力を経験するための特別の器官が筋肉感官（sens musculaire）であり、その特殊な感官によって、色が視覚によって与えられるように、物体の抵抗が力として経験されると主張していることを我々に教える。我々の色の経験が対象の刺激の結果であるように、力の経験は、抵抗する対象の力が我々の筋肉感官に結果として引き起こす印象として成立するというのである。(5) ここでは、まず私の意志的運動があって、その結果抵抗する対象が私に与えられるということが完全に忘れられている。メーヌ・ド・ビランが正しく指摘するように、力の観念の起源は、抵抗する対象が私の筋肉感覚に刻印する印象に求めるべきではなく、反対に、対象の側に抵抗を引き起こす私の意志的運動に求めなければならない。最も能動的である意志的運動においてさえもこのような転倒が起こるのは、メーヌ・ド・ビランが言うには、能動的触覚において、例えば手という同一の器官が、一方で原因である能動的運動を遂行しながら、他方でその結果を受け取っているからである。

この点、発声器官と結びついた聴覚においては、声を発する側とそれを受け取る側とがもともと分離しているので、原因と結果とは混同される恐れがないとメーヌ・ド・ビランは考える。しかし、単に二つの異なる事象が相次いで起こったとしても、これら二つの出来事の間に必然的な因果関係を見いだすことの不可能性は、ヒュームがすでに証明したことである。自分の声を聞くとき、話すことと聞くこととは単に分離されているだけでなく、同時に必然的に結合された出来事でなければならない。この必然的結合を説明するために、メーヌ・ド・ビランは「外からの音は模倣され、二重化される」と言う（*E.* 480）。音を聞くということは、その音を、こだまのように反射して、模倣して言うことである、その音を内的に反復することである。こうして内的に模倣された音は、何の外的な媒介物も必要とせずに、直接内的に聞き取られるのである。「この外的印象のこだまは、外部の事物から独立した活性を持つ」（*ibid.*）。内的に反復された音が何らの媒介なしに直接聞き取られるところに、メーヌ・ド・ビランは結合の必然性を求めている。しかし、内的に聞くことがまた内的に反復して言うことであったら、問題は先送りされるだけで決して解決しないことだろう。内的に反復された音が直接聞き取られるということの意味をよく考えてみなければならない。

声を発することは意志的行為としての力の発動である。その声を聞くことが、それを内的に繰り返すことであるならば、その繰り返しも力として遂行される反復である。したがって、自分の声を聞くということは、声を発する運動が直ちに内的に反復されることである。声を発する運動に、その運動の繰り返しが、間を置かずに、反射のように引き続いて生起することである。メーヌ・ド・ビランにとって自分の声を聞くことにおいて経験される直接性とは、発声の運動とその運動の模倣・反復との間に見いだされる或る関係を指している。さらには、この関係はメーヌ・ド・ビランの反省の定義を満足させるものでなければならない。言い換えると、これら二つの運動の間にはオリジナルと模倣という関係の他に、原因と結果の力の関係がなければならない。しかしながら、二つの運動が相継いで起こったからと言って、たとえそれらの一方が他方の反復であるとしても、どうして両者の間に必然的な因果関係を認めなければならないのだろうか。

因果律に関してメーヌ・ド・ビランは、ヒュームやカントに反対して、我々は原因と結果の必然的関係を我々の意志的行為において現実に経験すると主張する。彼によれば、我々の意志的努力の自覚である努力の感情において、努力とその成果とが原因と結果との必然的関係として体験されている。このことを、我々が今問題にしている反省概念に関係づけるならば、発声の運動とそれの聴取であるその運動の内的反復とは、まさしく努力とその成果にほかならないから、両者の間には因果の必然的関係が成立していなければならない。この点についてもう少し詳しく見てみよう。

確かに、自分の声を聞くとき成立する因果関係が反省の原型となっているとしても、しかし、自分の声を聞くことによって初めて因果関係が私の経験のうちに入ってくるのではない。このことは、メーヌ・ド・ビランが声に基づく反省とは微妙に区別された反省を認めていることからも明らかである。「或る原初の反省作用があって、それによって努力の主体は自分をそのようなものとして、抵抗する異なる限界項から区別、分離されたものとして覚知する。同様の、しかしいっそう内密の反省作用によって、音を分節して発音する運動体は発声の努力を、それの結果である印象から区別する。この区別がなければ、意志的記号は存在しない。区別の成立と同時に、そのような記号が制定される」（*E.* 487）。

努力する主体が、その努力に拮抗する抵抗から自分を区別して自覚するところに最初の反省作用が見いだされる。ということは、意志的努力とそれに抵抗する限界項としての世界との間には、反省を基礎づける因果の必然的関係が最初から存在しているということにほかならない。言い換えると、意志・力である限りでの主体と、その力に対抗するものとして現出する世界とは、一方なしには他方も存在することのできない相互依存の関係で結ばれている。この主体と世界との力における依存関係がメーヌ・ド・ビランの反省概念を根拠づけている。この力の依存関係の上に彼の反省概念は成立しているのである。

それでは、努力と抵抗との間に見いだされる、なまの力の反省作用と、声に基づく、いっそう内密で洗練された、声の反省作用との間にどのようなつながりを考えたらよいのだろうか。メーヌ・ド・ビランは言う、「作用や意志された努力の内的な覚知なしに、制定された記号はないであろう。また、制定記号なしには、本当の意味での反省もないし、我々の知的諸作用やその成果についての判明な概念や観念もないであろう」（*E.* 492）。制定記号がなければ真の反省は不可能であり、「結果から分離された原因の概念も、様態から分離された実体の概念も」、また、「その属性から分離された主体（自我）の概念も」不可能である（*E.* 493）。

原因、結果、主体、属性など、いっさいの概念の「基礎」は、「いっさいの制定記号とは無関係に、我々のうちにまさにある」。しかし、とメーヌ・ド・ビランは続ける。「具体的なもののうちに集められていっしょになっている多数の諸様態を不分明な仕方で知覚し感じることと、分離され抽出された諸様態を判明に覚知することとでは、本質的な違いがある。ところで、抽出された様態のこの区別は、言語の記号の使用がなければありえない」。さらに彼はつけ加える。「個人は自分が存在することを内面的に感じ、ないしは自覚し、また、この親密な意識はまったく、すでに見たように、努力の原初の展開に基づいているけれども、にもかかわらず、彼が自分の存在について判明な概念ないしは観念を持つのは、彼がこの原初的な判断を或るしっかりとした仕方で、自我とか私は存在するとかの、永続的な記号に結合する限りにおいてであることに変わりはない」(*ibid.*)。抵抗や実体や原因の概念についても同じことが言える。「もし私がそれらを記号によって表現することができなければ、これらの観念のどれも、それらが原初的で本質的な形態として含まれている集団の中に混じりあって見分けがつかないことだろう」(*ibid.*)。

メーヌ・ド・ビランにおけるコギトと反省と言語との関係を我々は次のように整理することができるだろう。まず、意志的努力の自覚にコギトの本質があり、また、コギトの観念の基礎がある。一方、意志的努力は、それが対抗する抵抗なしには存在しえないが、意志的努力と抵抗とのこの必然的な相関関係が因果関係の必然性を最終的に保証している。言い換えると、因果関係が必然であるのは、意志的努力とそれに対する抵抗とが不可分の依存関係にあるからにほかならない。ところで、すでに見たように、メーヌ・ド・ビランは反省概念として、因果性をモデルに採用している。したがって、以上の三つの要件を総合すると、概念化に先立つ、努力の感情として自覚される原初的事実のうちに、コギトと反省の両方の基礎が萌芽としてすでにはぐくまれていることになる。反省の芽が、声・記号に助けられて成長するとともに、コギトの芽も発展する。コギトと反省との発展を支える記号もまた、原初的な意志的努力とその必然的相関者である抵抗との関係の変容として理解することができる。記号とは、意志的努力と抵抗との関係が含んでいる因果の関係を精錬して、私だけが原因である結果を声として抽出するところに成立する。したがって、努力と抵抗という必然的関係が、この必然的関係の特殊な一様態である自分の声を聞くという形態のもとに展開するとき、我々の存在の最初から見いだされる未発達で未分化のコギトと反省機能が分節発展し、概念作用と概念化が成立すると、結論することができる。

注

（1）望月太郎「思う我から働く我へ」大阪大学文学博士論文、一九九七年。
（2）山形頼洋『感情の自然』法政大学出版局、一九九三年。
（3）Maine de Biran, *Œuvres complètes*, VIII-IX, Slatkine, 1982, p. 490.（以下、*E.* と略記する）
（4）Maine de Biran, *Œuvres*, Tome XI-2, J. Vrin, 1993, p. 210.
（5）*Ibid.*, p. 53.

第九章

カンディンスキーの「抽象」とビランの「反省」

アンリのカンディンスキー論『見えないものを見る』に従って、抽象画の「抽象」の意味をまず明らかにする。アンリによれば、抽象とは、外在性である知覚世界、すなわち見えるものを捨象して、見えないものである内面性、生へと立ち返ることにほかならない。抽象画が描こうとしている内容、抽象画の意味とは、外的な知覚世界ではなくて、内面的な見えない生の、感情の世界である。

芸術をミメーシスとして理解するギリシャ以来の伝統にとって、絵画の意味とは「自然」に、言い換えると、我々の外部に展開する知覚世界にほかならない。絵画は世界を写し、世界を表現している。この場合の世界とは、見えるものとしての可視的世界であり、見えるものである限りにおいて、この世界は外在性をその本質とする。アンリの『顕現の本質』以来の言葉遣いによれば、外在性とは、超越の運動が繰り広げる脱自の存在地平によって規定されている。画家はいつも見えるものを描いてきた。人物画にしても、風景画にしても、また、静物画にしても、その対象は常に見えるものであるこの世界の中に見いだされる。いわゆる具象画というジャンルに分類される絵画は、見えるものであるこの知覚世界を描いてきた。アンリの定義によれば、見えるものを表現対象とする絵画は、その表現形態や形式がどのようなものであろうとも、具象画として展示されるべきである。

一　何が抽象画か

それでは抽象画とは何か。それはもはや見えるものを描くことを目的としない絵画のことである。しかし、驚くべきことに、アンリにとっては、モンドリアンもマレーヴィチも抽象画家ではない。彼らは具象を描いている。確かに彼らの画布上に、もはや我々はこの世界において出会うような人も動物も植物も物も自然も再認することはできない。我々が彼らの絵を前にして見ているものと言えば、純粋に幾何学的な線であり、面であり、それらの空間をおおう色の広がりである。にもかかわらず、アンリの目は、彼らが見えるものを、外部世界を描いているのを認めるのである。というよりも、彼らは、知覚世界の本質である外在性を、見えるものを見えるものとしている空間性そのものを、カンバスの上で究めようとしているのである。「幾何学的抽象における対象の消失は、したがって、対象の本質、すなわちすべての対象を対-象（ob-jet）に、言い換えると、面前に、世界であるこの光の空間に置かれたものであるようにしているものの本質が、日の目を見ることにほかならない。それはこの世界の開花であり、いっさいのものがそこに集いにやってくる〈外部〉（Dehors）の最初の出現である。それは、いっさいの外的現象がそこで現れ浮かび出る地平の開放である(1)。この種の「抽象的な」探求は見えるものの可視性を我々に見せようとしているのであって、「純粋な場の空虚（vide du milieu pur）」、こそこれらの幾何学的抽象の最終的な行き先と定められているとアンリは予見する。

印象派はもちろん具象を描いた。彼らはむしろ、例えばモネの「積み藁」がそうであるように、見えるものを見える通りに描こうとした。見えるものを光と色とに分解することによって、見えるものの、あるいは見ることの本質そのものを追求した。一人のメルロ＝ポンティが『知覚の現象学』を書くことによって行ったことを、一人のモネは「ルアンの大聖堂」を描くことによって遂行した。また、「自然を円筒、円錐、球として扱う」ことを実行した画家たちにしても、実は、絵画としては、具象に属する事柄であり、それは、ずっとむかし、デカルトと呼ばれた哲学者が、外部世界の本質を延長として規定したことを、絵に描いて図解したまでである。そこに描き出されているのは、知覚世界から抽出された、知覚世界を構成すると考えられる単純要素にまで切りつめられた、見えるものにほかならない。モンドリアンやマレーヴィチが実行したことも、彼らの絵が外部世界を対象としている限りにおいて、伝統的な絵画が営々と描き続けてきた具象の世界を一歩も出ていない。ただ彼らが、これまでの、見えるものの世界を描くという絵画の企てを、その限界にまで押し進めようとしたことは疑いえない。彼らはもはや見えるものを、見えるものとしては、何も描かなかった。しかし彼らは、見えるものの条件を、見えるものを見えるものとしている可視性の本質を、カンバスに定着しようと努めた。彼らが描出しようと企てたものとは、世界の外在性そのもの、世界を見えるものとして現象させている超越論的な光、脱自的な純粋の存在の地平にほかならない。

それでは、カンディンスキーの意味での抽象とは何か。それは見えるものの外部世界からその本質や基本要素を抽出するという意味での抽象ではなくて、見えるもの全体としての世界を全体として捨象することである。何のために。対-象、すなわち「前に-立て-置かれる」という仕方で現象する見えるものの世界から、そのような脱自の様態においてはその本来の顕現を見いだすことのない内面性への、本来的には見えないものである生への帰還を目指して、この見える外面性を抽象するのである。それはちょうど、フッサールが世界を意識の相関者として取り出すために、即時的な世界を、現象学的反省において、還元するのに似ている。ただし、今度は、意識の相関者としての世界そのものも、意識の本質が脱自としての時間の超越にあり、また、世界もその本質が、脱自である超越の展開する可視的な存在の純粋な地平である限りにおいて、さらに還元されてしまうのである。その結果取り出されるのが、内面性として、内在において展開される生である。見えない生である。「生は、その絶対的主観性の夜の中で自分をしっかりと抱きしめており、そこには光も世界も存在しない」(K. 33)。

芸術が目指すものは対-象ではない。芸術が我々にもたらす認識は、対象的な、客観的な認識ではない。芸術の内容は、見えない、したがって非対象的な、生である。とりわけ、生の最も緊張したあり方である感情である。「芸術の認識は生において余すところなく展開する。それは生の固有の展開であり、生が行う自己増大であり、一段と強化された自己甘受の運動である」(*K.* 37-8)。したがって、芸術は模倣ではない。芸術は、芸術がモデルとしてそれに従わなければならないような外部世界についての認識の一種ではない。

抽象画の内容が、このように内面性であり、見えない生であるならば、その抽象的内容を表現する、カンディンスキーが「形式」と呼ぶ、絵画の表現手段についてはどのように考えたらよいのだろう。「もし絵画が表現しようとする抽象的内容が、つまるところ世界とはまったく無縁な内容であり、実際この世界から逃れ去るとしても、その表現の手段は、この世界に属し、その手段はそのものは、見えるものではないか。その結果、絵画は、その見えない内容の外在化として、その『物質化』として、理解されるべきではないか」(*K.* 42sq.)。作品の内容がたとえ見えないものであるとしても、その内面的な内容は、それを見えるものの中で見えるようにしている線や色において展開されているではないか。実際、アンリが引用するように、カンディンスキー自身も言っている。「まず〈抽象的に〉生きられる内容が作品となるためには、第二の要素が——外的要素が——物質化に貢献しなければならない。だからこそ内容は表現手段を、〈物質的な〉形式を熱望するのである」(*K.* 43sq.)。したがって、カンディンスキーにもう一度語らせれば、「作品とは、だから、内的要素と外的な要素との、すなわち内容と形式との、不可避的で解消不可能な融合である」(*K.* 44)。こうして、表現が問題となった瞬間、カンディンスキーの抽象絵画は、その抽象概念によってたった今解放されたばかりの、見えるものの支配する世界に、引き戻されてしまうように誰の目にも見える。

しかしながらカンディンスキーはこのような表面的な自明性を解体しようとしているとアンリは言う(*ibid.*)。アンリは次の点、すなわち、内面と外部とが融合するというカンディンスキーの言明は、少なくとも二通りの解釈が可能であるということを指摘する。一つは、ヘーゲル主義者ふうの解釈で、内面というのは、形式の外面性において表現され見えるものとならない限り、それだけではまだ未規定で空虚な主観性にすぎないという考え方に基づいている。作品は、形式によって、形式において、外在性において現れない限り、文字通り抽象的で潜勢的なままであり、存在の持つ具体性を欠いている。このような解釈は、言語論において、言語に先立って純粋な思惟が存在することはなく、思惟はただ言語によって、言語において表現されることによって、あるいはもっと適切に言って、言語となることによって、可能となると言明されるときに主張されている事柄と重なる。このような解釈に立てば、カンディンスキーの抽象が取り出す絵画の見えない内容は、形式の線や色における見えるものにおいて完全に汲み尽くされ、見えるものそのもの以外の何ものでもないだろう。それはちょうどサルトルの無が、世界が在ること、世界の在ること（il y a）以外の何ものでもないのと同じことである。

カンディンスキーが言おうとしているのは反対のことである。見えない抽象的な内容は、見えるものである形式の実在性に回収されてしまうのではない。逆に、外在的な形式の実在性こそが、内在的な内容の実在性に服従し、支配下に入るのである。もっと正確に言えば、外在的な形式はその実在性を、内在的な抽象的内容の実在性に求めるのである。外在的な形式の実在性を規定しているのは、抽象的内容の方である。「まさしく外部はそれだけでは存在しないからこそ、この外部として、我々が見ているこの絵として考えられた作品は、その内容を、実在性とりわけ芸術の実在性がそこに集中する生の主観性から借りて来るしかないのである」（*K.* 45）。「作品の内面的要素が作品の内容である」（*ibid.*）。作品の内容は内面的要素として、あくまでも外的要素・形式とは別である。したがって、作品は内面的要素と外面的要素との結合による有機的全体として提示されるとしても、これら二つの要素は決して同一面上にあるわけではない。「内面は単に形式を、外面的要素を、規定しているだけではなく、作品の唯一の内容を、したがって形式そのものの内容を、定義している」（*ibid.*）。これはカンディンスキーからの引用であるが、アンリはこのテーゼを、前半と後半の二つに分け、別々に分析している。前半も重要であるが、後半は抽象絵画の真の本質がどこにあるかを我々に理解させると、あわせて指摘している。

テーゼの前半の部分の分析から始めて、アンリはその部分を次のように言い換える。「抽象的内容——主観性の見えないもの——が形式を規定しなければならないということは、形式はもはや通常の知覚の世界の対象の見かけ上の内容を、対象的な領域の可視的な構造を、手本にすべきではないということである」(*K.* 46)。そして、この点にこそ、カンディンスキーの抽象画が成し遂げた絵画の解放がある。その解放とは、絵画の形式を、すなわち線や色を、写し取られるべき物としてあらかじめ存在していると考えられてきた自然の事物の線や色から解き放ち、絵画の形式を自然への従属から断ち切ったことである。こうして、これまでずっと世界に属する物として、世界の断片として、その構成要素として理解されてきたこれらの諸要素、線や色が、突然、対象的な世界から引き離され、その結果、客観的世界は絵画においては線や色の構成や意味や配置分配の原理ではなくなったのである。絵画の色や線は、もはや現実のあるいは想像上の世界のどこかにあるリンゴの赤やミカンの黄色であることを止め、また、世界のどこかで生い茂っている一本の樹木の複雑に空に向かって伸びた枝の形作る線ではなくなったのである。絵画の線や色は、知覚世界を構成する、その成分としての線や色、客観的な見える世界からその意味を汲んでいる線や色ではなくなったのである。絵画の準拠すべき領域が外部の可視的な対象世界から、全然別の、それとは異質の領域につけ替えられたのである。どの領域に。見えない生の領域に、内在という顕示の様態を取って展開する感情の領域に。カンディンスキーが「内面的必然性」と呼ぶ領域に。「内面的必然性とは、まず、形式が見えない生によって——内面によって——そしてそれのみによって規定され、いかなる仕方でも世界によって規定されない限りでの、形式の必然性である」(*K.* 47)。絵画の表現手段である、線や色が外的な知覚世界から自由になって、もはや世界の中の事物の形や色をなぞる必要がなくなったとき、線や色は、生である内面的必然性に従い、そこに線や色は自分の構成法則と意味の原理とを求めるようになる。こうして新しい形式が生まれる。それが抽象による表現手段としての形式の解放にほかならない。この新しい形式は外的な知覚対象の形や色から区別されて、抽象的形式と呼ばれる。

テーゼの後半の部分に移ろう。この部分は、次の問いに対する答えとして考察される。「実際、抽象絵画において、またあらゆる絵画において、形式が、表現しなければならない見えない内容によって規定されているとしても、このような〈規定〉はどのような点で成立しているのだろうか。言い換えると、表現されるべきもの――このパトス、この〈魂のふるえ〉、例えばこの死の感情――と、他方の、それを見えるものにしようとする、我々の感覚にとって〈物質化〉しようとする色や線との間の等価ないしは合致の原理はどこにあるのだろうか」（*K*. 49sq.）。この問いに対して、抽象的形式は、抽象的内容と同質であり、極限的には、同一で（identique）ある、という答えが与えられる（*K*. 51）。しかし、抽象的内容は見えない生であり、これに対して、抽象的形式の方は、世界の対象から解放されたとはいえ、依然として見えるもの以外の何ものでもない感性的な線であり、また色である。いかなる意味で両者は同質であり、また、同一とも言えるほどのものであるのか。それは、抽象的形式が自分の最も固有の存在を見いだすのがもはや世界の光の中ではなくて、「絶対的主観性というその夜の次元」においてであるからにほかならない（*ibid.*）。

抽象画の内容であり、またカンディンスキーにとってはあらゆる絵画の、芸術作品の内容でもある見えないもの、生が、いかにして色や線や面などの見えるものによって、表現されるのか。見えない抽象的内容が、どのようにして、抽象的形式とはいえ、見えるものである感性的形式と統一されて、作品が生まれるのか。これが問われている問題である。いっそう根本的には、なぜ見えない生はその表現として見えるものを要求するのかと問わなければならないが、この問いに関しては今は差し控えておく。

もう一度、ここで、抽象的形式の定義に返ろう。問題の形式とは絵画の内容を表現するための手段である色や線や面のことである。ところで、ふつう、色や線は知覚的世界においては机や花や樹木などの知覚対象を彩り形作る性質あるいは属性として、それら見えるものである対象に従属している。色や形・線は対象という意味に対して、その意味を指し示す記号と見なすこともできる。しかしここで、カンディンスキーの言う抽象を色や形に対して実行すると、それらは対象の属性ないしは性質という身分から解放されて、例えば、リンゴの赤からその赤という色そのものに、また一枚の葉を型どる輪郭としての曲線から純粋にそれ自体としての曲線そのものとなる。こうして知覚の対象世界から自律した抽象的形式が成立する。しかし、色や線がこうして抽象的形式となって、知覚対象から独立し、もはや外的世界の事物の記号であることを止めるとき、色や線はいっさいの内容を失い、無意味となるのだろうか。そうではない。そうではないからこそ、抽象的形式は絵画に固有の形式として独自の領域を、宇宙を形成するのである。色や形は、外的世界との指示関係が無効にされると、それまで外的対象によって超越され、外的対象の持つ意味によってほとんど覆い隠され、弱められていた、色や形あるいは線そのものが本来蔵している情感が湧き出す。内面的なこの情感のゆえに、抽象的形式は、感情として現前する見えないものである生と同質となり、極限的には一致することになる。

例えば、カンディンスキーが挙げるように、文字はふつう、言葉を表記するために存在する記号として、文字自体の持つ形姿には注目されない。しかし、いったん、言葉への関与が抽象によって停止されると、文字は曲線や直線として、それらの複合体として、ある種の図柄として現れる。それと同時に、その図柄としての文字はその図柄に独特の印象・感情をも我々に提示するのである。意味の理解できない古代エジプトの象形文字の壁面いっぱいの広がりが我々のうちに引き起こす不思議な感情がそうである。『銀の匙』の中勘助はひらがなの「を」の曲線の膨らみとなだらかさに特別の感情を感じたと言われる。書という芸術は、明らかに、文字を構成する曲線や直線そのものの持つ情感を引き出すことによって逆に文字の持つ意味を基礎づけようとしている。それは、詩において言葉の新しい意味が、言葉の音そのものの持つ情感が生き生きと働くことによって生まれるのとまったく同様である。声についても同じことが言える。声は、人の声は日々の生活においては言葉を伝達するための手段であって、声そのものの持つ情感的調性はほとんどその伝達するべき言葉の意味内容のために覆い隠されている。しかし、音楽においては声の持っているその調性が深い感動をもたらす。もっと一般的に言えば、カンディンスキー自身が抽象絵画を音楽をモデルとして構想していることからも分かるように、音楽における音、楽音は、世界の聴覚的対象との意味関係を断ち切ることによって、あの独自の、他の何物も取って代わることのできない表現性を獲得しているのである。最後に、運動、とりわけ身体運動の例を挙げよう。日常の身体運動は、何かこの外的世界で実現すべき対象や目的を持って、行われる。また、身体運動は世界の中の対象と参照されることによって理解される。ところが、ダンスにおいては、その運動はそのような参照項を世界の中に見いだすことはない。その意味でダンスは行為ではない。歩くことと踊ることとは本質的に異なるのである。ダンスにあっては、運動は運動そのものとして展開される。ダンスは身体の力の、純粋に力そのものとしての自由な展開にほかならない。ダンスにおいて運動は生の躍動とたゆたいとを表している。

二　見えないものが見える

もう少し詳しく、抽象的形式とそれの持つ情感的調性との関係について見てみよう。まず、指摘されなければならないことは、抽象的形式とそれに対応させられる情感的調性との関係は、決して外的で偶然的なものではありえないという事実である。したがって、両者の結びつきは各人の経験によって変化する恣意的なものではない。抽象的形式のそれぞれは、それ自身に固有で内在的な感情の響きを持っている。形式と調性との結合は必然的である。しかしながら、抽象的形式はいかにしてそれに必然的に内属する情調性を持つのか。具体的に、線と色とに分けてこの問いについてのアンリの考察を見てみよう。

点（point）から始めよう。というのも、線とは、点を出発点として、点に別の力が加わってできると理解されるからである。抽象的形式としての点には、カンディンスキーが「絶対の簡潔」、「自制」さらには「沈黙と言葉との独特の結合」と表現する固有の表情がある（K. 83）。点に本来具わっているこの表情のゆえに、点は、文章にあって、句点という記号の役割を果たすことができるのであって、その逆ではない。点が帯びているこの表情は、点を構成している独自の緊張、力から発散している。「点の特性、点にその独特の緊張を与えているのは、点が空間のうちに広がり拡散するのを拒絶して点を取り巻いている空間を押し戻していることにある。〔中略〕このようにして、点の力の特性が、自己のうちに留まり自分の位置を確固として維持するその仕方が、規定される」（K. 86）。「自己への沈潜とそれと相関する外在性の拒絶」、言い換えると「その自己感情」（K. 87）、円の持つ調性にも共通するこの表情たたずまいこそ、点を構成するものである。点は自分のうちに自制する力、運動しない停止の力を表している。点の、この自分のうちに引き留まる力に対して、別のもう一つの力が働くとき、点は動いて線となる。したがって、線はその方向も含めて、力を表している。しかしながら、線が力を表すのは、線において力が現れるのは、線が、力の発動によって生じた運動の空間上の軌跡を表示するからではない。それでは線は、運動や力そのものではなくて、ベルクソンのいう空間化された運動、死せる力にすぎなくなってしまうだろう。そうではない。線が知覚対象の形・輪郭から独立して抽象的形式となるということは、空間的な見える痕跡から、それまでその空間的なものに覆い隠されていた線の持つ固有の感情的表情に変容するということであり、その固有の情感性において、力そのものとして現れるということにほかならない。さまざまの線の姿態は、それと同じだけの力の在り様を表しているのである。しかも、その際、線は、力が通過した痕跡を空間上に描くという仕方で表現しているのではない。ここがアンリの抽象絵画の解釈の核心部分であるが、線は力の表象、力を表す記号ないしは符丁という仕方で、力を表しているのではない。線が力を表すのは、ある線の持つ固有の感情印象のうちに力が直接感じられるからである。ベルクソンふうに言えば、我々が自分の身体運動を、身体が行った運動の空間上の移動から知るのでなくて、その運動をうちから直接感じるという仕方で知るのと本質的には同じ事柄である。そこから、抽象的形式としての線において、力が、空間内に伸張する可視的な形態としての線分によって図示されるからではなくて、その線が我々に与える情感的印象のうちに感じ取られる限りにおいて、抽象的線はもはや可視性の見えうる外在性から自分の存在論的根拠を得ているのではなくて、絵画の、ひいては芸術の本質を構成する抽象的内容と同質の、生の情感性に基づいて自分の存在を確保しているのである。

しかしながら、抽象的形式としての線と力との間にこのような直接性が認められるのは、それぞれの線には固有の情調があり、その情調を自分の規定とする力が存在するからにほかならないが、そのためには、一般的に言って、まず、感情と力との間に、存在論的に不可分の関係が成立しているのでなければならない。そして、感情と力との間に見いだされる存在論的関係こそ、アンリが内在の存在論によって明らかにしようとしてきたことである。超越の作用は、力は、運動は、そして何よりも本源的力である生は、内在という顕示様態において、感情として顕現する。力の、生の本質は、自分自身を根元的受動性において受け取り、被るところに成立するその情感性にある。その意味で生は、自分自身を感じるところにある。自分自身を感じることによって、他のものをも感じることができるのである。感情と力との本質的な関係を確認するために、我々が今読んでいるアンリの作品から次の行を引用しよう。「力が可能であるのは、すなわち、力が自分自身の〈できる〉という能力を支配し行動することができるのは、ただ自己の感情的な把握においてだけであるから、その理由で、もしあらゆる力が主観的であるならば、もし点を押し、多様な線を産み出す力が、我々のうちでほとばしる力と同じものであるならば、そのとき、線の形は、その形の無限の多様性において、我々の生の力と衝動とを単に『表象する』だけではなくて、線の形はそれらの力や衝動と一致し、一体となる」（*K.* 91）。両者の一致と一体性に関して、神秘的なことは何もない。というのも、線もしくは線の形態が一方にあり、他方に力ないしは衝動があり、その二つの実在をいかに対応させるか、という問題ではないからである。在るのはただ一つの実在だけである。すなわち、ただ一つの生き生きした力が存在するだけである。その生きた力が我々のうちで感情という形で体験されるのであり、絵画はその感情を表現しようとする。そして、その生き生きした力というのは、また、その線を、例えばカンバスの上に、産出する力でもある。

抽象的形式としての線は、見えるものの外部世界の対象の形や輪郭としての制約から自由になった線である。したがって、抽象的線にあっては、これまで外部世界において見たこともないような線が発明される。線は今や、画家の身体の、手の自由な運動を、運動の欲求を、主体的運動能力の無限の可能性を現実化する。躍動する生を、外部世界の桎梏から解放して、例えばダンスにおいていっそうはっきりと分かるように、抽象的運動として展開する。そうすることによって、芸術家はこれまで知らなかった感情を経験し、そのことは彼の生の、自我のいっそうの発展であり、展開であり、増大である。「いつの時代でもおそらく本当の芸術家は、彼らのうちに、身体と手に、自由に動き、紙の上をさまよい、そこに自分の彷徨の跡を残すという手の持つ力量のうちに、空間内を自在に駆けめぐって自由な走行を発明するという能力を体験してきた。しかも、その空間はもはやそれらの自由な走行に先行するのではなくて、それらの動きに服従するのである。それ自身また新しい、未だ知られていない開発の可能性に満ちた、考えも及ばなかった空間である」（*K.* 57）。

「線の現実の存在、それはその線を産出する力であり、究極的には、この力のパトスであり、したがって見えない存在である」（*K.* 123）としても、別の抽象的形式である色に関しても同じことが言えるのだろうか。というのも、「色はどのような力とも結びついていないように見えるし、色を主体性の領域に包含することのできるいかなる主体的な性質の媒体も色の自由にはならない」からである（*ibid.*）。ところが、カンディンスキーが、意識してか、あるいは無意識にか、実行した現象学的方法は、別のことを教える。まず、その現象学的実験もしくは態度について一瞥すると、そこで問題となっているのは、色を物理的な、あるいは生理学的な基礎に基づいて考察するのではなくて、それを体験する通りに、それが体験されるがままに記述することである。カンディンスキーの言葉に従えば、「まず色をそれだけで取り出してそれに集中して、色が自分に作用するがままに任せる」のである（*K.* 133）。具体的に言えば、「赤の経験は赤い対象を知覚することでも、また赤い色をそのようなものとして知覚することでさえない、すなわち赤と見なすことではなくて、赤が我々のうちで持つ力を、印象を体験することである」（*K.* 131）。このような現象学的分析を通して、色はそれぞれ固有の色調の相のもとに現れる。その色の持つ調性は主なる二つ、熱さと冷たさ、それらと並んで、従となる、明るさと暗さの、計四つである。どの色も、もちろん程度の差はあるが、まず、熱いか冷たいかのどちらかであり、次に、熱く明るいか、もしくは熱く暗いか、あるいは、冷たく明るいか、もしくは冷たく暗いかのどちらかである。色が熱く、あるいは冷たく感じられる限り、色は見えるものではなくて、見えないものとして、感情の領域に属する。その意味において色は外在性にではなくて、生の内面性に息づいている。

熱さや冷たさを我々は見ることはできないが、しかし、外部世界の対象の性質として、リンゴの赤や木の葉の緑のように、強い夏の日差しに照らされた壁が持つくぐもった熱とか木々の濃い緑の下をくぐり抜けて来る夕べの風の涼やかさとして、対象世界の側に感じる。熱さや冷たさは、触覚的性質として、依然として、客観的な見える世界が享受しているものではないのか。問題は、色の場合の熱さや冷たさは、例えば赤い色や青い色を触って感じる、その感覚ではないということである。その意味で、今の場合の熱や冷は対象感覚とは異質の、純粋な我々の魂の状態を意味する、あるいはデカルトふうに言って、魂のみに関係づけられる、感情以外の何ものでもない。しかも、というよりもそれゆえに、熱さや冷たさとしての色は、運動を、ある傾向性を表している。すなわち、黄色を頂点とする熱さは、見る者の方へ向かってくる運動であり、また、青をその極点とする冷たさは、反対に、見る者から遠ざかる運動である（*K.* 134）。我々が抽象的形式としての色を前にして経験するのは、このような接近と退避の運動そのものである。我々は色を見るのではなくて、これらの運動を熱さや冷たさのうちに、熱さや冷たさとして直接感じ体験するのである。ここでもまたアンリの内在の概念が、運動と熱さや冷たさの情調との存在論的関係を保証していることはもはや言うまでもない。

最後に、芸術における表現作用に関して、是非とも記憶に留めておかなければならないきわめて重要なことがある。抽象絵画の理論によれば、絵画の、あるいはさらに一般的に言って、芸術作品の内容は、可視的な外在性において展開する対象や世界ではなくて、見えない情感としての生である。抽象絵画はその抽象的形式によって、生を表現している。しかし、このように定式化するならば、抽象絵画と再現的な具象絵画との間にある違いは、それらの表現内容の違い、何を表現の対象とするかの違い、ということになってしまうだろう、一方の生に対して、他方の世界として。ところが、抽象絵画は、そして芸術一般は、あらかじめ与えられている何かを再現するという意味では、何も、生さえも表現しない。「芸術は自然のミメーシスでもなければ、生のミメーシスでもない」（K. 206）。したがって、抽象的形式である線や色は、その固有の調性において、芸術家が自分のうちですでに体験してしまったある感情を、感動を、外に表出しようとしているのではない。「芸術は何も、世界も力も情動も、生も表象しない」（K. 208）。そうではなくて、世界の外的強制から自由になった抽象的形式を通して、あるいは抽象的形式のおかげで、実践的知覚世界という外的な制限から解放された芸術家は、それまで知らなかったまったく新しい生の展開を、今まで経験したことのない感情の開花として味わうのである。その意味で芸術における想像作用は、これまで世界が知らなかった未知の感情の発明としての創造作用を意味する。

芸術は新しい生を実現する。芸術は新しい生のあり方を産み出すのである。「生はその固有の本性に従って、芸術の中に現前する」（K. 209）。芸術はすでにある生を表象するという意味で表現するのではなくて、まったく新しい生を現前させるのである。作品を前にして我々は、音楽の経験が教えるように、そこに現前している生を実感するのである、現実に体験するのである。作品の内容を、記号に対する意味のように理解するのではなくて、作品に感動するのである。そしてそのことは、メーヌ・ド・ビランの言葉を使えば、自発性の自覚としての、反省を意味する。記号・言葉という我々の意のままになる感性的存在を首尾良く手に入れることによって、我々の自覚はいっそう進展し深くなり、それとともに我々の自我も、生もいっそう豊かになり、充実するのである。確かに、言葉や概念による反省とは異なって、芸術の場合は、カンディンスキーの言う抽象的形式に基づく反省である。どちらにしても、反省が自我の能動性の、力としての生の躍動の自覚であることに変わりはない。さらに、生の自覚が、内在という生に固有の顕示様態において、生が自分自身を感受する情感性において、遂行されるという点も同じである。異なる点は、芸術においては、その自覚が直接、抽象的形式の情調として、言い換えると、ある情感である限りでの、例えば色や線や音やリズム、調性という抽象的形式において、そのまま実現されることである。一本の線を自由に描くことの自覚が、その線描の帯びる情感として現れるのである。概念的反省においては、自覚は、それぞれの概念や言葉が持つ固有の情感としては遂行されない。根元的な概念的反省である、我思うの自覚は、「我思う」という概念の持つ情調性としての、その情調性における自覚ではなくて、その概念を構成、操作する私の働きの感情による顕示に基づく。私のその働きの顕示が、すなわち自覚が、概念そのものの情調として、概念のところで、概念において展開することはない。語を離れて、それとは独立に意味が存在しえないことは確かであるとしても、このように理解するとき、メルロ＝ポンティの主張に反して、語は意味を持たない。語を構成する働きが、語を声として発する運動が意味を持つのである。

三　コスモスとしての自然と生命と自我

抽象絵画の内容は、見えない、内面としての生であり、また、抽象絵画の形式すなわち手段も同じく、その本質においては、情調として見えない生に内属している。この意味で抽象絵画は、見えることにその本質がある外面性によって規定された対象的世界を描く、少なくとも描いているように見える、具象絵画とは異なる。ところで、カンディンスキーの大定理によれば、抽象絵画の原理は、単に絵画の一分野としての当の抽象絵画のみならず、絵画全体の原理をも構成する。それればかりか、その原理は、芸術全体にも広く妥当する。すなわち、どの分野であれ、音楽であれ、彫刻であれ、芸術はすべて、抽象的な形式によって見えない生を表現している。したがって、抽象絵画の原理は同時に、芸術そのものの定義でもある。ということは、見えるものである外的対象を描く具象絵画は、絵画ではない、芸術ではないということだろうか。レンブラントもフェルメールももはや絵画ではないと主張しているのだろうか。

もちろん絵画であり、しかも比類のない傑作である。なるほど彼らの作品は、外的世界の見えるものを描き出しているけれども、それらの作品の構成を統べているのは、外的な対象世界の構成原理ではもはやない。簡単に言えば彼らの絵は、あらかじめ存在する外的対象世界の事物や事象を手本として後から再現しているのではない。確かに彼らの絵の中にはこの知覚世界の事物が、人が、表されてはいるけれども、しかし、それらの事物の意味は、外的世界の意味とはまったく異なっている。外的世界の事物や人が、そのままそこに写し取られているのではない。ベルクソンが力説するように、知覚は行為を目的としたものであり、知覚世界の本質は知覚対象を有用的で実践的な道具連関において呈示することにあり、また、色や形は、そのような行動上の脈絡で組織された対象を指示する記号として機能している。これに対して、具象画の中の諸対象といえども、その色やその形あるいはその対象全体は、それらが外的な知覚世界で持つ機能的行動的意味においてではなくて、それらがそれ自身において帯びている固有の情調によって、すなわち、それらが生にとってどのような内的な意味を持つかによって、決定されているのである。どのような外的対象も、その見えうるという表象性のうちに、道具的行動的規定性とは別に、その性質によって押し隠され弱められてはいるけれども、もう一つの、生へと参照されることを要求している内面的な、見えない、感じられることによってのみ近づきうる情趣を同時に具えている。具象絵画は、事象やその色や形を、それらの持つこの内面的な、生の原理に従う秩序において配列することによって、絵画的現実性すなわち絵画としての固有の意味を、自らに与えている。外的な現実世界においては、その世界を支配している実践的目的論のために覆い隠され窒息しかかっている事物の情調を、具象絵画は発見し、生き返らせ、我々に感動とともに手渡すのである。

この事情を理解する上で、大野晃彦がヴァレリーの「舞踏」の概念について指摘したことは、非常に有益である。(2) ヴァレリーが彼の講演「詩と抽象的思考」で、日常的散文を歩行に、詩を舞踏にたとえたことを踏まえた上で、大野は、ヴァレリーのこれに先立つ対話編「魂と舞踏」の存在に我々の注意を喚起し、次のような重要な指摘を行っている。「まず最初に注目されるのは『詩と抽象的思考』において日常的行為としての歩行が単に芸術的行為としての舞踏に対比されているのに対し、『魂と舞踏』では舞踏のうちに舞踏としての歩行の存在を認めている点である。ここでは舞踏における歩行の動作が日常生活において無意識的に行われている歩行の何たるかを示すもの、すなわちそれを見る者に歩行という身体運動の本質を開示する（自覚させる）ものとして捉えられているのである」（同上、二二六ページ）。舞踏と歩行とのこの関係は、詩的言語と日常言語との関係にも当てはまり、「詩（詩的言語）が日常言語からの単なる逸脱ではなく、かえって言語というもののもつより深い特性をも含めたその全体性の解明に資することを示唆しているように思われる」（同上、二二七ページ）。

結局のところ、抽象絵画と具象絵画とは本質において同じである。「まさしく、個々のどの対象にも住み着いているこの内的な響きを、一方では、点とか線とかの純粋な要素にまで拡張し、他方で色にまで拡張して、色からその純粋な感覚性とは無関係な意味をすべて取り払うことで、カンディンスキーは抽象化を発見したのである」（K.

229)。しかしながら、外在的な知覚対象がそれぞれ固有の情調を持ち、そのおかげで外的対象は純粋な絵画性の抽象の領域に入り込むことが可能になるのであれば、我々は次の結論を拒むことはできないであろう。すなわち、「芸術と宇宙とは、同じ構造をしている」（*K.* 230）。これまで可視性を意味する外在性において捉えられてきた世界は、ここで、その世界を内側から張り支えている情感性が明らかになることによって、生の脈打つ内面性に組み入れられて、宇宙、コスモスとして再定義されることになる。しかし、念のためつけ加えると、そのことは世界が直ちにコスモスに等しいということではない。ここでの世界は、漠然と自然一般を指す言葉ではなくて、アンリにおいていつもそうであるように、ある厳密に定義された概念であることを指摘しておかなければならない。その定義を繰り返すと、「世界とは、そこであらゆる事物、あらゆる内容が見えるようになる、外的現象という資格で現象となるその外在性（extériorité）のことである。世界は可視的世界（monde visible）である、なぜならば、世界とは外在性を意味し、また、外在性は可視性（visibilité）を構成するからである」（*K.* 16）。これに対して、コスモスの方は、内面性において、生の情感性において、世界という外在性とは別の仕方で、すなわち、感じられるという仕方において現れる自然を意味する。生とはその本質において絶対的な受動性における自己甘受であり、自己甘受に基づく自己感受・自分自身を感じることである。生の本質を構成するこの自己感受の様態こそ、アンリが『顕現の本質』で「内在」と規定したものにほかならない。そして、生はこの自己感受において情感として、自らを現す。言い換えると、生が在る、存在するということは、常に、ある情感の形を取って現れるということである。生は自らを感じるから、自分以外のものを感じることができるのである。また、生が、あるいは身体が、自分自身を見ることができる、見えるものであるのも、生がまず、自分自身を内在において感じるからである。自然はコスモスとして、生において感じられるのであり、世界として、「表象」としてのように外在性において見えるのではない。

かくして、内面性と外在性という対立は、伝統的な主観ないしは主体と客観という対立では捉えられなくなる。というのも、内面性は単に主体・私のみならず同時にコスモスとしての自然をも包括するからである。これに対して、外在性は、可視的な、見えるものとしての表象的世界を意味する。この意味で、外在性は、伝統的な客観性ないしは客観的世界と一致する。内面性は、見えないもの・情感的なものとして、見えるものである外在性に対置される。内面性が情感によって規定される領域であり、その領域に自然がコスモスとして内包されるならば、情感はもはや、単に主観的という性格規定では満足しないであろう。伝統的な用語法を使えば、情感は単に主観的ではなく、同時にまた、客観的でもある。すなわち、私としての自我以外のものをも包括している。

内面性を構成する、生の現出としての情感において私と同時にコスモスとしての自然が（そして今我々の話題とはなっていないけれどもおそらくは他者も）現れるという存在論的立場から、ベルクソンの物質と生命に関する主張を取り上げて考察するに先立って、アンリのカンディンスキー理解に沿って、絵画的存在と、他方の、コスモスとして定義された自然との関係について次のことを指摘しておきたい。今見てきたように、絵画的現実とコスモスとしての自然がその本質において同じであるならば、両者の違いはどこにあるのだろう、言い換えると、なぜ自然は、自分だけで満足せず、さらに芸術を必要とするのだろう。この問い、芸術と自然との差異についての問いは、次の問と同値である。芸術における創造と自然の営む創造との間にどのような相違が見いだされるのだろうか。

「自然にあっては、〔中略〕創造的力はいつも『同心円的な制作の原理』によって働くのに対して、芸術は新しい、自然の知らない、脱中心的な（acentrique）制作の可能性へと開かれている」（*K*. 238sq.）。自然は繰り返す。ベルクソンがどこかで言っているように、自然の産み出す動物や植物の定まった形態は、生命の躍動が足踏みしつつ停滞しているのを表している。そうすると、芸術は、生命がその停滞から脱して新しい生の可能性へと展開することになるだろう。すでに述べたように、芸術の内容は生であるとしても、芸術はその生を、絵や音楽や彫刻として、再現するのではない。芸術作品の創作活動においては、すでにある生が、芸術家がすでに体験した悲しみや、感動が、想像において、追体験されるのではない。芸術は、これまで存在しなかった新しい生を、自然おいて現実化されることのなかった生を、初めて実現するのである。生は自然・コスモスという形で自分を展開する。生の本質が自分を感じるところに成立する限り、生の自己展開は、必然的に、情感的であり、したがって、生は情感においてコスモスとして自己展開する。生はコスモスとして自分を実現する。コスモスとして自分を実現する生は、生の別の可能性といっそうの豊饒を求めて芸術という生の新たな実現形態を発明する。例えば、絵を描くということは、よりいっそう美しいものを見るために、感じるために、西田をまねて言えば、自然に具わった目にさらに手を添えて見ることである。「生はいっそう自分を感じ、自分の持てる力のそれぞれについて、いっそう自分を高めようと欲する。生がもっと見ることを欲すると、絵画が生まれる。生はよりいっそうの力を欲する、すると、別の線、別の線描、別の図柄が現れる。それらは、これらの生の増大した力が惜しみなく与えるものである」（K. 240sq.）。生は自然において実現する以上のものを見ようとして、味わおうとして、意志によって、さまざまな線や色を発明して、新たに配置する。コスモスとしての自然において生が実現しなかったことを、生の別の可能性を、生は芸術という生の別の様態において追求するのである。

注

（1） Michel Henry, *Voir l'invisible—sur Kandinsky*, Editions François Bourin, 1988, p.30.（以下、*K.* と略記する）

（2）大野晃彦「コスモスとしての舞踏・音楽・詩」（『横浜市立大学論叢』人文科学系列、第五〇巻第一号、一九九九年、所収）。

第十章

ベルクソンにおける生命、形、物質

メーヌ・ド・ビランに帰れば、知覚世界の手前に、いっそう根元的な世界である運動の世界、抵抗する連続が我々の経験に与えられている。この根元的な世界を我々は抵抗の感情において、自我の感情とともに経験する。この世界と自我との始源の経験を、感情において、感情として顕示する存在論的過程が、超越の作用に対立させて理解された「内在」にほかならない。ここで確認しておくと、内面ないしは内面性と、内在とは、存在論的には厳密に区別されるべき概念である。それはちょうど、超越（作用）とその存在論的結果である地平、純粋な存在論的地平とが区別されなければならないのと事情は似ている。

知覚世界はビランにとって派生的な、表象の世界であった。これから見ていくように、ベルクソンにとっても、知覚世界は二次的な存在である。精神、意識あるいは生命に対面する物質世界は、その意味で真の客観は、知覚世界ではない。なるほど、ベルクソンの「純粋知覚」の概念は、知覚と物質との部分的な合致を告げる。我々は可能的行為（action possible）としての知覚において、物質に、部分的ではあるが、触れている。この意味では、知覚と物質との間には連続性があり、知覚と物質との違いは部分と全体との違いにすぎず、したがって、その差異は本性上の差ではなくて、程度の差にすぎないであろう。しかし、このことは、知覚が我々に与える物質の姿が何から何まですべて、そのままの物質の有りようであるということにはならない。ベルクソンの知覚理論の根幹に据えられた、知覚は実践上の機能であり、認識の働きを負うものではないという主張が、そのことを明白に語っている。知覚は物質を、その真の姿においてではなくて、我々の実践に役立つ範囲内で照らし出す。知覚は、我々が物質を利用するためにそれに働きかけるにはどうしたらよいかという、物質の扱い方を教えるけれども、物質が何であるかという、物質についての認識は与えない。

一　物体と物質

おおまかに、純粋知覚において我々は物質そのものに触れていると言えるだろうが、実際のところ、純粋知覚と物質そのものとの関係にしたところで、事態は簡単ではない。というのも、おそらく、純粋知覚も、すでに知覚である以上、物質に働きかけるための我々の便宜に供するという知覚の特性を何らかの仕方で帯びてしまっているからに違いない。純粋知覚は、まず、通常の知覚から、過去の出来事の想起と、物理的実在を凝縮して感覚質を作り出すという記憶の二通りの働きの寄与分を引き去ることによって得られる、物質についての直接的（immédiat）で、一瞬の（instantané）一瞥として定義される。[1] もちろん、この純粋知覚の定義はやがて修正されて、さらに、知覚に必ず付随する情感（affection）も知覚から取り去られなければならないが（*MM*. 59）、今はそのことは問題ではない。これから注目したいのは、純粋知覚と物質との関係に関する別の修正である。次の引用はその修正の必要性を告げている。「我々の純粋知覚は、実際、それをどれほどすばやいものとして想定したとしても、或る一定の持続の厚みを占めているので、我々の継起する知覚は、これまで想定されてきたような、事物の現実の諸瞬間（des moments）ではなくて、我々の意識の諸瞬間である。〔中略〕実際、我々にとって一瞬は決してありえないのである」（*MM*. 72）。純粋知覚といえども、あくまで我々の意識の一部、我々の経験の一部であり続けないわけにはいかない。それでは、純粋知覚と物質そのものとの正確な関係をベルクソンはどのように考えたのだろうか。まず、純粋知覚は、物質そのものが人間の経験に変わる、その屈曲点として位置づけられる。第二に、我々はこの屈曲点としての純粋知覚を積分することによって、実際の曲線を、すなわち物質そのものを、再構成する。これがベルクソンの構想する純粋知覚から物質それ自体へと至る道である。「我々が経験の屈曲点（le tournant de l'expérience）と呼んだものに身を置いたら、直接的なものから有用なものへ至る道筋（le passage de l'immédiat à l'utile）を照らし示しながら、我々人間的経験の曙を告げる射し始めの微光を利用したら、次にしなければならないは、我々がこうして見つけた実際の曲線の無限に微小の要素でもって、それらの微小な要素の背後の暗がりに広がる曲線そのものの形を再構成することである」（*MM.* 206）。同じことが直前のページでは「経験をその源にまで遡って探求すること、というよりは、経験が我々の有用性の方向に屈折して、まさしく人間の経験となる、その決定的屈曲点の彼方にまで上って探求すること」と言われる（*MM.* 205）。それでは、つまるところ、人間的経験へと、有用性へと曲がる屈曲点の向こうとは何か。それは、内的ないしは外的な純粋直観に現れるものであり、言い換えると「不可分の連続についての直観」（*MM.* 203）にほかならない。内的な直観に現れる不可分の連続については、すでに、『意識の直接的与件についての試論』で論じられた（*ibid.*）。ここで、『物質と記憶』で問題になっているのは、外的純粋直観与えられる不可分の連続である。純粋知覚の向こうにある不可分の連続とは何か、それは、知覚の有用性の産物である、はっきりとした輪郭で区切られた個体的物体としての物質の存在である。それでは、そのような個体的物体としての物質概念を越えたところに見いだされる物質のありのままの姿とは何か。きわめて緩やかなリズムを持った、精神に較べるとき限りなく弛緩した緊張、弛緩としての伸張である。この点について、もう少し具体的に考察しよう。

どの点において、知覚対象としての物質と物質そのものとは異なるのだろうか。デカルトは『屈折光学』の「第四部」で、物体は、知覚対象となっても、その形状に関しては、少なくとも類似という仕方で保存されると言う（*AT.* VI, 113）。物体の本性を延長に求めるデカルトにとって、知覚における色や香りなどの感覚質は心身結合の結果を踏まえた自然の教えに基づくのであって、物体そのものの中には、それらの感覚質に対応する延長的に規定された配置や運動を除けば、色や香りとしては決して見いだされることはない。これに対して我々が知覚する物体の形状は、多少の変形は被っているにしろ、延長としての物体そのものが本来持っていると考えられているのである。これに反して、ベルクソンにおいては、感覚質は知覚対象と物質との間で、その強度には違いがあるけれども、保存されている。そこから彼は、物質は我々が知覚するように「生彩に富んで（pittoresque）」（*MM.* 2）いるということになる。他方、物体の形状に関しては、ベルクソンは物質そのものにこれを認めない。知覚対象がはっきりとして輪郭を持ち、一定の形を取って現れるのは、物質そのものに形があるからではなくて、物質に働きかけるために存在する知覚が行う作為である。

ベルクソンにとって意識ばかりでなく、物質もまた不可分なものである。不可分な意識の持続を空間化することによって、等質的な時間、物理的な時間概念が作り出された。空間化されるのは意識の持続だけではない。物質の空間化もまた実行されているのである。その結果がデカルトの延長としての物体という概念にほかならない。くっきりとした輪郭線で確定され、個別化された物体として現象する物質は、実は知覚作用の作為の結果にほかならない。というのも、『物質と記憶』が繰り返し述べるように、知覚は、可能的行為として、我々が物質に対して働きかけるための機能であり、生の実践的な関心に基づいて物質を捉えている。生はまず、欲望に関係する物質の部分だけに関心を持つという仕方で、本来連続的な物質に非連続を持ち込み、物質を裁断する。さらには、関心のある物質の部分への働きかけを容易にするために、その部分を周りから際立たせ固定する。簡単に言うと、こうして、知覚は連続的で不可分の物体を、それぞれはっきりとした輪郭線を持ち独立した個体に仕立て上げるのである。「物質を絶対的に確定された輪郭を持つ独立した物体に分割するのは、いかなる仕方であれ、作為に基づく分割である」（*MM.* 220）。独立した個体としての物体という、実践的要求に基づく知覚の作為は、必然的に、等質空間というきわめて知性的な概念を前提としている。知覚が自己の必要に応じて物質を任意に裁断できるのは、本来不可分で連続的な物質の下に知性によって発明された可分な等質空間を下敷きとして敷きつめるからにほかならない。等質空間とは「恣意的で無限の可分性の、まったく理念的な図式」（*MM.* 235）である。しかも、この図式がカントのそれと根本的に異なるところは、それが「物質に対する我々の行為の図式」（*MM.* 237）であって、我々の認識のための形式ではないということである。我々の経験において物質の可分性を保証しているのが等質空間という実践的図式である以上、物質を幾何学的な延長として見る見方と、物質を独立した個体として捉えることとは本質的には同じ一つのことである。

物質を個体的な物体の集合と見ないというベルクソンの立場から、運動と物質に関する、非常に興味深い見解が述べられる。彼の考えは、その後、彼の同世代の物理学者のドゥ・ブロイやシュレディンガーなどによって展開される、物質波の理論に沿うものである。ふつう運動について考えるとき、我々は運動する物体と、その物体の運動とを別の物として思い浮かべる。言い換えると、運動だけあって、運動する物体のない運動は考えることができない。ところが、ベルクソンの主張に従うと、そもそも個体としての物体という観念は行動の便宜上の発明であって、物質の本質とは無関係であるから、運動する物体もあろうはずがない。彼にとって、運動とは、運動する物体が空間的に順次、異なる場所を占めていく現象として理解されるべきではない。「現実の運動とは、物の移動と言うよりは状態の移動である」（*MM.* 226）。ベルクソンに倣って（*MM.* 230sq.）、赤という色について具体的に考えてみよう。赤という色は、物理的実在としては、一秒間に何百兆と振動している運動である。しかし、ある粒子が存在して、それが振動して運動が行われているわけではない。ただ、振動としての運動だけがある。なぜなら、物質とはもともと不可分の運動以外のなにものでもないからである。

もし赤という色の振動を、運動のリズムを、十分遅くするならば、「例えば〔とベルクソンは言う〕、音階の低い音で起こるように、知覚された感覚質がいつのまにか分解して、内的な連続性によってお互いに結合された、反復し継起する振動となるのを感じないだろうか」（*MM.* 228）。ピアノの低い音の鍵盤を叩くと、その音を聞くことのうちに我々は、弦の振動そのものを感じ取る。高い音に関しては、音そのものを聞くばかりで、その音を鳴らしている弦の振動を感じるのは難しい。振動がゆっくりとなると、ゆったりとしたリズムになると、運動となり、振動が速くなると感覚質が知覚されるのではないか。つまり、運動と感覚質とは本質的には同じものではないのか。運動は空間的に定義される量ではなくて、すでに質、非常に薄い、希薄な質ではないのか。今一秒間に何百兆と振動する赤の色を、もっとゆっくりとしたリズムで知覚することができたとしよう。知覚するリズムが緩やかになるにつれて、知覚される色の方はどうなるであろうか。ベルクソンの理論では、赤の色はだんだんと薄れていき、ついには緩慢にうねるゆったりとした運動そのものが現れるはずである。運動とはすでに、きわめて薄いけれども感覚質である。この極度に希薄な運動の質が、一秒間に何百兆という振動として凝縮されることによって一つ一つの振動の持つ質が濃縮されて赤という知覚が生成するというのである。そして、この物質の持つ固有の運動のリズムを凝縮する働きを、ベルクソンが記憶に課した二つの働きのうちの一つが引き受ける。なぜ記憶のこの働きは、物質の持つ運動のリズム、物質に固有の持続を凝集して鮮明な感覚質を形成するのだろうか。それは、知覚が実践的な関心から物質を明確な輪郭を持った個体に裁断するのと同じ理由からである。記憶もまた行為の有効性という観点から、不可分の持続である物質の運動のリズムを、行為に都合の良いように編集し直すのである。知覚が物質の分割であるのに対して、記憶のこの働きは、物質の持続の固定化である。そして記憶による物質のこの固定化の極限には、物質の分割が無限に可分な等質空間概念を要求したように、等質な時間概念が理念として置いてある。物質の持つ固有の持続を物質から引き離して、我々の意識の持続のうちで自由に加工することができるためには、両方の持続に共通する尺度が要求される。「継起一般の抽象的図式」「物質の流れに関して、空間がその幅においてそうであったように、その長さにおいて等質で無差別の場」（*MM.* 237sq.）が、等質時間にほかならない。「等質空間と等質時間とは事物の特性でもなければ、また、我々の事物を認識する能力の本質的制約でもない。それらの空間と時間は、抽象的な形式において、我々が実在の持つ運動的連続性に課する固定化と分割という二重の働きを表している。その二重の働きによって、我々は実在の運動的連続性のうちに支点を確保し、操作の中心を固定し、つまりは実在に本当の意味での変化を導入するのである。等質空間と時間とは、物質に対する我々の行為の図式である」（*MM.* 237）。

物質とは、したがって、運動である。それも、等質空間内の物体の移動としての運動、「抽象的運動」ではなくて、「具体的な運動」である。すなわち、「意識のように、自分の過去を自分の現在に延長することができ、また、反復することによって感覚質を産み出すことができ、すでにいく分意識であり、すでにいく分感覚である」運動である（*MM.* 278）。要するに、物質もまたある種の持続である。物質と意識との間には「持続のリズムの違い、内的な緊張の違い」（*ibid.*）しかない。そこで、ベルクソンは次のように言うことになる。「このようにして、伸張（**extension**）という考えで非延長と延長との対立を取り払ったように、緊張（**tension**）の考えによって、我々は質と量との対立を除去したのである。伸張と緊張とは多数の、しかし常にはっきりと定まった程度を許容する」（*ibid.*）。さらに、意識の自由に対する物質の必然に関して、物質がある種の持続であることが、「中和された、したがって潜在的な意識」として言い表される（*MM.* 279）。「意識として現れる諸可能性が、まさに現実化しようとする瞬間、お互いに阻害しあい無効にしあっているような意識」（*ibid.*）、それが物質である。したがって、物質の中に意識が現れるためには、障害物が取り除かれるだけでよい。どのようにしてか。「実在の全体の中から潜在的な部分を抽出することによって。意識が自分に関心のある物を選択し、より分けることによって」（*ibid.*）。全体では打ち消しあって中和している物質の運動から、その一部を抜き出すと、生まれてはすぐ消える持続に変わって、一定の真の持続が現れる。それはちょうど、1−1＋1−1＋1−1＋1−1＋1−1=0の中から、一つの、あるいは複数の+1（ないしは−1）だけを抜き出すようなものである。

しかし、意識と物質との間に横たわっていた悪しき二元論の対立、非延長と延長が、また、質と量ないしは運動が、ベルクソンの採用する伸張と緊張との概念によって和らげられて、いつしかなだらかな平地となって連続するということになるならば、今度は逆に、彼が確認した、純粋記憶と純粋知覚との間にある、程度の差に決して解消されない本性上の違いはどうなるのだろう。結局のところ、ベルクソンが自説として何度も確認し、また常識の立場でもあるという精神と物質との二元論は、せいぜい持続の程度の差を許容する一元論に還元されてしまうのではないか。さらに、伸張と緊張という二つの概念の間の関係も不明のままである。これらの疑問に『物質と記憶』は答えることはできない。多分その理由は、「ここで物質についての理論の構築を問題とすることはできない」（*MM*. 209）からである。それでは、どこかでベルクソンはその問題に取り組んだのであろうか。『創造的進化』の第三章がその場所の一つだと我々は考える。

二　緊張としての生命に対する伸張、弛緩としての物質の概念

『創造的進化』の第三章は、前著において主題であった精神と身体の関係を、いっそう拡大し、また、より根本的に、生命と物質との関係として論じる。すでに見たように、実践的関心に支配されて働く知性によっては、実在を実在そのままに把握することはできない。したがって、実在に直に接するために、知性の働きを一時止め、知性の図式である空間を撤去しなければならない。そこでベルクソンは提案する、「我々自身の最深部に、自分の生の内部に最も深く入り込んでいると自分で感じる点を探そう」(2)。その点とは、絶対的に新しい現在によって絶えず増大ししつつ過去が常に前進する純粋持続のことである。その純粋持続においては、また、我々の意志のバネが「その極限まで」(*ibid.*)緊張した状態にある。この点において我々が自分自身との一致を感じるのは、確かに、まれなことであろうが、それらの瞬間こそ我々の真に自由な行為が実現されているときである。しかしながら、それだけでは十分ではない。というのは、我々が自分自身の内部にどれほど深く集中して純粋持続を実現したとしても、「そのときでさえも、我々が捉えるのは、個人的で、断片的な意志作用（vouloir）である。生命そのものと物質そのものとの原理に到達するためには、さらに先へ進まなければならない」(*EC.* 239)。「純粋な意志作用、物質を貫き、物質に生命を手渡している流れは、我々がほとんど感じることのできないものであり、せいぜい、通りすがりに触れるだけのものである」(*ibid.*)。

したがって、実在に、原理に、到達するために、我々の意志作用そのものを、その源流の方向に、さらに、延長しなければならない。そうすると、実在が、「不断の増大であり、果てしなく続く創造」であることが分かる（*EC.*

240）。なぜならば、人間のどのような営みもいくらかの発明を含み、どの意志的行為もいくらかの自由を含み、また、自発性を表す有機体のどの運動も世界に何らかの新しいものをもたらすからである。確かに、そこにあるのは「形式、形の創造（création de forme）」、（あるいはむしろ「形相の創造」と言うべきか）でしかない（*ibid.*）。我々の場合は、あるいは有機体の場合は、それも仕方のないことである。というのも、我々は「生の流れそのもの」ではなく、「すでに物質を負わされたあの流れ（ce courant déjà chargé de matière）」であるのだから（*ibid.*）。どのような天才的な作品においても、その作品の構成に先立ち、また、その作品よりも生き延びる諸要素、すなわち、質料（matière）が見いだされる。しかし、我々の場合とは異なって、「もしも形相を創造する働きが停止するだけで、そこから物質が構成されるとしたら、物質の創造も不可解でも認めがたいことでもないであろう」とベルクソンは考える（*ibid.*）。実際、似たようなことは芸術活動において起こっている。画家が自由な運動において独創的な線を描くとき、その描かれた線とは、芸術家の形を創造する運動が、固定化し、いわば凝固したものではないのか。自由な形を作り出す活動が、画布上に停止した姿で写し取られることによって物質化したものが、その線ではないのか。我々は我々の持続において、形相の創造をどの瞬間にも生きている。我々の場合とは異なって、「その形相が純粋であり、その創造的な流れが瞬間的に中断されるとき、それがまさしく、物質の創造であるだろう」（*ibid.*）。

創造に関して、ベルクソンは特に次の二点を強調している。一つは、創造を、「創造されるもの（des choses qui seraient créées）」と「創造するもの（une chose qui crée）」との関係で考えてはならないということである。というのも、明確な輪郭を持つ個体としての物体、「もの」は、我々の知性ないしは悟性という実践上の機能が作り出した物質像であるから。「ものはない。在るのは作用（actions）だけである。より特殊的に、我々の生きている世界を考察してみると、このきちんと結合された全体の自動的で厳密に規定された進展は、作用の解体、作用のほどけ（de l'action qui se défait）であり、そこに生が切り抜く思いがけない形態は、それ自身思いがけない運動へと展開していくことのできる形態は、自己を作る作用（de l'action qui se fait）を表しているのが分かる」（*EC.* 249）。そしてこのことは我々の世界だけではなく他の世界においても同じであるとベルクソンは考える。もう一つは、今日でも凝縮中の多くの星雲があることが観察されるように、宇宙は一度で全部作られたのではなくて、その創造は常に進行中であること。これらのことを踏まえた上で、ベルクソンは宇宙の創造を巨大な打ち上げ花火にたとえる。「莫大な数の打ち上げ花火の束から花火が飛び出すように世界が次々と湧出してくるその中心」（*ibid.*）というのが彼の宇宙創造の描像である。しかし、この描像において「中心」として描出されたものは、もちろん、文字通りの「もの」ではなくて、「湧出の連続（continuité de jaillissement）」（*ibid.*）を表している。そしてベルクソンは次のように続ける。「このように定義されると、神は出来上がってしまったものに似たところは何もない。神は絶えることのない生命であり、作用（action）であり、自由である。このように考えるならば、創造に不可思議なところは何もない。我々は、自由に行為するとき、否応なしに、自分の内に創造を経験する」（*ibid.*）。

それでは、このような創造活動に対して、創造される方の物質やその物質に規定された我々を含む地上の生は、同じ花火の比喩ではどのように表現されるのであろうか。まず、物質について。「意識（Conscience）、というよりは、超意識（supraconscience）は打ち上げ花火であり、その燃え殻が物質となって落下する」（*EC.* 261）。ここで「超意識」と言われているのは「生命の起源にある」（*ibid.*）ものであり、また「意識（大文字）」についても「宇宙的な生命と外延を同じくしなければならない意識一般（Conscience en général）」（*EC.* 187）と定義されている。物体は落下する花火の燃え殻である。ベルクソンは創造を描写するために別の比喩も用意している。持ち上げた腕を、力を抜いて自然におろす仕草がそうである。この新しい比喩の中で、物質と地上の生命とは次のように描写される。「この創造的な身振りの解体というイメージで、すでに、物質についてのいっそう正確な表象を得ることだろう。そして、そのとき我々は、生命活動のうちに、逆転した運動の中にまだ残っている正の運動を、すなわち解体する実在を貫いて自らを形成する一つの実在を、見るであろう」（*EC.* 248）。落下する腕の運動が物質を表すならば、創造された生命とは、その落下する腕にまだ残っている持ち上げようとする努力、腕を活気づけようとする何らかの意志作用に相当するであろう。前の打ち上げ花火のたとえに戻るならば、「意識（小文字）はさらに、花火そのものの生き残った部分であり、燃え殻を貫き、それらを有機体として照らしているのである。しかし、この意識は、創造への強い要求（exigence de création）であり、創造が可能であるところでしか自分を自分に現さない。生が自動作用を余儀なくされているときには意識は眠っている。選択の可能性が生まれるやいなや意識は目覚める」（*EC.* 261sq.）。

創造の源である、あるいはむしろ創造そのものである、超意識としての純粋な生と「生の躍動（élan de vie ; élan vital）」（*EC.* 252 ; *EC.* 54）との違いは、創造する生命と創造された生命との違いは、「我々が語っている生の躍動は、要するに、創造への強い要求である。生の躍動は絶対的な創造であることはできない。なぜなら、それは自分の進む先々で物質と、すなわち自分とは逆の運動と、出会うからである」（*EC.* 252）。生の躍動としての生命は、物質の持つエネルギーを徐々に蓄積しそれを自由な行動に向けて瞬時に解放する。「実際、生命は一つの運動であり、物質性はその逆の運動である。〔中略〕これら二つの流れのうち、第二の物質は第一の生命の妨げとなるが、にもかかわらず第一のものは第二のものから何かを獲得する。その結果両者の間で妥協が成立する。それがまさしく有機化（organisation）である」（*EC.* 250）。砂鉄の中を運動する手がついに力つきて止まるとき、その後に残す手の形が、克服された砂鉄の抵抗を表すように、例えば複雑な目の器官も、見るために使用される手段であると言うよりは、視覚作用が見るという運動において克服した物質的障碍ないしは抵抗である。そういう意味で、生命と物質との妥協点が有機体である（cf. *EC.* 94sq.）。

『創造的進化』が冒頭で予告するように（*EC.* 11）、生命と物質とは相反する二つの運動をなす。物質が下降の運動であるのに対して、生命は上昇の運動である。しかしながら、それは、二つの積極的な運動があって、お互いに対立しているという状況ではない。一方の精神性と、他方の、知性と重ねられた物質性とを対比して、両者を真っ向から対立する過程とした上で、「一方から他方へは、方向の逆転という仕方で移れるだろうが、少し先で詳しく証明するように、逆転と中断とがここでは同義と取られなければならない二つの用語であるということが本当であるならば、おそらくは単に中断という仕方だけで移ることができるだろう」（*EC.* 202）。生命の本質が自由な行為としての純粋持続であるならば、その意味で「緊張」であるならば、物質は、生命の持続の「弛緩」であり、しかも、生命の緊張を中断する、努力を放棄するというただそれだけで「弛緩（détente）」が起こり、「伸張（extension）」としての物質に達するのである（cf. *EC.* 203）。そして、この物質性を特徴づける「伸張」を、知性によって、理念的に極限まで押し進めることによって延長・等質空間の概念を得る。「なぜならば、もし物質が、非伸張的なものが弛んで伸張的なものとなった結果（un relâchement de l'inextensif en extensif）であり、そうすることによって、自由から必然への弛みの結果であるならば、物質は単なる等質空間とまったく一致しないではいられないし、等質空間に至る運動によって構成されるのであり、したがって、物質は幾何学への途上にある。なるほど、数学的な形式の諸法則が完全に物質に適用されることはない。そのためには、物質は単なる空間となり、持続を失わなければならないことだろう」（*EC.* 219）。

閉じられた系におけるエントロピーの増大に関する熱力学第二法則に言及しながら、生命と物質との関係について次のように言われる。「真実は、エネルギーがカルノーの法則によって指定される傾きを下降するところで、別の原因があって、その下降を逆の方向に遅らせているときには、至る所で生命は可能であるということである。言い換えると、たぶん、すべての星々に吊るされているすべての世界において」（*EC.* 257）。全体としてエントロピーの増大している系の内部に部分的にエントロピーの現象が見られるならば、そこに生命がある。しかし、系全体の、宇宙全体のエントロピーは常に増大し続け、最後にはどこにも減少の存在しない、したがって生命のない死とカオスに宇宙は至るはずである。ところが、ベルクソンの連続創造説によれば、宇宙は絶えず創造され続けており、エネルギーは空間外の過程（processus extra-spacial）によって、途絶えることなく宇宙にそそぎ込まれている（*EC.* 245）。この空間外の過程こそ、自由な行為としての創造である。このような創造の次元で考えるならば、伸張である物質は、自由な行為である持続の緊張の中断ないしは途絶にほかならない（cf. *EC.* 246）。そして、創造された生命、地上の生命は、この創造する生命の名残として、「熾《おき》」として、無秩序の方へと拡散し続けるエネルギーを、部分的に蓄積し、それを自由な行為のために使用することによって、エントロピーの増大をしばし、部分的に遅らせる。こうしてベルクソンにとって、生命と物質は、物と物、実体と実体との関係においてではなくて、緊張と弛緩、上昇と降下、減少と増大という対立する二つの運動によって定義される。しかし、さらに重要なことは、この二つの運動の両方が積極的な実在性を有しているのではなくて、一つの運動はもう一つの運動の否定態でしかないという点である。積極的なのは、緊張としての生であり、物質は緊張の欠如態としての弛緩にすぎない。だからこそ、ベルクソンは心身問題を、デカルト流の非延長と延長との実体的二元論から単に緊張と弛緩・伸張との運動的二元論に置き換えただけであると言って済ますことはできないのである。二つの運動ないしは傾向として、生命と物質とは相反する規定を取るが、しかし、その対立は、持続の差異としての、程度の差にすぎない。生命の持続の緊張を弛めるならば、物質の持つきわめて緩やかな持続である伸張にまで至る。その意味で心身の対立は解消し、心身問題は解決したのである。しかしながら、それでは、『物質と記憶』が力説した純粋記憶と物質との、純粋知覚との本性上の差は、程度の違いに決して解消されることのない差は、どうなるのだろうか。結局のところ、程度の差しか存在せず、妥当な哲学は一元論であるのだろうか。全体としてみれば、エントロピーは常に増大し続けるのである。ただ増大への方向だけが許されている。時間は、持続は、常に過去から未来へと進み、決して逆流することはない。少なくとも確率的には無に等しい。生命の持続の緊張を弛めることによって、物質の弛緩したリズムに到達できるとしても、反対に、物質の本当にかすかな持続を凝集して、生命に至ることはできないのである。エントロピーを全体として減少させることもできないし、また、時間を未来から過去へと流すこともできないのである。人は生まれて死ぬが、死者が生き返り、やがて生まれるということはないのである。少なくともその確率は限りなく小さい。ベルクソンの心身論、生命物質論は、魂から身体の方へ、純粋記憶から純粋知覚の方へ、生命から物質の方へ（死とは物質に返ることである）の通行は許す。この意味では、この方向では、心身問題は解決している。しかし、身体から魂へは、純粋知覚から純粋記憶へは、物質から生命の方へは、道は閉ざされている。ベルクソンの二元論は半導体の二元論であり、不可逆性の二元論である。左からは近づけても、右側からは閉ざされている生命的実在の論理である。先の節の終わりで、心身関係についての『物質と記憶』の解答に、二つの連関する疑問が出された。これがその疑問に対する、さらに進んだ『創造的進化』の生命観、物質観からの答えである。

三　創造と愛としての神

最後に、創造の話を『道徳と宗教の二源泉』に従って、もう少し続けよう。というのも、ベルクソン自身、同書において「こうして、多分、我々は『創造的進化』の結論を越えてしまうことになるだろう」と認めているからである[3]。『創造的進化』においては、できるだけ事実に忠実で、いつの日か生物学によってその正否を確認できることしか主張しなかった。科学的事実の裏づけがないという意味では、『道徳と宗教の二源泉』はもっともらしさの領域で満足せざるをえない。しかしそのことは、ここでのテーゼがいかなる事実の直観も欠いているということではない。「もし科学に裏打ちされた直観がさらに延長されうるとすれば、それは神秘的直観によるしかない」（*ibid.*）。神秘家の宗教体験において働いている直観によって、前著作の結論を補完し完成するような主張を創造と神について語ろうというのである。新しくつけ加えられる結論とは（*ibid.*）、創造のエネルギーである神は、愛であり、愛されるに値する存在者を自分のうちから引き出そうとしたのであり、そのようにして多くの世界を造ったのである。それらの世界の物質性は、神の精神性に対立するものとして、単に創造主と被造物との間にある区別を表現しているにすぎない。それはちょうど交響曲の並列する音符と、それらの音符を自分の外に解き放った不可分の感情（émotion）との間にある区別のように。それらの世界の各々において、生の躍動となまの物質とは、創造の相補完し合う二つの側面であって、生は物質を横切っていくことによって、区別された存在へと区分されるが、生が自らのうちに携えている諸力は、それらの諸力を現す物質の空間性が許す限り、渾然一体のままである。

『創造的進化』が前提として問うことのなかった二つのことがある。まず、物質を貫き、おそらくはその存在理由であるに違いない生の躍動が、端的に、所与として扱われたということ。次に、生の躍動の主流の到達点である人類について、その存在理由が問われなかったことである。一言で言えば、生命はどこから来て、どこへ行くのかという問いが立てられなかった。これらの問いを立てるのは神秘家の直観であり、それらの問いに答えるのもまた、神秘家の直観である。神秘家の経験おいて、「神は愛であり、愛の対象である」（*MR.* 267）。しかも、神の愛は、神に属する何かではなくて、「神そのものである」（*ibid.*）。そして神秘家にとって、創造は、「神の愛にふさわしい存在者を自分に確保するために神が被造物を創造する企て」（*MR.* 270）として現れる。「愛によって定義されなければならない創造のエネルギーが、ある存在者達を、愛し愛されるべく定められている存在へと呼び出した。彼らは、このエネルギーそのものである神と区別されて、宇宙においてしか出現することができなかった。そのために、宇宙は出現したのである」（*MR.* 273）。この運命の存在者達は、我々の惑星系においては、個人としてではなく種をなしてしか出現することができず、さらには他の多くの存在者をもその支えとして、あるいは目減り分として必要としたと、ベルクソンはつけ加える。創造の目的として人類は、この地上で多岐にわたって展開した生の躍動を可能な限り遠くまで押し進めたけれども、種全体としては力つきて、円を描いて停滞してしまった。創造の目的は、こうして、人間種においてではなくて、人類の中の代表者である卓越した個人によって引き継がれ、達成されることになる。その卓越した個人が、神秘家にほかならない。神秘家は、愛の躍動（élan d'amour）に促されて、その個人的な偉大な努力を「生命一般の働きに付加することによって、道具のもたらす抵抗を砕き、物質性に勝利して、ついには神と再会する」（*ibid.*）ところまで続く道を拓いて人々を導くのである。スピノザの表現を借りれば、「それは、所産的自然から離れて能産的自然へと帰るためである」（*MR.* 56）。神秘主義が哲学者に示唆するのは、「宇宙は、愛と愛したいという欲求が、見たり触れたりすることのできる形を取ったものであり」（*MR.* 271）、この創造的感情の結果として「この感情を仕上げる生物の出現（apparition d'êtres vivants où cette émotion trouve son complément）」ならびに、それらを支える他の無数の生物と莫大な物質性の出現がある。

最後に、次の問いを『道徳と宗教の二源泉』のベルクソンに問うことにしよう。愛である神から、愛の感情からどのようにして宇宙は生まれることができるのか、あるいはもっと一般的に問うて、感情が何かを創るということはどのような事態なのか。これに対して、ベルクソンは感情には二種類あるとまず答える。「第一のものにおいては、感情は、観念ないしは表象的心像の結果であり、感性的な状態は、感性的状態には何の負うところがなく自分だけで自足している〔中略〕知的状態からの結果そのものである」（*MR.* 48）。「もう一つの感情は、表象によっては規定されず、表象の跡目を襲い、表象から区別されたままであることだろう。それどころかむしろ、感情は、それに続いて生じる知的状態に対して、原因であって、結果ではないであろう」（*ibid.*）。第一種の感情は、「知性以下（infra-intellectuelle）」であり、第二種の感情は「知性以上（supra-intellectuelle）」である。しかし、この場合の「以上」、「以下」は価値の差を表すばかりではなくて、時間的な先行性と後続性をも表している。そして、この第二種の感情だけが、「観念の生成者」（*ibid.*）であることができる。新しい感情が、偉大な芸術や科学、文明一般の創造の起源にあることは、疑いえないとベルクソンは言う。それも、知性を感情が刺激するという意味ではなくて、そこでは、感情そのものが「思想の生成者」（*MR.* 40）として働いているのである。この意味で、「創造とは、何よりも、感情を意味する」（*MR.* 42）。

「もう一つの知性以上の感情は、観念に先行し、かつ、観念以上でもあるが、もし、まったく純粋な魂であるその感情が、身体を得たいと望むならば、観念として花開くことになるだろう」（*MR.* 268）。ここで、『道徳と宗教の二源泉』は、ベートーヴェンと彼の交響曲を例に挙げる。「音楽家は〔知的〕次元の外部に位置する或る点へと、そこに承認や拒否、方向、直観を求めて、遡った。この点に不可分の感情が座を占めており、おそらく知性はそれが音楽として明確な形を取るのを助けたことだろうが、しかし、その感情それ自体は、音楽以上であり、また、知性以上でもあった。知性以下の感情とは反対に、その感情は常に意志の従属下にあった。この種の感情はおそらく、非常にかすかではあるけれども、神秘家にとって神の本質そのものである至高の愛に似ている」(*ibid.*)。

ところで、『創造的進化』では、創造の神は、「絶えることない生命であり、作用であり、自由で」あった(*EC.* 249)。『創造的進化』の神と『道徳と宗教の二源泉』の神、愛である神との統一をどのように考えたらよいのだろうか。この統一を『道徳と宗教の二源泉』において述べられた、自由な創造行為を本質とする「意志」と感情との関係において瞥見することにしよう。まず、感情は、最も穏やかなものでも、一定の行動の要求を含みえ、しかも、その要求は、義務とは異なって、抵抗に出会うことがない(*MR.* 36)。感情の含む行動への要求が抵抗に遭うことがないのは、音楽を聴いているとき、我々がその音楽そのものになるように、「もし感情が私の中に深く浸透するならば、私は感情にかき立てられ、感情に従って動くだろう。それも強制や必然からではなくて、私が逆らうことを望まないような或る傾向のために、そうするである」(*MR.* 45)。しかも、問題になっているのは、知性以上の感情である。したがって、ここには、パスカルが「プロヴァンシァル第十八の手紙」や『恩寵文書』で明らかにした、神の絶対意志に対する人間自由意志の問題の解決と同じ手法が用いられている。恩寵は歓喜によって人間の心を満たすので、ひとは神の意志を喜んで受け入れ、抵抗しようと意志すればそうできるにもかかわらず、そのような気持ちに全然ならないのである。恩寵は必然ではなく、絶対確実(infaillible)である。なぜ知性以上の感情は意志の抵抗に遭わないのか。それは、この感情が「延長されて、意志の側での躍動となり、知性においては説明的な表象となる」からである(*MR.* 46)。先の引用で、「意志の従属下にある」と言われたのは、むしろ、意志が感情の結果であるから、感情は意志に逆らう必要がないということであろう。

感情は本来行動への要求を含んでいるという主張は、ベルクソン哲学の初期から一貫して変わらない考えである。感情と運動との関係は、外的で偶然的な単なる連合によって説明されるようなものではなくて、本質的なつながりがある。これから見るように、ベルクソンは知覚だけではなくて、感情も、情感（affection）も、運動の言葉で定義しようとしているかのようである。例えば、『意識の直接所与に関する試論』の情感覚（sensation affective）についての節においては、情態（état affectif）を、すでに起こってしまった身体的運動や現象にではなくて、「準備されている、これから起ころうと欲している身体的運動や現象」と対応させるべきだとされる[4]。すなわち、情態は、身体の側の、「受けた刺激を引き継いで続けようとし、受けた刺激の自然な延長を構成するはずの自動的運動」、「来るべき反応の徴候」を意味する（*EDC.* 26）。したがって、感覚の役割は、この自動的反応と他の可能な運動との間で選択するよう促すところにある。『意識の直接所与に関する試論』のこの情感覚についての見解が、『物質と記憶』において、可能的行為としての知覚となって展開することは容易に理解されるだろう。しかし、その展開は単に情感の運動的定義が知覚へと移し替えられたところにあるのではない。情感の規定としても、『物質と記憶』は、なお、運動との関係を保持しているのである。何よりも、同書の第一章の冒頭において情感は「行動への誘い」（*MM.* 12）であることが告げられる。情感は「始められてはいるけれども、実行されてはいない運動であり、程度の差はあれ役に立つ決定の指示ではあるが、選択を排除する強制ではない」（*ibid.*）。意識は情感において「感情ないしは感覚の姿をとって、自分が主導権を握っていると思うすべての働きかけに立ち会っている」（*ibid.*）。言い換えると、この世界に自由が現れ、真に新しいものが生まれる非決定性（indétermination）の領域、すなわち生命と有機体の領域には必ず、情感が伴うということである。さらに、同書第一章の「情感覚の本性」と題する節においては、知覚と情感との、さらには感覚との違いが正確に定義されるが、これもまた運動ないしは行為の関数として、哲学史上、きわめて独特の仕方でなされる。知覚は可能的行為である以上、「我々の身体から区別された対象についての知覚は、したがって、ある間隔によって我々の身体から引き離されているので、潜在的な行為しか表さない」（*MM.* 57）。しかしながら、身体と対象との距離がだんだんと減少していき、ついには零となるとき、「すなわち、知覚すべき対象と我々の身体とが一致するときを、すなわち、つまり、我々自身の身体が知覚すべき対象であるときを仮定しよう。そのとき、まったく特別なこの知覚が表現しているのは、もはや潜在的行為ではなくて、現実の行為である」（*MM.* 58）。したがって、情感とは、「身体の自分自身に対する顕在的努力（son effort actuel）」（*ibid.*）ということになる。このことは痛みの記述において具体的に述べられている（*MM.* 56）。ところで、身体が自分自身に働いて情感が可能になるためには、身体はもはや数学的な点ではなくて、広がりを持ったものでなければならない。少なくとも、身体は、「他のイマージュのように、単にその表層的な皮膜を知るのではなくて、私が情感的と呼ぶ感覚によって、その内部を、その内側を知覚するのである」（*MM.* 63）。さらに、身体の表面は、外部と内部との共通の限界として、知覚されると同時に感じられるような唯一の広がりの範囲である（*MM.* 58）。しかし、ベルクソンを離れて、アンリふうに言えば、情感が自分自身との関係であるがゆえに、我々には内面や内部があり、したがって、身体は広がりを持つのであって、その逆ではありえないのではないか。しかし、この点については今は論じないことにしよう。

注

（1） Henri Bergson, *Matière et Mémoire*, Presses Universitaires de France, 1965, p.31.（以下、*MM.* と略記する）

（2）Henri Bergson, *L'évolution créatrice*, Quadrige / Presses Universitaires de France, 1994, p. 201.（以下、*EC.* と略記する）

（3）Henri Bergson, *Les deux sources de la morale et de la religion*, Quadrige / Presses Universitaires de France, 1995, p. 272.（以下、*MR.* と略記する）

（4）Henri Bergson, *Essais sur les données immédiates de la conscience*, *Œuvres*, Édition du centenaire, Presses Universitaires de France, 1963, p. 26.（以下、*EDC.* と略記する）

第Ⅲ部

第十一章

生き生きした現在と情感性

まず、生き生きした現在をキネステーゼとして捉えるラントグレーベの考えを検討する。次に、キネステーゼの動的構造を「自己の元に留まること」として統制している「内在」と、運動の持続との関係を取り上げて、この関係をベルクソンの持続概念によって明らかにする。最後に、キネステーゼをその根本において規定している欲求と充足にまで遡り、レヴィナスに従って、満ち足りて自己のうちにある享楽の自我から他者への通路を探す。

一 「我在り」とキネステーゼ

後期フッサールの時間論において現象学の決定的な問題として姿を現した「生き生きした現在」に対して、ラントグレーベは、キネステーゼ概念の考察を通して、答えを与えようと試みた。ラントグレーベにとってキネステーゼとは、取りも直さず、「自分を動かすこと、すなわち自ら動くこと（Sichbewegen）」を意味するが、彼は、フッサールにおいて別々に探求されてきた時間意識とキネステーゼとを統一する理論を打ち立てることによって、謎と言われる生き生きした現在に明瞭な形姿を与えようとする。彼の主張を短い言葉で定式化するならば、次のようになるだろう。自ら動くこととしてのキネステーゼが時間と空間とを構成する機能を果たしているのであり、生き生きした現在という仕方で存在する絶対的な超越論的主観は、自ら動くというキネステーゼにおいて存在するのでなければならない。

どのような経緯を経てラントグレーベがこのような立論に至ったかは、すでにクレスゲスの簡潔な解説もあり、また我々も別の所で取り上げたので、ここでは省略する。ただ、谷徹なら世界形式の贈与と言うであろう事態を(1)、ラントグレーベがキネステーゼに基づく時空の構成として構想するに至るまでに経なければならなかった二つの里程標について簡単に触れておこう。彼はまず、ヒュレーの構成がキネステーゼとしての身体によって行われることを明らかにする。感覚である限りでのヒュレーは、意識によってではなくて身体によって、意識とは区別されたキネステーゼによって構成される。この主張は、『内的時間意識の現象学』における原印象をめぐる問題と密接に関係する。というのも、時間の、したがって時間意識の、始まりにある原印象は、時間意識によって、したがって時間意識が意識一般の本質をなす以上いかなる意識によっても構成されることがなく、原発生すると言われるからである。原印象についてフッサールは次のように言っている。「持続する対象の『産出』がそこで始まる『源点』(Quellpunkt)は、原印象である。この意識(dies Bewußtsein)は絶えざる変容にさらされる」[2]。ヒュレーを構成するキネステーゼは、ヒュレーとともに、源点のうちに、原印象のうちにその構成契機として入る。

ところで、原印象と生き生きした現在とはどのような関係にあるのだろうか。異なる状況下で使われたために表現は二様に分かれたけれども、同じ一つの事態を指し示している二概念と、我々は理解する。というのも、生き生きした現在とは、超越論的主観が自分自身を現象学的反省に付するとき、その反省においては捉えることのできない、その反省を遂行している当の超越論的主観そのもののあり方のことであった。現象学的反省そのものは、超越論的主観の根本機能である時間化の作用の一例にほかならないから、したがって、生き生きした現在は、時間化の遂行において世界を知覚において現象させている超越論的主観の存在の仕方であると言い換えることができる。一方、原印象は、『内的時間意識の現象学』において絶対的意識流として規定された超越論的主観の、開始位相をなすものであり、それの過去把持的変容として過去把持の連鎖が後続する諸位相をなして連なり、一つの流れと形容するほかはない絶対的主観のあり方を形成している。しかしながら、このような過去把持的連鎖に基づいて諸相を形成する意識流という考え方は、後期の生き生きした現在の時間論の立場からすれば、すでに反省の対象となって時間化作用のうちに構成されてしまった主観の姿として、退けられなければならないだろう。問題は、反省の時間化のうちに存在者化された主観ではなくて、時間化の作用を遂行している絶対的主観を把捉することである。絶対的主観性を形成する絶対的流れを過去把持の連鎖に基づく諸位相の連続として理解することは、すでに、反省の結果である。反省による絶対的主観性の変質である。絶対的主観性が流れと呼ぶほかはないような、ある様相を呈するとしても、それを過去把持の連鎖と見なすことはできない。そのような見方や、またこのような過去把持的理解から派生する差異化の理論は、すでに反省において対象化されてしまった主観性を、生き生きした主観と取り違えていることになる。つけ加えると、原印象は、原過去把持を含んでいるだろう。(3) それと相関的に原未来予持をも含んでいるだろう。原印象は、原未来予持から原過去把持への根源的流れにほかならない。これらのことはすでに他の所の詳述したので今はもう繰り返さない。(4) しかし注意しなければならないのは、原印象のうちに含まれるのは、過去把持の連鎖の始源である限りでの原過去把持であって、それの連続的変容と考えられる過去把持の連鎖ではない。そのような連鎖はすでに反省による対象化の結果である。こうして、原印象も反省の手前にあって時間化による対象化を免れているものとして、後の生き生きした現在と現象学的な身分においては同じである。

第二の里程標となるのは「原事実」である。生き生きした現在として存在する絶対的主観の在ることは、原事実であると言われる。というのも、私が在るということは、この石が在るというのと同じ意味での、一つの事実ではないからである。事実とはある特定の時間場所を占めることであり、また、事実に対立する本質とは、いついかなるときでもそのことが妥当するという「常時性(Allzeitlichkeit)」にほかならない。このことはつとにフッサールが「幾何学の起源」において明らかにしたことである。したがって、事実にしても、またそれの対立概念である本質にしても、時間内における規定であり、あるときに一度きりであることが事実の特質ならば、反対に本質とは、反復可能性を意味する。ところで、私は生き生きした現在として時間の手前にあって時間を可能にする存在にほかならないから、時間の中で時間によって規定される事実の範疇にも、本質の範疇にも入らないのである。ついでに言えば、『内的時間意識の現象学』において描き出された過去把持の連鎖に基づく諸位相を構成成分とする絶対的意識流としての自我は、私がいつでも好きなだけ反省において見いだすことのできる、本質としての自我である。

生き生きした現在が、原事実として絶対的事実であるならば、ラントグレーベは、この超越論的主観性の絶対的事実をキネステーゼによって説明できるのでなければならない。反省によっては近づくことのできなかった生き生きした現在に、絶対的事実に、キネステーゼが通路を開くことができるのでなければならない。ところで、問題の絶対的事実とは、私の存在である。私が在るということである。私が現に在る（Ich bin da）ということである。ラントグレーベは「反省の限界としての事実性と信仰の問題」と題する論文において、私が在るという原事実には、自然的態度に属する世界信憑もすでに包含していると考える。(5) 世界信憑とは、世界が、自然的世界のみならず歴史的世界も含めて、それ自体として存在するという信念である。原事実において私は世界信憑という一般定立を遂行している。世界の存在について大いなる先-判断的な、原肯定のうちに私は生きているのである。そうすることにおいて私は在る。私は現に（Da）在る。そしてこの「現に」は、日常的な言い回しでは、「今、ここに」を意味する。原事実を原事実たらしめている「基礎構成能作（elementare konstitutive Leistungen）」（*FI.* 129）は、反省によっては主題化不可能であっても、誰もがすでにいつも行っているのである。そしてこの基礎構成能作が私の運動としてのキネステーゼにほかならない。したがって、絶対的事実としての私の存在、言い換えれば「私が現に、今、ここに、在る」は、キネステーゼによって理解されなければならない。このことが、次に見る論文「現象学的分析と弁証法」(6) の主題となるが、そこでは、上述の事実性と信仰に関する論文において言及された、私の存在の「今、ここに（Da）」の持つ二つの性格、すなわち、⑴それが私の経験の現実性の基準点をなす零点として表示される限りで絶対的規定であることと、⑵「今、ここに」は、言語的に主題化されるに先立って、動作的な指示運動によって、言い換えればキネステーゼによって明示されうるという二つの性格が、改めて取り上げられ、さらに掘り下げて展開される。

絶対的規定であるこのDaは、二重の意味で、相対的ではないだろうか。まず、私が運動し場所を変えることによって、Daの要素である「ここ」と「今」の意味が変わってしまうだろう。第二に、このDaが自然的態度において理解されたDaである限り、それは、超越論的主観の能作によって構成されたものである。「現象学的分析と弁証法」のラントグレーベはこのDaの二重の相対性を、Sichbewegenとしてのキネステーゼが Da の「今」と「ここ」を構成すると考えることによって、克服する。すなわち、彼は自然的態度における「私は現に在る」に現象学的還元を施し、「機能している主観性」としての我在り（Ich-bin）、すなわち超越論的なIch-bin-daを得る。ここで注意しなければならないことは、この超越論的なDa-seinのDaは、もはや世界の中の「ここ」や「今」を意味しないということである。それでは、このDaは何を指しているのだろうか。それは、そこから世界の中の「ここ」や「今」が生まれる根源的な時間と空間の故郷である。ラントグレーベはフッサールの「ある夜の談話」から、この箇所を引用する。「それゆえに私は昨日と今日の本源的現在を、同様に区別されるべきである還元などの昨日と今日の諸作用を、区別すべきではないか。しかし、昨日と今日のその場所はどこにあるのだろうか。もちろん本源的な私の根源的な生の場所に、である」(7)。そして次のように結論する。「本源的私（urtümliches Ich）は昨日と今日との生の場所（Lebensstätte）である。すなわち、それは、これらの以前と以後との区別がそこにおいて時間化されているそのものであり、この反省がいわばそこに落ち込むその時間を前提としていない」（*PAD*. 67）。

さらに、ラントグレーベは、キネステーゼこそ、この昨日と今日との生の場所としての本源的私にほかならないと主張する。言い換えると、キネステーゼが時空の根源的場所として世界の時間と空間とを構成している、あるいはむしろ時間空間としての世界を構成している。したがって、原事実としての本源的私は、キネステーゼ的（kinästhetisch）自我である。「しかし、上述の、私自身が在るという絶対的事実は、単に私自身と、思惟しつつ反省できるという私の能力とについての私の意識の事実ではなく、同時に、自ら動くことができるという私の能力に気づくことでもある」（*PAD*. 71）。

しかし、キネステーゼ（Sichbewegen）はどのようにして時間と空間とを構成するのだろうか。また、それはどのような意味で、自我を構成するのだろうか。すなわち、何が「自ら動くことができるという私の能力への気づき」を可能にしているのだろうか。自ら動くことの原動力（Motor des Sichbewegen）は原努力（Urstreben）である。原努力としてキネステーゼは、もともと目的論的に方向づけられている。「自ら動くことは、～への努力（Hinstreben-zu ...）と、～から逃れる努力（Wegstreben-von ...）によって導かれている。それは自分自身の元にあること（Beisichselbstsein）としての自己の努力の充足を求め、その努力のうちに生きる」（*PAD*. 83）。ところで、～への努力にしろ、～から逃れる努力にしろ、それらは、自ら動くものと彼の目標との間にある距離を克服することを意味する。しかし、ラントグレーベが指摘するように、努力している者それ自身と追求されているものに対する彼の隔たりが明るみに出るのは、運動がその目標に達しない場合である。いずれにしろ、万能の神ならぬ有限な人間にとって、自ら動く者と彼の運動の目標との隔たりが直接（unmittelbar）克服されるということのありえない以上、あらゆる努力は目標を達成するまでに、多かれ少なかれ、更新され、また延長されなければならない。この努力の更新と延長とが、世界の時間と空間とを構成する。努力の直接達成されないことが「努力の経過を伸張的な経過として理解させ、また、踏破される周辺の場所の変容としての運動、したがって運動の空間性と（zwischen der Bewegung als Veränderung der Stellung in der durchmessenen Umgebung, also ihrer Räumlichkeit）、運動を導いている絶えず繰り返し更新される努力の持続との間に成立している連関を明らかにする。このことは、空間性の発見と、運動が消費する時間の発見とが一体であるということである」（*PAD.* 84）。

時間と空間はこうして努力としての自ら動くことによって構成される。それでは、なぜ、この自ら動くことが本源的自我なのか、どのようにしてキネステーゼは、たとえ先-反省的（präreflexiv）と規定されるにしても自我を特徴づける自己の自己との関係が保証されるのか。

同じ論文の中で、ラントグレーベはキネステーゼ的先反省（kinästhetische Präreflexivität）について語っている。自ら動くことはその本質において自己との関係であり、したがって、ある種の反省の構造をしているというのがラントグレーベの主張である。「それ〔自ら動くこと〕は自己関係であり、自ら動く者は自分の運動を自分のものとして〈知って〉いる。しかしそれは、反省におけるような仕方で知っているのではない。それはむしろ遂行における遂行の直接的な確信であり、したがって、フッサールが〈後からの確認〉（Nachgewahren）と定義するような反省のごときものではない」（*PAD.* 78）。ラントグレーベにおいて、自ら動くことの持つ自己関係性は、自己自身の元に留まること（Beisichselbstbleiben）とも言い換えられる。「それ〔自ら動くこと〕は、それがすでに持っているものを越えて、求めて努力している対象へと行くことであるが、しかし、この自己を超えていくこと（Über-sich-hinaus）において、なお自己自身の元に留まり続けるのである」（*PAD.* 83）。さらに、この自己自身を超えていく存在における自己自身の元に留まること（Beisichselbstbleiben im Über-sich-hinaus-sein）は、ラントグレーベがハイデガーの情態性概念（Befindlichkeit）と重ね合わせて理解する自己自身の元にあること

（Beisichselbstsein）と、密接な関係がある。この「自己自身の元にあること」は、キネステーゼ的主体の健全な情態ないしは阻害された健全な情態（Wohlbefinden oder gestörtes Wohlbefinden）に言及して、使用される。「運動が努力して追い求めているものは、そこに運動が自己の充足を求めているものであるが、充足とは自己自身の元にある基本的なあり方として、自己自身と和合して在ること（**in Frieden mit sich selbst sein**）にほかならない。したがって、我々は、機能している主観性の自己情態がそこで構成される、基本的統合のこの次元の性格規定に、ハイデガーの情態性の用語を使うことができる」（*PAD*. 79）。しかしながら、アンリが指摘するように[8]、ハイデガーにおいて情態性が依然として時間性によって規定されている限り、ラントグレーベのこの解釈の方向は適切ではないであろう。というのも、ここで情態性が問題となっているのは、時間空間を構成する限りでのキネステーゼの自己の気づきに関してであるからである。いずれにしろ、自己自身の元にあることにしても、また、自己自身の元に留まっていることにしても、反省に先立って、すでに受動的に生起している統合（**ein schon passiv geschehene Einigung**）であるキネステーゼ的先反省性の構造を、より具体的に記述しているのである。「というのは、キネステーゼ的先反省性は、超越論的主観性のこの〈本源的〉働き（dieses “urtümliche” Fungieren）は、すでに受動的に生起している統合であって、その統合は反省への移行を待って初めて分裂するのである」（*PAD*. 85）。

自ら動くことのただ中におけるこの自己自身の元にあること、ないしは自己自身の元に留まることとしての先-反省的で受動的な統合（**Einigung**）こそ、アンリが内在の概念において指し示そうとしたものにほかならない。アンリの内在の存在論については別の所で論じたので[9]、今は、アンリから一つ引用するだけに留めると、「超越の意味で、～へと自らを超えていくこと、～へと自らを関係づけることは、〔中略〕自分を超えていくことがなく、反対に自己に留まるものとして、内在として、まさしく可能となっているのである」（*EM*. 319）。

確かに、アンリは『顕現の本質』において、内在を主に、時間化（Zeitigung）である超越の自己開示として語ったけれども、後の彼の著作『マルクス』や『精神分析の系譜』において明白になるように、本当は内在は、生きている力である生が感情として自分自身を顕示する、その仕方を定義している。言い換えると、アンリは志向性の根拠を、意識ないしは時間を超えて、超越論的な身体的運動に見いだしたのである。実は、メーヌ・ド・ビランの哲学についてのアンリの独創的な解釈が、ラントグレーベがキネステーゼをめぐって展開するその同じ諸理論と同じ領域を扱っているのであるが、そのことに関しては、我々はすでに詳しく論じたので、省略する。(10) ここでは、ラントグレーベのキネステーゼ理論が持っていると我々が考える問題点に話題を絞って、アンリの運動の現象学を参照したい。

問題は三つあるが、そのうちの一つ、先反省的統合についてはすでに取り上げた。残り二つの疑問のうちの一つは、キネステーゼ的世界についてである。すでに引用した、キネステーゼがどのようにして時空を構成するかについてのラントグレーベの記述を改めて注意して読むと、そこにはある種の欠落があるように思われる。その欠落は、特に空間の構成に関する記述において目立っている。ラントグレーベのテキストに「踏破される周辺の場所の変容としての運動、したがって運動の空間性」と読むとき、このような記述は、そこで運動が展開される何らかの「空間性」を前提せずに、果たして理解可能だろうかとの自問を禁じえない。努力の目標を達成して充足するための運動の展開によって、空間が構成されるとラントグレーベの理論は告げるのであるが、にもかかわらず、空間を構成するためには運動は展開されなければならず、そして運動が展開するためには、その展開を保証する何らかの「場所」が必要ではないのか。

ラントグレーベは、先に我々が取り上げた論文で自分がフッサールの「大地」の概念について述べたことを忘れてしまっている。すなわち、絶対的事実生と信仰に関する論文においてラントグレーベは、キネステーゼが展開する根源的な場所・世界をフッサールの「大地」と見たのであるが[11]、この「大地」をビランの「抵抗する連続」の概念で解釈してみよう。問題は「抵抗する連続」の「連続」の意味である。この連続は空間や時間の意味での連続ではない。言い換えると、私が抵抗を時間や空間の連続として経験するという意味ではない。というのも、ビラニスムにおいては空間も時間も現実的なものの経験の構成要素ではなくて、反対に、現実的なものである抵抗についての経験が展開された結果形成される、構成物にすぎない。空間に関しては、「この広がりは私の最初の経験の条件ではなくて、むしろ最初の経験の産物なのである」[12]。また、時間に関しても、「連続」の意味を私の抵抗の経験が推移する時間形式と解釈しようとしても、その場合、時間は「空間の構成が実現されるその有り様そのものと一致するように思われる」(*ibid.*)ので、時間もまた空間の場合と同じように、抵抗の経験における構成物ということになる。ビランにとって、抵抗の経験は時間や空間のそれよりも根源的であり、時間や空間の意識は、抵抗の経験から派生した、二次的な経験にすぎない。第一次的なる運動はそこにおいて、それに対して運動が働く、運動の支えでありまた限界でもありうる抵抗と不可分であり、その意味で抵抗は我々の経験の現実性の根拠をなす。現実的なものについてのすべての我々の経験は、その現実性の根拠として常に、抵抗を持つ。いかなる現実的なものも、その根拠である抵抗から独立に経験されることはない。抵抗する連続の「連続」は、抵抗が我々の経験の現実性のア・プリオリな規定性であることを表現している。しかも、この際ア・プリオリは、時間における常時性として理解されてはならない。時間における常時性としてのア・プリオリをさらに根拠づけている、運動における反復可能性である。抵抗のない運動は不可能であり、また、運動はいつでも繰り返されるたびに、抵抗を見いだすのである。

時間空間としての世界の根本に、さらに深い根本的な原世界が在り、それが抵抗する連続である。それは、見えうる表象的な知覚世界ではなくて、抵抗する連続としての、見えない世界である。この後者の世界は、欲望とその充足という、内在において遂行される生の営みに、直接、そして最も深く関わっている実践的、キネステーゼ的世界である。言い換えると、抵抗する連続とは、欲求が自己を充足するために克服しなければならない抵抗としての世界である。この抵抗する連続を自己の場所としてキネステーゼは自己を展開し、そうすることによって時間と空間とを構成すると我々は考えたい。

ラントグレーベのキネステーゼ理論のはらむ三つ目の困難、時間の構成に関する困難を検討することにしよう。ラントグレーベがキネステーゼによる時間の構成に関して、それを「運動を導いている絶えず繰り返し更新される努力の持続」に求めたことは上に見た。しかし、時間を前提しない、かえって時間を産み出すような持続とはどのような持続なのだろうか。また、そのような持続を努力は、キネステーゼの努力は、いかにして可能にするのだろうか。我々は、キネステーゼにおける自己の気づきが、自己自身の元に留まることに基づく事実をすでに見てきた。運動そのものは自分自身に対しては運動しない、自分自身に対しては距離を取らず、自分自身の元に留まり続けるのである。この運動的気づきは、ビランのいう努力の感情のうちに含まれるものであり、情態性ないしは情感性において発現している。そして、自己自身に留まるということを、アンリは力である限りでの生が自己自身を絶対的な受動性において受け取ることと定義して、その自己の自己による絶対的受容性を定めている存在論的機制に対して内在の名を与えたのである。したがって、努力の持続とは、努力を持続している自分への気づきであり、そのような気づきは持続の感情のうちで、持続の感情として現れているだろう。問題は、そしてそれはアンリの内在の存在論そのものの問題でもあるのだが、絶対的な受容性において自己自身を受け取る内在は、いかにして持続を保証しうるのだろうか。自己自身を距離を置かない絶対的受容性において受け取る内在においては、いっさいは不動の自己一致として停止のうちに存在するのではないか。内在を生の原理として、なお、躍動し、変化する生の生動性を、力動的流れを説明することができるのだろうか。いかなる仕方で「流れ」を考えるにしても、そこには常に自己と自己との間のある種の隔たりと、その隔たりを架橋する統一とが同時に見いだされなければならないのではないか。隔たりにおける統一、離れていながらまだ自己を保持していること、差異性としての自己、これ以外に持続の概念は不可能ではないだろうか。こうして、いわゆる過去把持としての持続・時間の概念に逆戻りすることになりはしないか。しかし、我々は、こうした過去把持的時間概念を、すでに対象化された死せる時間概念として、後期フッサールにならって退けた。

『知覚の現象学』のメルロ゠ポンティは、ベルクソンの持続の概念を批判して「時間は意識の所与であるとはもはや言うまい、いっそう正確に、意識は時間を展開ないし構成すると言おう」と宣言した(13)。このようなベルクソンの持続は前現象学的な素朴な実在的時間概念であるという、これまでベルクソンに対してなされてきた現象学者からの批判を列挙して、中敬夫は論文「瞬間の中の持続」において、そのような批判の不当性を明らかにし、実はベルクソンの持続はフッサールの生き生きした現在と同じものであると主張する(14)。中はヘルトの生き生きした現在の解釈とアンリのフッサールの原印象の批判的理解とに依拠しつつ、ベルクソンの「持続」を「生き生きした現在」の方に寄せて、言わばそこに集め入れようとする。我々は中のこの主張に全面的に賛意を表するとともに、ここで、言わば中とは逆の方向を取って、キネステーゼとしての生き生きした現在から、すなわち実質的にはアンリの内在からどのようにして持続が出てくるかを考えたい。というのも、生き生きした現在は「立ち留まる今」という性格とともに「流れる今」という性格を持っているとされるからである。ところで、アンリの内在による生き生きした現在の解釈では、今の流れるという特徴を、さらには生動性としての生を説明することができないのでないか。アンリは問う[15]、「絶えず新しい印象を被り続ける印象の生において変わらないものとは何か」。それは「生の根源的な自己触発」であり、「どの〈新しい印象〉といえども、その一つの様態化（modalisation）である」。生の根源的触発を、アンリは直ちに、「生の永遠の自己への到来」と言い換える。そして、この変わらない、したがって永遠の生の自己への内在における到来は、「変化」であり、「成長」としての生の運動であると言う。「この到来はその到来を止めることはないのであるから、留まるものは変化である。それも、各瞬間ごとの裂開や自己からの脱去ではなくて、反対に、自己に耐えること（épreuve de soi）において、その耐えることの内裂（implosion）として、自己に到来し、自己をひっつかみ、自己自身の存在によって成長するものである。留まるものは成長である。成長は、生において生がそうであるところのもののゆえに、その主観性のゆえに、遂行される生の運動である」。内在の根源的な自己受容生において我にもあらず自己を引き受けるところに成立する「自己自身の元に留まること」は、変化であり、成長であり、生の運動である。

だが、生の、生自身を糧としての、自己の自己による成長の運動をどのように理解したらよいのだろうか。この生の自己成長については、実はすでに、ベルクソンの純粋持続の概念によって的確な表現を与えられている。そのことをこれから示そう。

二　生の自己触発としてのベルクソンの直観

ベルクソンは精神の働きを、物質を対象とする知性と、生命を対象とする直観とに分けた。しかし、彼にとって、生命と物質とは、どちらも持続に属するものであり、その違いはそれぞれの存在を構成する持続の緊張度ないしはリズムの差に基づいている。『創造的進化』はもっとはっきりと生命と物質の両方を持続によって定義し、生命が自己を作る持続の緊張の運動であるのに対して、物質は、生命の緊張の運動とは反対の、自己を解体する弛緩の運動であるという。さらにこの二つの運動は、ビランにおける努力とそれに対抗する力としての物質のように実的な二つの運動として対立して存在するのではない[16]。生命の自己を作るという持続が中断されるやいなや、その中断がそのまま自己解体を引き起こし、反対の運動となり物質化が起こる。『道徳と宗教の二源泉』によれば、宇宙は愛そのものにほかならない神によって生命として創造されるのであるが、創造主から区別されるために、宇宙は物質性とともに創造された。すなわち、この宇宙という生命は誕生のその瞬間から、持続の弛緩と自己解体の傾向にさらされたものとして存在する。この宇宙は必然的に熱力学第二法則によって支配されているのであり、生命はそのエントロピーの拡大を遅らせるものとしてこの宇宙に存在する。ただし、ベルクソンにあっては、宇宙は絶えず連続的に創造され続けている[17]。このような持続の弛緩すなわち自己形成の中断による自己解体としての物質を対象として、知性は働くのであるが、それが可能なのは、物質の構造と知性の構造とが同じであるからである。知性が物質にうまく適応するのは、あるいはカントふうに言って物理学が可能なのは、「同じ運動の同じ逆転が、精神の知性性と物の物質性とを作り出すからである」[18]。物質は持続の極度の弛緩として、自己解体の運動として存在するが、それでもまだきわめて緩やかな持続のうちに生きている。物質を延長として、等質な空間として構想するのは、物質の弛緩と解体とを理念的に極限にまで押し進める知性である。「同じ物と同じ物とを結びつける働き」である知性は、「反復される事実」にしか適応できない（*OE*. 665）。すなわち等質空間こそ知性のすみかであり、物質という運動をもう一歩進めるところに知性の働きがある。

物質を対象とする知性が物質と同じ動向として存在するならば、生命・持続を捉える直観も生命・直観と同じ構造をしていなければならない。そうでなければ、直観は生命と共感し、内側から一体化することはできまい。ところで、直観とは、対象との無媒介の一体化であり、共感である。直観の典型は自己自身との共感としての自我の認識である（*OE.* 1396）。また別の所では、「自我による自我の持続の、絶対的で、内的な認識」（*OE.* 1402sq.）、「精神の精神による親密な認識」（*OE.* 1424）とも規定している。同じことをベルクソンは「我々の持続の感情、すなわち、我々の自我のそれ自身との一致」（*OE.* 665）とも表現している。持続を本質とする生は、その内部にすでに、直観の本質を規定している直接的な自己関係を抱え込んでいるが、その自己関係とは、自己による自己の創造としての自己自身との一致である。「直観は、成長である持続に結合されていて、その持続に、予見しがたい新しさの途切れることのない連続を覚知するのである」（*OE.* 1275）。アンリの内在を、自己による自己の創造である限りでのベルクソンの持続の相の下に捉えることによって、自分自身の元に留まることと根源的な流れることとの関係を再考したい。

実際、ベルクソンの持続は、自己による自己の絶えざる創造以外の何もでもない。この点で、ベルクソンの持続は、現象学の時間についての考え方と決定的に異なるように思える。「時間とは、すべてが一度に与えられないようにするものである。時間は遅らせる。と言うよりも、時間は遅滞である」。この引用においてベルクソンも、持続をデリダの「差延」や、その差延の親概念となって過去把持と同じ範疇において捉えているように見えるが、直接続く次の一文から、ベルクソンが時間についてまったく異なる考えを持っていたことが分かる。「それゆえ、時間は錬成（élaboration）でなければならない。そうであるならば、時間は創造と選択の媒体ではないだろうか。時間の存在は事物に非決定性があることを証明していないだろうか。時間はこの非決定性そのものではないだろうか」（*OE.* 1333）。ところで、持続の本質が創造であることは、『意識の直接与件について試論』が、我々に自由な行為が可能であることによって、我々が自由な存在であることによって、証明したところである。自由が可能であるのは、持続が非決定性であり、したがって、予見不可能性であり、したがってそのつどの発明であり、創造であるからにほかならない。同『試論』に言うように、持続である意識においては「同じ瞬間が二度起こることはないがゆえに」、「同じ原因が同じ結果を引き起こす」ところに成立する因果関係が原理上成り立たず、その結果、予見不可能性という性格を持続は帯びることになる（*OE.* 131）。『創造的進化』から次の一節を引こう。「宇宙は持続する。我々が時間の本性を深く探れば探るほど、持続が発明であり、創造であり、形態の創造であり、絶対的に新しいものの連続的な彫琢であることがよく分かるようになる」（*OE.* 503）。

それでは、どのようにして持続は予見不可能な絶対的に新しいものの不断の創造として、自らを実現するのだろうか。過去（あるいはむしろ過去の意識・作用）が絶えず現現在（むしろ現在の意識・作用）に流入し、それと相互浸透し、有機的な綜合を果たすからである。そのような仕方で過去が現在と質的に結合するからである。現象学の時間は、過去を、あるいは過去を構成する過去把持の作用を、過ぎ去ったものとして現在から、現在の作用から離して、現在の作用にはもはや影響を及ぼさないものとして静的に保持するだけで満足している。もちろんフッサールにおいても「対化」などの受動的綜合においては、この種の現実の相互の影響を前提とする概念があるが、現在と過去とが一つに融合して一体化するところまでは行かないだろう。むしろ、ベルクソンの現在における持続の相互浸透が不完全で弱い形を取って実現された場合がフッサールの受動的綜合に当たると考えることができる。これに対して、ベルクソンの持続においては、過去すなわち最終的には過去の作用は、過去の作用として、済んでしまったものとして静かに離れて保存されるのではなくて、過去・過去の作用は現在に押し入り現在において生き返って繰り返され、繰り返されることによって、最初の過去とは異なるものとなって現在によみがえるのである。同じ現在が二度繰り返されることはない。というのも、最初の現在と次の現在とでは、二番目に来る現在においては、最初の現在との相互浸透によって質的な加算変容が起こってしまっているので、そのことだけですでに、最初の現在とは異なってしまっているのである。ベルクソンの持続において過去は現在に進入し、現在において復活し、そのことで自分も変わり現在そのものも変え、まったく新しい現在を創造するのである。つけ加えると、ベルクソンにとって、未来とは、行為の非決定性のことであったから（*OE.* 280）、まったく新しい予見不可能な現在が、過去との相互浸透と有機的綜合によって創造されることが、すなわち未来という時間次元の生成をも可能にする。

ベルクソンにとって、過去は常に現在のうちに持続している。しかも、すべての過去が現在のうちに在ることが強調される。「記憶は常に現在であるので、これらの回路のそれぞれに記憶の全体が入ってくるのである」（*OE.* 250）。また、「我々の仮定によれば、我々の人格全体が、我々の思い出の全体とともに、我々の現在の知覚の中に、不可分のままで、入ってくるのであった」（*OE.* 305）。しかしながら、過去が現在においていわゆる質的多数性として保存されることによって持続が成立するならば、すべては現在において存在することになりはしまいか。過去という時間次元は我々の経験の中に存在しないことになりはしまいか。実際その通りで、ベルクソンもそのことは十分意識していた。「過去を把持し、過去を現在に注ぎ込むような役割を負った特別な機能があるわけではない。過去は独りでに、自動的に保存される」（*OE.* 1387）。したがって、「説明されなければならないのは、もはや過去の保存ではなくて、反対に、見かけ上の廃棄の方であるだろう」（*OE.* 1388）。これはフッサールの行き方とは反対である。彼にあっては、現在は過去となって消失していく。そのように流れ去っていく過去を消え去るままにまかせず、どのようにして現在とは異なる仕方で保持し続けることができるのか。これがフッサールにとって解決しなければならない問題であった。最初の答えが『内的時間意識の現象学』における過去把持の概念である。後の再考された時間論においても、ヘルトに従うならば[19]、生き生きした現在は常に滑り去る脱現在化として理解され、その上で超越論的自我の立ち留まる今（nunc stans）が論じられる。現象学において流れる今（nunc fluens）からいかにして立ち留まる今が可能となるかが考察されるのに対して、ベルクソンにあっては、立ち留まる今が現実なのである。流れる今は、仮象にすぎない。ベルクソンにとって今しかない。それは絶えず逆流する過去と融合する今であり、そのようにして過去を保持することによって持続する今である。

それ自体としては不可分の持続、したがって、それ自体としては現在と過去とを分けるいかなる区別も持たない持続から、過去を分かち、そのことによって現在を限定するのは、「生への注意」であるが、この注意は、特別な場合を除き、実践的関心に支配されている。「我々が過去と現在との間になす区別はしたがって、恣意的ではないとしても少なくとも、我々の生への注意が包括することのできる領域の広さに相対的である。〔中略〕この特別な注意が自分の視野のうちに保持しているものから或る物を放すやいなや、注意が現在から放棄したものは、自ずと過去となる。要するに、我々の現在が過去となるのは、我々がその現在に切実な（actuel）関心をもはや寄せなくなるときである」（*OE.* 1386）。このように、常に現前している不可分の持続の中から過去が区別され分離される仕組みは、『物質と記憶』の第二章で運動図式を使って、純粋記憶の現実化ないしは知覚化として説明されている。また、同書第三章の「回転」と「平進」の概念を使っての意識の緊張に従った諸水準の存在の考察も、不可分の持続からいかにして現在とは区別された過去の意識が生まれるかの解明にほかならない。

『物質と記憶』の第四章は、実践的関心に基づく知覚作用による物質の空間化を摘発し、物質の真の姿は、はっきりとして輪郭によって区切られた個体としての物体でもなく、また、等質空間としての延長でもないと主張する。物質は不可分で質的な伸張（extension）であり、一つの持続の形態において存在する。それを我々の知覚が身体の物質への働きかけと物質からの働きかけとを基準にした可能的行為に従って選択・選別を行う結果、個体としての物体が現象し、また、不可分な物質を我々の実践的関心に従って独立した個体として切り分けるための下敷きの方眼紙として等質空間が知性によって構想されるのである。ところで、この物質の非空間化は、前著『意識の直接与件についての試論』の手法の物質に対する応用であるとベルクソン自身が語っている（*OE.* 319）。意識・持続の非空間化は、はっきりとした区別を持った相互外在的な意識の諸状態という考え方から、質的多数性としての意識の絶えざる質的変容にほかならない意識のあり方・持続を明らかにしたが、この持続が、物質に対する知覚と同じ実践的行動的観点から、いわば空間化されるときに、当面の行動的関心に無関係な持続が過去として無意識のうちに置き去りにされることになる。ベルクソンにとって無意識とは、行動とは無関係な無力を意味する。持続における過去の現前と意識的な表象化とは、ベルクソンが物質に関して『物質と記憶』において、イマージュ全体としての物質の現前と、それの意識的表象としての知覚との間で行った区別がそのまま当てはまる。過去は不可分の持続において常に全体として現前している。そのうちの行為に関係する部分が意識化され顕在化され、そうでない、行為の関心に照らされない部分は無意識的なものとしていわば影のうちに隠されて、過去となる。現前している、したがって現在である不可分の持続のうち、行為的関心に照明された部分が現在としてそのまま残り、その照明の影の部分が過去となって無意識のうちに沈む。このような仕方で過去の意識と現在の意識とが構成される。

もし不可分の意識の持続に行為の観点から選択を行うことを止めるならば、すなわち、知性の空間化の立場を捨てて、直観の立場に、しかも深い直観の立場に努力によって身を置くならば、現在からはっきりと区別された過去は消失し、したがって過去との対比によって成立する、現実の行為と関係するものとして規定された現在も同時に意味を失う。その結果、ある質的な不可分の持続が、永続的現在（perpétuel présent）（*OE.* 1387）が直観に現れる。

「生への注意が十分に強力で、しかもいっさいの実践的関心から十分に解放されているならば、こうして、不可分の現在のうちに意識的な人格の過ぎ去った歴史の完全な全体を、〔中略〕常に現在的なもの（du continuellement présent）として、そしてそれはまた絶えることのない動き（du continuellement mouvant）でもあるだろうが、そのようなものとして、包括することだろう」（*ibid.*）。意識、すなわちここで問題になっているのは狭い意味での個人の意識であるが、この意識が不可分の持続を何らかの仕方で体現できるとすれば、それは自由な行為においてである。しかし、このような持続のうちに生きることはきわめてまれなことであり、大部分の人は、真の自由を知らずに一生を終わることになる（*OE.* 110）。いずれにしろ、このようなことはまれにしか起こらない（*OE.* 151）。

ところで、直観にはさまざまの深さがあり、それに応じて、その直観によって到達しうる持続にも浅い表層的な物質の持続から、生命の根源に働いているような持続までさまざまな程度があると言われる（*OE.* 664sq., 1396）。直観は個人の意識の持続を超えて、さらに深く宇宙の持続の最深部にまで、生命の根源である「生の躍動」エラン・ヴィタールまで達しうる。さらには神秘家の直観は神を見るところまでいく。それどころか、愛にほかならない神と意志において一致するところまでいく。深い直観は不可分の持続を個人の意識の純粋持続を超えて「生の永遠（éternité de vie）」（*OE.* 1392）として、「生の永遠、生き生きした永遠（éternité de vie, éternité vivante）」（*OE.* 1419）として捉えるところまでいく。

芸術家についてベルクソンは、彼らは知覚を拡張することによって、変化を、運動を、持続を、要するに実在を、実践的関心から離れて、そのものとして見る術を手に入れていると言う（*OE.* 1372-3）。哲学者の役割も芸術家のそれと本質においては同じで、注意の向きを変えることによって、実践的関心によってゆがめられた実在を修正して、実在を持続として正しく認識させるところにある（*OE.* 1373）。哲学は我々に「すべてを持続の相の下に（sub specie durationis）見ることに慣れさせるのである」（*OE.* 1365）。しかし今我々が問題にしている過去に関して、次の芸術と哲学との役割の差異には注意が払われるべきである。芸術がもっぱら現在を豊かにするのに甘んじているのに対して、「哲学によって、我々は現在を、それが伴っている過去から決して孤立させない習慣を獲得することができるのである」（*OE.* 1391）。

かくして、哲学は我々に持続を取り戻させることによって、我々に絶えず再生する新しさ、事物の変動する独創性（mouvante originalité des choses）を発見させる。そのことは、優れた芸術作品を前にしたときのような喜びを我々に与える。それればかりではない。起源にあり、しかも我々の眼下で続行されている創造の大事業に、我々自身も参画しているのを感じ、自分が自分自身の創造者であると感じるだろう。我々はもはや必然の奴隷ではなく、いっそう偉大な主人とともにある主人となるだろう（*OE.* 1345）。

三　享楽

ラントグレーベにおいてキネステーゼが生き生きした現在として時空を構成しうるのは、それが、原努力と言われる欲求からその充足に至るまでの力動的な過程として捉えられているからである。しかし重要なことは、その欲求と充足との関係で何を考えるかである。もしその関係を定義して、サルトルの『存在と無』のように、欠如にほかならない欲求を満たすために対自である私が私の可能性へと自己を超出する運動とするならば、欲求から充足への過程は、自己自身の元に留まる限りでのキネステーゼの自己性の性格に反することになるだろう。というのも、サルトルにとっては、欠けているものを求めて欠けている状態にある自己を超えていく脱自の運動において私は自分に現れるのであり、その自己自身への現れをサルトルは「自己（の）意識」と定義するからである。

欲求と充足との関係を別様に考えたのはレヴィナスである。彼においては、充足・享楽（jouissance）は欠如・空虚の満たされることとして、欲求のないこと・欲求の無としては定義されない。かえって、充足は欲求の享楽として、欲求の成就と見なされる。むしろいっそう積極的に、欲求が、逆に充足から出発して、享楽の欠如として規定される。欲求状態の欠如は「幸福の余剰を知る存在における欠如、満たされた存在における欠如である。幸福は成就（accomplissement）である」[20]。欲求は、貧困における欠乏ではなくて、豊かさにおける不足である。言い換えると、欲求は我々の物質世界への依存と従属とを表しているが、この依存と従属とは同時に、世界からの隔たりと世界からの一定の独立とを表現している。「人間と人間が依存している世界との間に挿入された隔たりこそ、欲求の本質を構成する」（*TI.* 88）。世界から従属しつつ隔たる欲求が、その隔たりを十分取り、世界に従属しつつ、その従属に満足することにおいて世界から独立している状態が、充足における享楽の幸福である。幸福において我々は世界に依存していることに享楽を見いだしている。世界への依存を楽しんでいる。欲求における世界への依存を楽しむほど世界に対して十分距離を取った状態が充足であるから、充足は、世界に依存しつつ距離を置いている欲求の完成された形である。享楽は完成された完全な欲求にほかならない。享楽から考えるならば、実際レヴィナスはそうするのであるが、欲求は、享楽の満ち足りた幸福を引き延ばそうとすることである。キネステーゼとしての運動は、欲求からその空虚を満たすべく満足に向かうのではなくて、享楽の幸福に留まり耽り続ける、享楽の満ち足りた孤独を維持しようとする、自己の元に留まり続けようとするところに成立する。

享楽において、優れて人間を意味する存在者は、世界に依存しているにもかかわらずその依存関係を享受することによって世界から分離され、独立している。この享楽をレヴィナスは「〜で生きる（vivre de）」と記述する。

「〜で生きる」は、表象的活動にも、また実践的活動にも還元されることができない。それは、見ることではなくて、見て楽しむことであり、働くことでも生きるために働くことでもなく、働くことを楽しむことである。パンを味わう（vivre de pain）とは、パンを表象することでも、パンに働きかけることでもパンを用いて働くことでもない。そして「享楽は、私の生を満たすあらゆる内容についての究極の意識である」（*TI.* 83）。したがって、享楽は、フッサールの言う志向性にも還元されない。というのも、フッサールの志向性は理論認識的色彩の強い、表象の志向性、対象化する志向性にほかならないからである。フッサールの志向性は対象を、意識によって構成された意味・ノエマとして与える。これに対して享楽は知覚や認識ではなくて、食物の摂取がモデルとなるようなまったく別の形の生の活動である。言い換えると、意識のノエマに尽くされない、「意味の余剰」（*TI.* 101）を抱え込んでいる。この意味の余剰は、もし表象の志向性から説明しようとするならば、それはちょうど画家が今自分が描いている絵から抜け出てくるようなものである。「享楽の志向性」（*TI.* 100）はまた、ハイデガーが描写するような道具連関として実践的な関心とも異なる。というのも、材料であれ、道具一式であれ、使用対象はすべて最終的には、私の享楽に従属するからである。このことは、どれほどありふれた事実であっても、道具性に関する分析が決して消し去ることのできない事柄である。ハイデガーが享楽の関係を考察しなかったことをいぶかるレヴィナスは皮肉る、「ハイデガーの Dasein は決して飢えることがない」（*TI.* 108）。レヴィナスによれば、享楽があってその享楽を長引かせるために、初めて、仕事が必要となり道具連関が成立するのである。

それでは「享楽の〈志向性〉」とは積極的にはどのように定義できるのか。それは反省ではない「意識の意識」（*TI.* 84）であり、理論的でも実践的でもない関係によって、私がなすことや私がそうであることに関係（cf. *TI.* 85）するのである。この意識の意識、関係の関係こそアンリが、世界への関係である超越が自己自身に、自己を絶対的受動性において受け取ることとして、「内在」の名において指し示した事態にほかならない。アンリは内在によって、主観の主観性を規定し、その主観性の現象学的現れを「情感性（affectivité）」のうちに求めたが、レヴィナスもまた、世界への従属においてそのことを楽しむ生の享楽のうちに、自我の自己性と情感性とを見る。「享受すること（jouir）の充足がエゴイズムを、自我の、同一的なものの自己性をはっきりと歌い上げるのである。享楽は自己のうちへの引きこもりであり、内旋回（involution）である。情感的状態とは、〔中略〕自己がそこで立ち上がる身震いする昂揚である」（*TI.* 91）。「自我は感情の縮収（contraction）そのものであり、享楽はその巻き込み（enroulement）と内旋回とを描く螺旋の極である」（*ibid.*）。「縮収（contraction）」にしても「巻き込み（enroulement）」にしても、ベルクソンの持続の概念を即座に連想させる表現である。「享楽が演じる自己への運動」（*ibid.*）の昂揚によって私は一つの存在者（étant）として存在（être）を超えて立ち上がり、全体からの分離を実現し、その分離において「自我の単独性」（*TI.* 90）を獲得する。この自我の単独性がなければ、すなわち享楽における孤独な耽溺がなければ（しかも享楽の自我はその孤独を孤独とも思わず、十分幸福なのであるが）、無限の観念を自我が持つこともなく、社会との、すなわち、超越する他者との関係も成立しえない。

享楽の自我は世界への従属の中の自足であり、世界との関係そのものを楽しむことで成立する。しかし、享楽の世界は、個体的実体的なものでもなく、ましてや道具の世界でもない。享楽を最もよく表現する動作が、食物摂取における嚙み砕いて味わうことであることからも理解されるように、享楽の「対象」は知覚や行為の対象とは異なって、はっきりとした輪郭を持つ物体ではなくて、「要素的なもの（l'élémental）」（*TI.* 105）、ないしは「要素」である。この要素について、レヴィナスは、「形式を持たない内容」（*TI.* 104）とも「純粋質」（*TI.* 105）、「実体のない質」（*TI.* 108）とも形容している。すでに、ラントグレーベのキネステーゼによる空間の構成を論じたところで、知覚的世界に先立つビランの努力に対抗する力としての抵抗の概念について触れた。次に、この抵抗する力としての物質はベルクソンにおいて一つの質として、緩やかな持続として、生命の緊張する持続の弛緩として解釈され直されるのを見た。レヴィナスの言う要素としての世界は、いやむしろ彼にならって「環境」は、ベルクソンの持続の弛緩という物質観を受け継ぎながらも、享楽に属する特有の世界として、現象学的ないっそうの具体性を持って定位されるように思われる。さらに要素としての物質は、そのように享楽に固有の世界として定位されることによってベルクソンの物質の概念規定が知らなかった別の側面を明るみに出してもいる。

自我は享楽において単独で孤独であるが、寂しさを感じることもなく満ち足りて幸福である。まさしく享楽の自我は「天国の市民」（*TI.* 118）である。しかし、この天国の大地は、要素でできている。実体のない純粋質である要素は、それをつなぎ止め固定する寄る辺を持たない。享楽が耽溺する要素は、どこからともやって来て、どこへともなく消えて行くのである。要素のこの、源において所有されないという事実が、享楽に或る時間的な意味を与え、享楽の未来を素描する。「未来は、不安定なもの（insécurité）として、実体の範疇、何らかの物であることを欠くこの純粋な質のうちに、すでにある」（*TI.* 115）。要素のこの性格ゆえに、享楽の幸福は不安定にさらされている。「食物に恵まれるのは、幸運による」（*ibid.*）。不安定なものとしての要素の未来が、「享楽のエゴイズムを縁取る無」（*ibid.*）となる。享楽の自我が享受する要素は無に達している。しかし、他方から言えば、実は、この未来の無によって、分離が保証され、享楽の自我が内面性として、心理現象（psychisme）として成立するのである。そして、未来のこの夜の次元が「イリヤ（il y a）」であり、「要素はイリヤの中へと延びている」。享楽は、無の未来の不安定さから逃れるために、労働と所有とに訴えるのである。

享楽の内面性は無の未来で縁取りで飾られている。享楽が享受している要素が、無の深みへと消えて行くからである。享楽の要素の不確かさから、「明日の気遣い」（*TI.* 124）が生まれる。この明日の気遣いが、「沈思」（recueillement）である。というも、沈思においては「もはや要素を楽しむことで得られる自由に甘んじないがゆえに、直接の享楽から解き放された注意の運動」（*TI.* 127）が働いているからである。しかし、沈思が実現する享楽に対する距離は、存在の間隙の寒々とした空虚ではなくて、「生が深く入り込んでいく親密な親しさから生まれる内面の領域」（*TI.* 128）にほかならない。こうして享楽の自我は、沈思によって、いっそうの内面性と独立性とを獲得し、いっそう充実した自我へと成長するのであるが、この沈思の自我は、「住みか（demeure）」の中の存在として具体化される。沈思の内面性は、家という、地上に在りながらもその一部を壁で囲って占有することによって形成される内部性によって、具体化されるとともに、完成される。享楽における分離の自己の元に居ること（présence chez soi）の内面性は、今や、発展して、我が家に居ること・住み着くこと（habitation）となる。ところで、ここで注目しなければならないのは、家による内面性の具体的な遂行の過程には、沈思の可能性が「分析的には」（*TI.* 127）含んでいなかったような可能性が、介入していることである。家は、享楽からの、沈思からの分析命題ではない。それでは享楽の発展である沈思に、何が綜合されて家となるのだろうか。家の内面性を構成する親密な親しさは、すでに、他者の存在を要求する。レヴィナスにとって他者とは、表現としての言語にほかならないが、しかしながら、家における他者の現前は、その現前が同時に不在であるような、引き下がって控えているつつましさを本質とする。そこはかとなく聞こえる衣ずれの音、したがって、家居の他者がまだ言語であるとすれば、呼び出し教える真正の言語ではなくて、沈黙の言語であり、暗黙の了解である。「女性こそ、沈思の条件であり、家の、住居の内面性の条件である」（*TI.* 128）。家には玄関があり、そのドアはすでに、他者を迎え入れ、もてなすために、広く開け放たれているのである。享楽の自我の自己の元にあることが、家とともに、自分の家に居ることとしての自我にいっそうの内面性と自立性との充実を見いだすのであれば、家の段階においての自己性の成立には、すでに他者が関わり合っているということである。

沈思は、享楽の要素の無に由来する明日の気遣いに基づいていた。沈思は、要素に支えられたはかない享楽を引き延ばし、持続させようとする。それでは、沈思の具体的展開である家は、享楽の延長とどのように関わり合っているのだろうか。享楽の延長は、享楽における測りがたく深い無の未来に支配された要素の所有を、労働による獲得の所有に変えることによって可能となるが、労働による獲得の所有すなわち本来の意味での所有は、その獲得物を保存し蓄える場所を必要とする。要素は労働によって、しっかりとした形を持った物として、実体となって、「家の四つの壁の間に」（*TI.* 131）保管され、将来の享楽を待つのである。住まうことに基づく労働による所有においては、所有された内容とこの内容の享受とが区別される。言い換えると、労働は、私が享受している要素の予測不可能性に由来する享楽の不安定で束の間の所有を、その要素を固定化し、物体化することによって、永続的で安定的なものに変えてしまうのである。「所有は労働の産物を時間のうちに永続的に留まるものとして――実体として据えつける」（*TI.* 135）。そして、レヴィナスにとって抵抗とは、要素としての物質が、それを固定化しようとする仕事に対して、測りがたい闇として姿を現すそのときの現れ方のことである（*TI.* 133）。家は、労働の成果である家計に支えられて、享楽を引き延ばし、生が陥る危険性のある支払期限を、死にほかならない年貢の納めどきも含めて、絶えず延期するのである。この第一の延期こそが、時間の次元そのものを開くのである。ところで、意識の本質は時間にほかならないが、この場合は、「未来を先取りする企投において現在の時間を超え出る」脱自の時間ではなくて、「現在そのものに対して距離を取る」ところに成立する時間である（*TI.* 140）。働くとは、予期される危険が現実となる時期を遅らせることである。しかし、家の沈思において流れる時間は、家が他者の沈黙の存在を前提する限り、他者との関係をすでに前提していることを忘れてはならない。

とはいっても、家のつつましい沈黙の他者は、レヴィナスにとっての本来の他者ではない。本来の他者は、家庭の幸福に耽る私を、私の所有と私の世界ともども、問題視し、私の責任を問う、高みからの明白な言語としての、無遠慮な他者である。「顔における他者の顕現と外延を同じくする、私の問責、それを我々は言語と呼ぼう」（*TI.* 146）。言語としての他者の登場によって、私の所有としての物と私の世界はその所有権が疑問視され、共通の物、共通の世界として一般化される。すなわち、表象となる（*TI.* 145）。そして、家での沈思としての自我から言えば、言語における私の所有物の一般化は、私の世界を他者に差し出すことにほかならない（*TI.* 149）。というのも、言語行為とは、言葉の使用法に関する事柄でもなく、また、記号を通して意味を構成する作用でもなく、いっそう根源的であって、「このような仕事を直ちに、この仕事そのものをすぐに差し出すという寛大さによって、超越するのである」（*ibid.*）。この言語行為によって、私は、享楽と所有としての非我への私の拘束を超えてその上に身を置くことができるようになる。言い換えると、労働による所有においては、私は労働の産物である作品を通して、記号を通して、象徴的にしか自分を現してはいないから、作品や記号を通して解釈される私は、「存在の不在における顕現として、現象」（*TI.* 153）以外の何者でもない。ところが、私は他者に話しかけることによって、私自身に居合わせる、私の究極の実在（réalité dernière）の元に居る。「私が自分を私の究極の存在において探し求めるとき、私の存在は、〈物自体〉として、私の中に現前する無限の概念とともに始まる。しかし、この関係はすでに他者に仕えることで成り立っている」（*TI.* 153）。

享楽の自我の内面性は、沈思の自我から沈黙の他者を媒介にして我が家の自我へといっそう発展した。発展したという意味は、従属における自足の独立が、一段と完成されたということである。しかし、労働と所有における我が家の自我はまだ現象にすぎず、それ自体としての自我ではない。私が真に私自身に出会うのは、私自身であるのは、言語活動において、私を他人に与えるときである。私が私であるのは、私が他人の身代わりとなるからである。その善良さにおいて私は私である。

我々はこれまで、自我の存在である生き生きした現在を、ラントグレーベのキネステーゼから出発して、一貫して、内在として考察してきた。しかし、レヴィナスの言う私の究極の実在を構成する、私を他者に差し出すことは、その意味での「表-現、外に-出すこと、さらすこと」は、絶対的な超越として、もはや、内在として、自己の元のあることとしては、理解不可能ではないか。アンリの内在においては、私は、私が自分を絶対的受動性において受け取るところに成立する。レヴィナスの超越においては、私は、私が自分を絶対的受動性にいて他者に与えるところに成立する。絶対的に与えることが絶対的に受け取ることであるような、そのような事態を可能にする「場所」はないのだろうか。レヴィナスの享楽の自我の懐く「欲望（désir）」の向かう共同体は、ベルクソンの「閉じられた社会」ではなくて「開かれた社会」でなければならない。エラン・ヴィタールを超えた、生の根源をなすエラン・ダムールにおいて成立するのでなければならない。アンリは知覚の共同体にかえて生の、感情の共同体を構想する。[21] 西田幾多郎の言うように、自覚とはその最も深い意味において自愛であり、また、絶対無においては自分を愛することがそのまま他者を愛することであり、他者を愛することがそのまま自分を愛することであり、しかも、その絶対無が生命、内的生命であるならば[22]、絶対的に与えることが絶対的に受け取ることであるような、超越と内在との最も深い意味での交差を「見えるものと見えないもの」との間にではなくて、生に、見えない生のうちに、探さなければならないだろう。

注

（1） 谷徹『意識の自然』勁草書房、一九九八年。

（2） Edmund Husserl, *Zur Phänomenologie des inneren Zeitbewusstseins*, Husserliana Band X, Martinus Nijhoff, 1966, S. 29.

（3） 山口一郎「改めて時間の逆説を問う」日本現象学会編『現象学年報』第一五号、一九九九年、一五〇ページ。

（4） 山形頼洋『感情の自然』法政大学出版局、一九九三年、第三章第二節「原意識」八九ページ以下。

（5） Ludwig Landgrebe, *Faktizität und Individuation*, Felix Meiner Verlag, 1982, S. 129.（以下、*FI.* と略記する）

（6） Ludwig Landgrebe, Phänomenologische Analyse und Dialektik, in *Phänomenologische Forschungen* 10, S. 71, Karl Alber, Freiburg / München, 1980.（以下、*PAD.* と略記する）

（7） Husserliana, Band XV, S. 585.

（8） Michel Henry, *L'essence de la manifestation*, Tome I, §65, Presses Universitaires de France, 1963.（以下、*EM.* と略記する）

（9） 山形、前掲書、第四章「超越と内在」。

（10） 本書第六章。また次の拙論においても部分的に論じた。"The Self or Cogito in Kinaesthesis," *Self-awareness, Temporality, and Alterity*, Kluwer Academic Publishers, Dordrecht, 1998.

（11） フッサールの「大地」については、武内大「フッサールにおける身体と自然の問題」（『東洋大学大学院紀要』第三一集、一九九四年）に詳しい。

（12） Michel Henry, *Philosophie et phénoménologie du corps*, Presses Universitaires de France, 1965, p. 103.〔中敬夫訳『身体の哲学と現象学』法政大学出版局、二〇〇〇年、一〇八ページ〕

（13） Maurice Merleau-Ponty, *Phénoménologie de la perception*, Gallimard, Paris, 1945, p. 474.

（14） 中敬夫「瞬間の中の持続」（一）（二）『愛知県立芸術大学紀要』一九九七年号、一九九八年号。

（15） Michel Henry, *Phénoménologie materielle*, Presses Universitaires de France, 1990, pp. 54-5.〔中敬夫・野村直正・

吉永和加訳『実質的現象学——時間・方法・他者』法政大学出版局、二〇〇〇年、六四—五ページ〕

（16）Maine de Biran, *Œuvres*, Tome XI-2, J. Vrin, 1993, p. 53.

（17）Yorihiro Yamagata, “Cosmos and life（According to Henry and Bergson),” *Continental Philosophy Review* Volume 32, No. 3, 1999, Kluwer Academic Publishers, 1999.

（18）Henri Bergson, *Œuvres*, Presses Universitaires de France, 1963, p. 670.（以下、*OE.* と略記する）

（19）Klaus Held, *Lebendige Gegenwart*, Martinus Nijhoff, 1966, S. 172.〔新田義弘・小川侃・谷徹・斎藤慶典訳『生き生きした現在』北斗出版、一九八八年、二三七ページ〕

（20）Emmanuel Lévinas, *Totalité et Infini*, Martinus Nijhoff, 1974, p. 87.（以下、*TI.* と略記する）

（21）M. Henry, *Phénoménologie matérielle*, *op. cit.*, chap. III Pathos-avec. *C'est Moi La Vérité*, Éditions du Seuil, 1996. 関連する論文として、吉永和加「M・アンリにおける生と他者の問題」（『理想』第六六四号、二〇〇〇年）がある。

（22）『西田幾多郎全集』第六巻、岩波書店、一九七九年、特に「自由意志」。

第十二章

情感性と他者

一　レヴィナスの「無限の概念」とデカルトの二つの神の存在証明

デカルトが「第三省察」で神の存在証明に用いている「無限の観念」は、レヴィナスにおいては、他者を表す観念に置き換えられる。私のうちにある無限の観念は、他者の私に対する無限の隔たりを、すなわち他者の超越性を表現している。他者が私に超越しているということの事実こそ、他者がいかなる意味においても私に還元されないということであり、そのことはまさしく、他者が他者であるということであり、他者の定義にほかならない。デカルトにとって、無限の観念は私に対する神の超越性を証示していた。私が持っている観念のうちで、神の観念だけが、私の存在のうちにその対応物を見いだすことのできない観念であった。デカルトの神の第一証明は、この事実から神の存在を結論する。その証明は、「原因はその結果に対して少なくとも同等の実在性（realitas）を持つ」という因果性を一方で認め、他方で、観念の持つ「表現的実在（realitas objectiva）」とその観念が表している事物の実在性との間に因果関係を設定するところに成り立っている。そうすると、私のうちにある神を除くすべてのものの観念については、私自身が原因でありうる、言い換えると、それらの観念が表している事物の持っている実在性に私の実在性が等しいか、もしくは大きいのに対して、神の観念に対しては、私はその原因であるにはあまりにも小さいのである。したがって、無限の観念の表現的実在性の原因となっているある存在が私とは別に存在しなければならないが、それは神以外ではありえない。レヴィナスふうに言えば、神の観念を考えているとき私は自分が考えている以上のものを考えているのである。まさしく、私とは別のものについて考えているのである。

同じ「第三省察」において、デカルトはいわゆる神の第二証明もまた与えている。この証明も第一証明と同じように、私のうちにある神についての「無限の観念」を論拠に用いている。第一の証明が、私のうちにある神の観念の原因を求めて神の存在を導き出したの対して、第二の証明では、神の無限の観念を持つ私の「存在」の原因として神の存在を論証する。私に神の無限の観念がある限り、私の存在は私以外の存在によって創造されたものであり、与えられたものであり、その創造主は、私のうちにその無限の観念がある神以外にはありえない。無限の観念を持つ存在者はその存在を、その観念が表している存在から与えられる、受け取るのである。第二証明の概要は次の通りである。(1)無限の観念を持つ存在は、自己の存在の自己原因であることはできない。もしそうであるとすれば、自分を無限の観念をモデルにして創造し、神となるであろうから。したがって、私を創造した作者がいる。(2)しかし、私がずっと前から今あるようにあり続けているとしたら、どうだろう。すなわち、私は決して創造されなかったとしたら。ここでデカルトは時間の非連続性を持ち出し、連続創造説を主張する。保存するためには、非連続な時間の瞬間（この瞬間がジャン・ヴァールの言う一瞬（instant）であろうとベイサードの言ういくらかの持続を持つ瞬間（moment）であろうと、デカルトの事物の時間（tempus）が非連続（tempora）であることに変わりはない）ごとに、絶えず新たに創造が行われているのでなければならない。ところで、私のうちにはそのような私の存在を絶えず再創造している力は見あたらない、すなわち自覚されない。(3)このようにして私の存在は与えられたものである。そして、その私の存在の原因は、その原因がたとえ諸原因の連鎖をなしていたとしても、最後には、私のうちにある神の観念の原因と一致しなければならない。

この、同じ神の無限の観念に依拠する二つの神の存在証明についてデカルトは、一六四四年五月二日付のメルセンヌ宛の手紙では、第二証明が第一証明と異なると考えようと、あるいは第一証明の説明と考えられようと、どうでもよいことであると書いている。しかし、「第一答弁」においては、第一証明のものとは異なる根拠を提示したのではなくて、その同じ根拠をより正確に説明したとカテルスに答えている[1]。レヴィナスが他者の概念と置き換えた「無限の概念」が、これら二つの証明のどちらをコンテクストにしているか判別はつかないし、第二証明が第一証明のいっそう正確な説明であるとすると、その判別の必要もないだろう。しかし、心に留めておかなければならない重要なことがある。それは、レヴィナスにおける無限概念の神から他者への置き換えも、デカルトの第二証明の内容を含意しなければならないということである。すなわち、レヴィナスにおいて、無限の観念は他者についての観念であり、そのような観念を持つ私は、他者に私を根源的受動性において与えるという仕方で、存在する。しかし、無限の観念に関して神と他者との置換を行うならば、第二証明によって、私は私の存在を、他者から受け取っているのでなければならない。もちろん、根源的受動性において。というのも、能動も受動も存在を前提しているのに対して、ここではその前提である存在そのものを受け取ることが問題であるからにほかならない。

二　暗黙のコギトの「残響」から語るコギトへの「還元」

無限の観念を考えるとき私は自分が考える以上のものを考えている。無限の観念において私は私を超越した他者を、私から無限に隔たるまさしく超越として考えている。そして私が無限の観念を持っているということが、真のコミュニケーションの成立の条件でもある。というのも、真にコミュニケーションが成り立つためには、自分以外の他者の広い意味での言語を理解するためには、私は自分が考える以上のことを考えることができるのでなければならない。そうでなければ、人が何を言ったとしても、私は自分が考えることしか理解せず、私は人から何かを学ぶことは決してないだろうからである。せいぜいのところ、人の言葉をきっかけにして、すでに私が何らかの仕方で知っていた事柄を思い出すにすぎないだろう。もしプラトンが『メノン』で言うように真理の認識は想起にすぎず、他者はその想起のための産婆役を務めるだけであるならば、私は自分がすでに知っていることしか知ることができず、自分が入れたものしか理解することができないだろう。他者との対話はいつもモノローグに終始し、対話は見せかけだけのことになるだろう。真の対話が成立するためには、他者は産婆としてではなくて、師として私に現れなければならない。私は自分が知っている以上のことを知る、学ぶことのできるものでなければならない。他者は私に、私が仰ぎ見る師の高さにおいて私に対面し、私は師の言葉に学ぶことのできる者として、その影を踏まないのでなければならない。真の対話は他者が私に対して無限の距離において隔てられた奥行きにおいて、通(過)-時態(dia-chronie)において現れ、他者と私とが共時態(synchronie)において決して並列しないのでなければならない。全体と部分の関係に入ることを拒否するのでなければならない。コミュニケーションの根源的可能性としての他者、したがって、言語を最終的に可能にしている根源的な意味としての他者、それがレヴィナスにとっての他者である。

コミュニケーションについて考えることは、言葉と意味との関係について再考を促す機会となる。メルロ=ポンティはコミュニケーション成立の条件として、語が意味を持つことを挙げた。言い換えると、言語を伴わない、言語から独立した純粋思惟の存在を否定した。純粋思惟を認めるならば、言語は、あらかじめ言語に先立って存在する思惟である意味の単なる外皮に、包装紙になってしまう。そして、対話において言語は私に何かを考えさせる契機として働くことはあって、決して私が知らない新しいことを私の外からもたらしはしないことだろう。ソナタの意味がソナタを構成している音を別にしては考えることができないように、言葉の意味も言葉・語から切り離して存続しえないのである。

「我思う」（「コギト」）も言葉である、語である。その意味は、デカルトに従えば、結局のところ、私が在るということにほかならない。もし言葉から純粋思惟を意味として独立させることができないとしたら、私が「我思う」と言葉に出して言わない限り私は存在しないことだろう。実際メルロ＝ポンティは言う、「暗黙のコギトは、それが自分自身を表現したときに限り、コギトである[2]」。しかし、最終的な主観性である暗黙のコギトは、語られたコギトとなるまでは自分を思惟しないのだろうか、したがって、存在しないのだろうか。そうではない、とメルロ＝ポンティは言う（*ibid.*）。暗黙のコギトが自分を知らないとしたら、それは物である。それが後で語られることによって、意識となることは不可能である。彼が言いたいのは、暗黙のコギトは世界と自分自身について不明瞭で漠然とした把握しか持ってはいないということであり、その把握は、語られたコギトのような、自己についての明晰な定立的な意識ではないということである。暗黙のコギトが語られた明晰判明なコギトそのままの意味として、語られたコギトに先立ってあらかじめ構成されてしまっているのではない。これがメルロ＝ポンティの主張の要約であろう。しかし、これで問題は解決したのだろうか。言葉なしに思惟は存在しえない。言葉に先立って意味を構成してしまっているような純粋思惟は存在しない。他方、語られたコギトに先立って、暗黙のコギトがすでに一つの意味として、非言語的な意味として、存在していなければならない。この沈黙した意味はどこからくるのだろうか。そしてこの意味は広い意味での言葉・表現とどのような関係にあるのだろうか。この問題は、後の『見えるものと見えないもの』において肉の概念を検討することによって追求することもできるが、そのことはすでに別のところで済ませたので、ここでは『知覚の現象学』に従って、考察を続けることにする[3]。

『知覚の現象学』第三部「コギト」の章が純粋思惟を排除するのは、「自我と自我との絶対的一致」（*PHP*. 439）に基づく「コギトの永遠論的解釈」（*PHP*. 426）を否認して、「自我に時間の厚みを返してやる」（*PHP*. 456）企ての一環としてである。したがって、暗黙のコギトと言語との関係においてさらに深く進むためには、自我構造を定めている自我の時間性に焦点を当てなければならない。主観性を規定している時間について、メルロ=ポンティは、ハイデガーから借用した「時間の自己触発」[4]の概念を用い（*PHP.* 487）、その構造を触発する時間と触発される時間に二重化する。[5]主観性の時間は、その二つの時間要素が一本の縄のようにない合わせられることによって構成されている。触発する時間は未来への推力であり推移としての時間であり、これに対して、触発される時間は、諸現在の展開される系列としての時間である。そして「触発するものと触発されるものとは一体を成す。というのも、時間の推力とは、一つの現在が別の現在へと移り行くことにほかならないからである。この脱自、不可分の力がそれに現前している時間区域（terme）へと身を投じることこそ、主観性にほかならない」（*ibid.*）。

主観性において、ちょうど青空に高く噴き上げる噴水において、噴き上げられる水とその水を噴き上げる水圧とが一体であるように、構成するものと構成されるものとが一体化している。言い換えると、「自己による自己の触発」である主観性は、「多において自己を展開する」（*PHP.* 485）以外に、主観を確立することができないのである。しかしこのことは、暗黙のコギトは、触発された時間すなわち諸現在の系列を構成された時間として展開する限りにおいてのみコギトでありうるということであり、さらに、この事実は、暗黙のコギトは自分を構成された時間の今系列として表出・表現する以外に自己であり、意識であることはできないことを意味している。暗黙のコギトもやはり、暗黙のうちに、語っているのである。触発する時間が構成する時間であり、触発される時間が構成された時間であるが、この組み合わせは、語るコギトと語られたコギトとの関係に見立てることもできるし、また、意味とその意味を表現している言葉ないしは語という見方もできるからである。そして、フッサールの時間論における時間意識の自己構成の問題にハイデガーの時間の自己触発を作り変えることによって簡便な解答を与えようとするメルロ゠ポンティにとって、触発する自己は、触発される自己を触発することによってしか自己でありえないのであるから、暗黙のコギトの根源的な次元においても意味は語られるという仕方でしか存在しえないのである。もし暗黙のコギトは本当に沈黙しているならば、触発するものは触発されるものを必要とはせず、意味は表現を待たずにそれ自体において在ることだろう。純粋思惟が存在するだろう。

三　時間、知覚、言語

レヴィナスは『存在するとは別の仕方で、あるいは存在の彼方に』において、時間化の作用を言語化の作用と同一視している。すなわち、言語活動とは、あらかじめ体験された事柄に、後から言葉という記号を与えることによって、その体験を二重化することではないのである。或ることを体験するということ、或る対象を感覚するないしは知覚するということは、そのものをそのものとして同定することであり、そのものとして名指すことである。言語活動とは、最初に言葉とは無関係に感覚・知覚されたものに、後から名札を張りつける作業のことではない。或るものを体験するということ・感覚するということ、そのことがそのまま、そのものをそのものとして言うこと、そのものであると言うことにほかならない。レヴィナスは時間化作用と、感覚・知覚作用とを原理的に同じものと見なす。この点は『知覚の現象学』も同じである。さらに、レヴィナスは他方で、感覚・知覚の感性的体験を言語の意味作用と本質を同じくするものとして捉えている。このことについてもう少し立ち入って見てみよう。

フッサールによれば、意識とは、時間意識とは、自然発生する原印象が、変容するところに成立する。この原印象の変容の一つが、いわゆる過去把持的変容にほかならない。ところで、原印象においては、レヴィナスが生き生きした現在と本質的に同じものとして理解している原印象においては、[6]「そこにおいて知覚されたものと知覚作用との完全な合致」が、「厳密な同時性」が実現されている（*AQ*, 41）。もちろん、これはフッサールの『内的時間意識の現象学』「補遺V」に基づくレヴィナスの解釈であって、同じ「補遺」においては、この知覚対象と知覚作用との同時性は、内的意識について言われている。そして内的意識の一般的定義からすれば、ここで言われている同時性は、原意識と原印象、正確には最後の未来予持と最初の過去把持とに伴われた原印象との間の事柄でなければならない[7]。ついでに触れると、このような意味での原印象は、メルロ＝ポンティがそこでは意識と存在とが一致するがゆえに特権化する「根源的な過去と未来とを持った広い意味での現在」と合致するが、メルロ＝ポンティはこの広い意味での現在を知覚作用のあり方と同一視した点でレヴィナスの原印象の解釈と根本的に異なる[8]。レヴィナスにとっては、原印象は、時間化である感覚とは本性において異なる上に、感覚と知覚とは本性において同じものとして理解されている。

いずれにしろ、原印象における知覚対象と知覚作用との同時性に依拠する両者の未分化の同一性が破れて、知覚作用と知覚されるものとが分離するところに、レヴィナスは知覚・感覚の発生を求めるのであるが、この感覚の成立を可能にする原印象の裂開は、同時に時間の流れの開始であり、時間化の作用そのものの成立を意味する。また、そのことは、時間をその本質とする意識の成立をも意味する。原印象の同一性が変容することが時間の生成であり、時間を本質とする意識の存在することであるが、その変容がまた同一性における変容であるところに、時間における原印象の変容の特徴がある。すなわち、原印象は変容することによってその同一性を一度失うのであるが、同時にその変容において再びその同一性を見いだすのである。この差異化と、その差異化における同一性の保持が、過去把持と名づけられている位相発展（déphasage）にほかならない。過去把持が、一度失われてもはやない同一性の再発見であるとすれば、未来予持の方は、いまだ現実化していない同一性の先立つ確保である。この変容において原印象は「たった今過ぎ去ったものであり、また、ちょうど今到来しようとしているものであり、位相としては自己自身と一致してはいない。しかし同一性における差異化、変質する瞬間を保持すること、それは、〈あらかじめ保持していること〉(pro-tenir)であり、〈再び保持すること〉(re-tenir)にほかならない」。そして「意識があるということは、感性的印象が他のものとなることなしに自己自身を差異化することである」(AQ. 41)。しかし、差異化における変容において同一性として保持されている原印象は、根源的な同一性においてある本来の原印象とはその現れにおいて根本的に異なっている。未来予持や過去把持の意識的変容における同一性は、対象化され、表象化(représentation)された同一性である。未来予持として、過去把持として、その本質が時間化にある意識は対象化し、表象化する作用である。これに対して原印象は、あえて意識という概念を時間的変容をその源に逆行してそれに強要するならば、再現在化ないしは現在の代理としての表象(re-présentation)ではなくて、生き生きした現在として、対象化しない意識であり、したがって、非志向的な意識(!)である。この意味において原印象の概念は、理論的なものの優位が世界経験の根底を表象の形成に置くフッサールの現象学、表象の帝国主義にあって、きわめて特異な地位を獲得しているとレヴィナスは評価する(AQ. 42)。この原印象の概念のゆえに、現象学は最も洗練された極上の経験論ともなっている。

「過去把持の連鎖と未来予持の連鎖に従った、〈生き生きした現在〉の同一性の位相変化、諸位相そのものの位相変化、すなわち流れること(fluence)は、〈生き生きした現在〉から離散しながら、諸変容の多様性を取り集める。フッサールにおける感性の時間は、取り戻すことのできるもの(le récupérable)の時間である。ところで、生き生きした現在の原印象は、取り戻されたものではない。それどころか、取り戻されうるものですらない。しかしながら、原印象が取り戻しえないものであるということ、すなわち非志向的であるということは、それが無意識であるということを意味しない。そのことを『内的時間意識の現象学』「補遺Ⅸ」において確認した上で、取り戻しうるものの共時態を超えて、その源泉にある、共時態へと還元不可能な通（過）時態（diachronie）を、すなわち「在ることの〈明示〉（monstration）の背後の意味作用を引き立てるのが、この著作（『存在するとは別の仕方で、あるいは存在の彼方に』）の企てである」とレヴィナスは言う（AQ. 43）。

こうして時間意識は感性的意識と一致する。さらにこの意識は言語とも一致するのである。というのは、言語は、何らかの仕方ですでに現れて存在しているものに、後から名前を与えることではないからである。語は名前ではない。「語は、〈このものをこのものとして〉同定し、多様において同一のものの観念性（idéalité）を表明するのである〔中略〕。『時間意識は同一の統一一般の構成の根源的な場所である』とフッサールも書いている。『同一的統一』がまず与えられ、ないしは主題化され、その後で一つの意味を受け取るのではない。同一的統一はこの意味によって与えられるのである。〈あのものである限りでのこのもの〉、そのことは生きられるのではなくて、言われるのである」（AQ. 45）。「存在することは動詞そのものである。時間化、それは存在するという動詞である」（AQ. 44）。

或るものが在るということ、或るものが時間において現れるということ、そのことがレヴィナスの理解するように、或るものが或るものである、或るものがそのものであると宣告すること、言うことであるとしたら、在ること、存在することは言語の動詞として、言われるものでなければならないのではないか。アンリふうに言えば、「在ること」が「在ると言うこと」であるとすれば、在ると言うことの「言う」の在ることはどうなるのか、それもまたさらに言われなければならないのだろうか。時間を構成する意識そのものの存在は、さらに時間において意識されなければならないのだろうか。存在の時間化と存在の言語化とを、同じ一つの事態と捉えるならば、「在ること」

と「在るという動詞」とが一致しなければならない。このことは、在るという事実を在るという動詞に置き換えることができるということを意味するが、動詞とは、或る出来事につけられた名前ではないのだろうか。もしそうだとすれば、存在と言語とは一致しないだろう。というのも、時間化としての存在は、一つの出来事ではなくて、すべての出来事の可能性そのものであるからである。いずれにしろ、時間意識が言語意識と一致し、その結果、在るが、在るという動詞と置き換えられるためには、少なくとも、在るは言われるのでなければならないし、また、聞こえるのでなければならない。時間化の在るは、動詞「在る」として自ら言うのだろうか。花が在るということは、その花をその花として同定することであり、時間化の位相変容においてその花をその花と言うことである。花が在るということが、「花が在る」と言明することに等しいならば、花が在るということは、言われることとして、聞こえるものでなければならない。花が在るということがその花をその花と言うことであるとすれば、その花は言われたものである。一般的に言って「存在者」は「言われるもの（le dit）」と定義できる。問題は、そのとき、その花を花と布告する、その言うこと、その花の存在・存在者の存在もまた、動詞「在る」として言われたもの・聞こえるものであるのだろうか。

レヴィナスは、存在は、在ることは、それ自体において、すなわち、或る制定された言語において「在る・存在する」と発話される前に、すでに、響いていると言う。「時間と、その時間が言明や物語の主題において同定される存在者を明示しつつ展開する存在（essence）とは、自己自身を主題化することなく、沈黙のように響く（**résonner**）」（*AQ.* 49）。「存在者がその同一性において照らされ、現れるように、次々と摘み取っている存在の沈黙は」（*ibid.*）、黙々とその存在者を摘み取る作業において、響きわたっているのである。その存在の沈黙の響きが「存在者の存在」という曖昧語法の根底にある。すでに触れたように、メルロ=ポンティは、時間意識の自己構成の問題を論じて、触発時間〔言うこと〕が触発される時間〔言われること〕を触発する、触れることによって自らを現すと考えたが、そのことは、言うことが聞こえるということであり、在るということ、沈黙という形ではあるけれどもすでに響いているとするレヴィナスの理解と根本においては異ならないだろう。

『知覚の現象学』は、ここで満足して、沈黙した。しかし、レヴィナスは、言われるものの相関者としての言うこと、すなわち、言われるものの周りで、あるいは言われるものにおいて響いている言うことで満足せず、言われるものの共時態を超えて、さらに奥に、時間の通〔過〕時態（diachronie あるいは「反‐時態（contre-temps）」〔AQ. 57〕）にまで遡ろうとする。それが、言われるものの相関者としての言うことにさらに還元を施そうとするレヴィナスの企てである。というのも、「言われるものは、まさにその言われるものそのものにおいてなされる言うことの退位に、にもかかわらず抗議し、かくして、通〔過〕時態（diachronie）を保持し、そこで、息を殺した精神が〈別の仕方で〉autrement のこだまを聞く」（*ibid.*）からである。しかし、言われたものから出発して、言われたものを超えて遡る還元が成果として明るみに出す、言うこととはどのようなものだろうか。それは、語が言われるものにもたらす意味作用としての言うことではなくて、そのようにして言われるものを、他者に、近しい人、隣人に表明する意味作用である。それは、「他のすべての関係から際立っている、他人に対する責任である限りで考えられることができ、また、人間性とか、主観性とか、自己とか呼ぶことができるような近しさ（proximité）における他人への意味作用」（AQ. 58）である。言われるものの相関者である限り、言うことは言われるものに飲み込まれるのであり、「存在（essence）の時間化の中を流れるのである」（AQ. 59）。そうして、言うことと言われるものとの連関において、言われるものは、「志向作用のノエマとして」理解される（聞こえる）のである。こうして言語は狭められて、思惟となる。

しかしながら、言われたこと、命題は、主題化やそこで陳述されている内容を超えて、「他者への接近の様態」として、意味するのである。そして、この近しさにおける他者への表明としての言うことは、何よりも他者に対して責任を取ることを意味する。というのもこの場合、言うことは、他者に答えることであるからにほかならない（AQ. 60）。しかも、この言うことにおける他者に対する責任は、私の「極度の受動性」を、「あらゆる受容性よりもさらに受動的な受動性」（AQ. 61）を表している。というのも、言うことにおける私の責任とは、他者の自由なイニシアチブに対して無条件に自分をさらけ出すことにほかならないからである。「言うこと、それは隣人に近づくことであり、彼に〈表意作用を運び与えること〉（bailler signifiance）である」（*ibid.*）。したがって、言うことは、単なる意味の提供や記号の交付に終わらない。もちろん、言うことは、コミュニケーションである。しかし、それは、いっさいのコミュニケーションの条件として、さらけ出すこと（exposition）であるからにほかならない。コミュニケーションの中で行き来するさまざまの観念や記号や意味が、それらに固有の役割を果たすことができるのは、まず私があらかじめ他者に対して自分をさらけ出しているからであり、「他者に無関心では-ない」「他者と異ならないのでは-ない（non-indifférence à l'Autre）」（AQ. 62）からである。自分をさらけ出して他者に近づくこととしての言うことは、もはやいかなる意味の志向性にも基づかないし、したがって意識のいかなる様態としても記述することができない。言うことの他者への接近において、私は他者を私の志向による意味付与作用においては形成しはしない。私はいかなる私の意図よりも先に、我にもあらず、自分を他者にさらけ出すという仕方で、他者と出会うのである。他者に自分を差し出すのである。「近しさとコミュニケーションでの通い合い（intrigue）は認識の一様態ではない」（AQ. 62）。そうではなくて、「接触の一様態」（AQ. 60）である。もちろん、レヴィナスは触覚と接触とを本質的に異なるものとして区別した上で、こう言っているのである。あくまで認識として機能する感覚に属する触覚に対して、接触は原印象・情感性（まさしくアンリの意味での）に属する。自らをさらけ出す言うことにおける他者への接触の非-志向的性格を強調して、レヴィナスはしばしば「志向性の逆転（inversion）」（AQ. 60, 61）とか、「意識をチョッキのようにひっくり返す」（AQ. 62）とか表現する。

四　言うこと、外傷性（traumatisme）・外傷可能性（vulnérabilité）、情感性

「言われるもの」の相関者である限りでの「言うこと」から、他者に対する責任としての「言うこと」へ。しかもその「言うこと」における責任とは、私が私の自由意志によって関わり合うよりも先に私が他者に対して負わなければならない責任であり、したがって、私の自由、不-自由（non-liberté）すなわち強制を超えた、能動に対する受動性よりもいっそう根源的な受動性において私が被るものである。私の関わり（engagement）以前のこの責任の受動性は、アンリの言う私のあり方としての根源的受動性――いかなる仕方でも、たとえそれが時間的な意味であるならば受動的綜合においても、私において構成されない、それどころか、私はそれをただひたすら被ることしかできない私の存在の受動性――と、その様態において同じものである。この、私のいっさいの関わり合いに先立つ他者に対する私の責任、したがって、他者の咎に対して私が無条件に負う責任としての「言うこと」への、「言われるもの」の相関者である限りでの「言うこと」からの還元について、ここで、次の三点を指摘しておかなければならない。

まず、レヴィナスは、言われるものと言うこととの相関関係を、時間化の作用と、ぴったりと重なる同一の事態としたことを思い出そう。そこから、言われるものの相関者としての言うことから、他者に対する責任、他者に対

して答えることとしての言うことへの還元は、時間化作用のさらに手前への、時間を構成している時間意識のあり方、一言で言えば、生き生きした現在の領域への還元を意味する。レヴィナスの還元は、後期フッサールの生き生きした現在に関する「徹底的反省」に厳密に対応する。レヴィナスはこの還元によって、志向性に基づく、したがって、志向性の本質である時間性に基づく存在の領域から、存在の彼方である、存在するとは別の仕方へと、存在の配分へ与ることを止める、すなわち存在の間にいることから離脱する（des-inter-essement）のである。存在から、それを超えて、近しさの領域へ移行する。この領域を統べる原理は共時（synchronie）の時間ではなくて、通（過）時の超越である。ここから、重要な結論が引き出せる。レヴィナスの存在とは別の仕方である近しさの領域は、フッサールの生き生きした現在の三つの性格すなわち先-時間性（Vor-zeitlichkeit）、原受動性（Urpassivität）、先-反省的綜合（praereflexive Synthesis）を満たさなければならない(9)。

次に、時間を体系としての言語と重ねて同一視するレヴィナスは、言われたものの相関者としての言うことを、近しさにおける責任としての言うことへと還元することによって、時間の脱自に原理を置く実存主義と共時態の構造主義とを、一振りの哲学的身振りで、同時に批判してしまったことを指摘しなければならない。レヴィナスにとって、時間性とは共時態の原理でもある。「フッサールの哲学は、構造主義的科学の誕生の以前から〔中略〕純粋科学の背後にあるそのような目的論を最も厳密な仕方で証明している。」（AQ. 122）

最後に、レヴィナスの超越の概念とアンリの内在の概念について触れる。一般的には、超越と内在はまったく反対の概念である。しかしこのことはレヴィナスとアンリに関しては当てはまらない。というのも、アンリの内在の概念は、存在の意味である時間的脱自的超越を、脱自的超越そのものの存在をさらに問うという探求の結果見いだされたものであるから、それはまさしくレヴィナスの言う存在とは別の仕方そのものにほかならない。その存在とは別の仕方を「存在論的に」規定しているのが、アンリの場合には、内在と名づけられるのである。これに対して、レヴィナスは同じ存在の彼方を規定している秩序を超越と呼ぶのである。もともとレヴィナスにおいても、彼の超越の概念で問題になっているのは、超越の超越である。「それは、いつかジャン・ヴァールが『最大の超越……超越を超越するところに、すなわち内在に立ち返るところに成立する超越』と呼んだあの内在ではないのか」[10]。アンリにとっての超越のあり方としての内在は、まさしく超越の超越としての内在にほかならない。そして、次のようにレヴィナスがアンリに対して留保をつけるとき、彼がアンリの内在に対立されるのは、超越の超越としての超越であって、アンリの内在が拒否している一重の超越のことではない。「彼〔ミシェル・アンリ〕は感受性に志向的超越を認めないが、我々もそのことには同意する。しかし、まさしく近しさの概念に基づく我々は、超越を志向性にのみ限定することはしないであろう」（*DHH*. 226）。ここでレヴィナスが超越と呼んでいるのは、志向性の超越とはまったく性質をことにする、先-時間の、彼の用語法に従えば通（過）時間（diachronie）の超越である。レヴィナスの超越がアンリの内在の対立概念ではないことは次のレヴィナスからの引用が証言する通りである。「この問い立ては、ミシェル・アンリが彼の驚嘆すべき、かつ避けて通れない『顕現の本質』において行った貴重な分析をないがしろにしようとするものではない」[11]。二人の違いは、生き生きした現在の先反省的綜合を、したがって自我ないしは自己の統一を、自己性をどのように考えるかという点にかかっている。しかもレヴィナスもアンリも、どちらもその自己性を感受性すなわち情感性の根源的受動性にうちに追い求めるのである。

　レヴィナスにとって「存在論的に」異なる二つの領域がある。一つは、その本質が時間にほかならない、志向的、表象的、脱自的な、いわゆる存在者の存在の領域である。この領域はまた、共時態という規定性をレヴィナスによって与えられる。これに対して、存在とは別の仕方で、存在の彼方にある領域があり、これが近しさの概念によって画定されている領域である。ここでは、もはや志向性や脱自は機能せず、したがって、共時態ではなくて、通（過）時態（diachronie）によって運営されている。あるいは、異なる二つの時間があると言えるかもしれない。もっと正確には、時間化における二つの様態が問題になっていると言えるかもしれない。過ぎ去ってもはや取り返しのつかない通（過）時的な（diachronique）時間と、一度は流れ失われるけれどもすぐさま見つけだされ回収される過去把持と未来予持の共時的な時間である。通（過）時的な時間は、いかなる記憶においても把持されず、したがってソクラテスの「産婆」の指から流れ去るのである（AQ. 106）。それは不可逆的な一方通行の時間である。「近しさは、私から他者へ、二つの時間においてである。だからこそ、超越である。近しさは自らを時間化する、しかし、意識が自らを把持し自らを維持し、また存在と存在者とが経験において自らを明示するあの記憶によって回収可能な時間の外に——彼方に、あるいは上方に——、通（過）時的な時間化によって、自らを時間化するのである」（AQ. 107）。時間の把持・予持による同一化が言語の共時態と一致するならば、過ぎ去って還らぬ時間の通（過）時態は、他者への私の自由な関わりに先立つ責任としての「言うこと」に対応する。さらには、一方の存在の共時態と、他方の近しさの通（過）時態との区別は、フッサールにおける構成された時間とその時間を構成する生き生きした現在との間に、正確な対応を見いだす。

近しさにおける超越の過ぎて還らぬ通（過）時態によって、私は疲労し、老いていくのである。時間の共時態において私が常に同じものとして回収されるならば、私は決して本質的に疲れることもなく、また、老いることも、死ぬこともないであろう。近しさの超越を規定している通（過）時態は、疲労と、老いいくことと、苦しむこと（dolence）と、外傷性と、外傷可能性（vulnérabilité）と、要するに、情感性（affectivité）である限りでの感受性（sensibilité）と同義語である。通（過）時態は、超越においてある近しさの同一者への回収不能を表しているが、その回収不可能のゆえにまた近しさはその情感性において傷つきやすいものとして苦しまなければならないのである。しかしながら同時に通（過）時態は、私の他者に対する私の自由に先立つ責任、すなわち超越の表現でもある。通（過）時態は、志向性の共時態を規定している差異化を否定するが、同時に、無関心では-ない（違いがないのではない non-indifférence）を立てるのである。通（過）時態の「差異化」は、他者に対する無条件の責任のことであり、身代わり（substitution）を意味し、身代わりとなるほどに自分をさらけ出す外傷可能性としての情感性と同値である。「近しさ──〈についての意識〉の隔たりの除去──は、共通の現在のない通（過）-時態の隔たりを開くが、そこでは差異は取り返し不可能な過去であり、想像不可能な未来であり、隣人の表象不可能性である。私はその表象不可能性に対して遅れ、隣人につきまとわれるのである。しかし、その通（過）時態の隔たりにおけるその差異は、私が他者に対して無関心では-ないことである。近しさは想起可能な時間の攪乱である」（AQ. 113）。

感受性の本質は、一般に感覚と言われる仕方での対象の認識にあるのではない。感覚は依然として、一つの知ることの様態として、志向性に、表象に属する事柄である。感受性の本質は、触覚にあるのではなくて、直接的な接触にある。自己を他者にさらけ出すことである。自己を他者に対してむき出しにし、他者の咎の責めを負うことである。もちろん、近しさ、接触としての感受性は、触覚や触診や〈についての意識〉へとずれることができる。しかし、「世界の韻文」は優れて近しさと不可分であり、さらには、純粋に鉱物的な接触は、他者との接触の欠如態にすぎない（AQ. 96）。言われるものの相関者としての言うことを還元して、近しさにおける言うことに至る。還元された言うことにおいて、私は自分自身を他者に与える。それも、与えようとして与えるのではなくて、また、私の意に反して嫌々与えるのでもない。他者によって責任あるものとして召還され、徴用されるのである。召還され徴用されることによって初めて、私は自由な存在として存在するのである。私は根源的な受動性において自分を他者にさらけ出す。したがって、その受動性の根源性のゆえに、正確に表現すれば、自己をさらけ出すことをさらけ出すのである。この自己を他者にさらけ出すことこそが、言語における意味作用の表意作用（signifiance）にほかならないから、言語の意味作用を根源において規定しているのは、他者のために（le pour l'Autre）という友愛（fraternité）（AQ. 104）ということになる。しかも、それは「解約不可能な友愛」（AQ. 100）である。

認識的なものに還元されない感性の直接性とは、他者に無条件に自己を、肌や「肉と骨において（leibhaftig）」どころか、「肉と血において」さらけ出し、差し出すことであるから、外傷可能性（vulnérabilité）そのものにほかならない。しかしながら、この外傷可能性は享楽（jouissance）を前提としている。それも、単なる反対概念としてではないのである。すなわち、享楽のさなかにおいて傷つくことが（AQ. 81）、通（過）時態である感受性を、情感性を規定している。「感受性が外傷可能性や他者へのさらけ出しや言うことでありうるのは、感受性が享楽である限りでのことである。傷を負うことの受動性は、対-他者の〈出血〉は、舌鼓を打って享受している口からその堪能しているパンをむしり取ることである」（AQ. 93）。「与えることによってその心を与えるために、自分を与えるために」享楽は感受性に不可欠の要素である（AQ. 91）。

『全体と無限』によれば、享楽を長引かせるために労働と労働による所有があった。そして労働による所有は家を前提し、さらに家にはすでに他者が、たとえ気配だけにすぎないにせよ、いた。そこでも時間の前提には他者がいた。今ここで問題になっている外傷可能性としての感受性は、時間の前提としての他者を、私の情感性から踏み込んで考察しようとする企てに基づいている。享楽の同一性における自我（Moi）は、他者への責任として召還されて、享楽において負傷に曝される。自我の同一性は破壊されて、自己（soi）の単一性（unicité）がむき出しになる。「感受性の鼓動である不完全な幸福の核分裂（dénucléation）、自我（Moi）の自分自身との不一致、不安、不眠、現在の回復の圏外、自我を落馬させる苦しみ」「自我の核子の拠点である享楽の核分裂」（AQ. 81）。共時態の時間化を根拠づけている生き生きした現在の通（過）時態は、同一の自我としてではなくて、その自我の核分裂としての自己としてである。想起不可能な過去であり予想不可能な未来である通（過）時態においては、すべてが過ぎ去り行く。通（過）時態における自己の措定（position de soi）は、共時態における同一的自我の廃位（dé-position）を意味する（AQ. 75）。通（過）時態はまた無関心では-ないものとして私の他者への根源的責任・強迫である。他者が私を責任を負うべき自己として、召還するのである。この責任から私が逃れられないことが、私の自己を決定する。通（過）時態としての生き生きした現在の先反省的綜合はここに見いだされるべきである。「私の責任は、私を超越論的自我の私の〈存在〉（essence）において発見するどころか、私が他の人間と共有しうるすべてのものを、したがって私に取って代わることのできるすべてのものを、私からはぎ取り、はぎ取ることを止めないので、私は誰も私に代わりえないものとしての私の単一性において尋問されるのである」（*ibid.*）。「単一性はここでは免れることの、代わってもらうことの不可能性を意味し、そこにこそ私（je）の回帰（récurrence）そのものが結ばれるのである。選ばれたものの、むしろ選ぶ権利のない徴用者の単一性、自発性へと変わることのない受動性。引き受けることのない、概念に包-摂されない、外傷的単一性、迫害に選ばれること」（AQ. 73）。

他者の意味は、体系としての、共時態としての言語の意味に、「他者」という語の意味に、したがって、言われるものの相関者としての言うことである志向性／時間化に基づく存在のうちに解消されない。他者の意味は共時態を超えた近しさの通（過）時態に、存在とは別の仕方においてある。通（過）時態とは、過去把持と未来予持の時間化／同一化を超えたところに、その時間化／同一化を基礎づけるものとして、一語で言えば、生き生きした現在としてある。しかし、レヴィナスにおいて特徴的なのは、生き生きした現在が単に世界を時間において構成する主観のあり方を指すのではないことである。通（過）時態としてある生き生きした現在は、時間化を超えて時間化を可能にしている主観のあり方のみならず、同じく時間化を超え、時間化のうちに回収されない他者のあり方をも表示している。むしろ、私と他者との関係が、私の他者への回避不可能な責任が、時間化と共時態を可能にしているのである。それも、まず私が存在して、その後に他者への責任が発生するのではない。近しさの言うことにおいて、言い換えると時間化／共時態からさらに還元した言うことにおいて、他者の意味は、私が時間化において構成できるものではなくて、私が自分を与えることによって成立する。しかしこの場合の自分を与えることとは、私が自分の意志において与えるのでもなく、また、まず私が存在した後にその存在を次に与えるのでもない。私は他人の身代わりとなるよう、他人のために責任を取るよう、他者によって存在に初めて呼び出されるのである。しかしこの場合も、まず他者がいて、次に私の存在を、彼に対して責任を負うものとして、召還するのではない。他者が私を有無を言わせず彼に対して責任あるものとして存在に徴用することと、他者が存在し始めるときとは、同時である。この意味で私があるとは、他者の身代わりとしてあると言われるのである。私の自己の自己性は、私の自己を規定している先反省性は、私の自己が他者の自己に身代わりとして置き代わるという仕方で回帰するところにある。身代わりという仕方で私があるからこそ、私は疲れ、傷つき、老いいくのである。だからこそ、時の通（過）時態が、すなわち、過ぎ去って再びは還らぬ時があるのである。もし時間が同一化における綜合に終始するならば、時間が共時態だけに終わるならば、時は決して過ぎ去りはしなかったことだろう。

注

（1）AT, IX, 84

（2）Maurice Merleau-Ponty, *Phénoménologie de la perception*, Gallimard, 1945, p. 463.（以下、*PHP*. と略記する）

（3）Yorihiro Yamagata, "Sprache, Stimme und Kinästhese," *Sprache und Pathos, Zur Affektwirklichkeit als Grund des Wortes*, E. Blattmann, S. Granzer, S. Hauke, R. Kühn（Hg.）, Alber., 2001.

（4）アンリは『顕現の本質』において、このハイデガーの自己触発が実は本当の意味での自己による自己の触発ではないことを論じる。山形頼洋『感情の自然』法政大学出版局、一九九三年、第四章「超越と内在」参照のこと。

（5）詳しくは、同上書、第二章「身体と時間」第二節「時間」。

（6）Emmanuel Lévinas, *Autrement qu'être ou au-delà de l'essence*, Martinus Nijhoff, 1974, p. 42.（以下、*AQ*. と略記する）

（7）詳しくは、山形、前掲書、第三章「時間意識の自己構成」第二節「原意識」。なお、山口一郎の指摘（『現象学年報』第一五号、所収「改めて時間の逆説を問う」）は我々の解釈に近いが、同時に違いも含んでいる。

（8）詳しくは、同上書、第二章「身体と時間」第二節「時間」。

（9）Klaus Held, *Lebendige Gegenwart*, Martinus Nijhoff, 1966.〔新田義弘・小川侃・谷徹・斎藤慶典訳『生き生きした現在』北斗出版、一九八八年〕（第二部第四章「生き生きした現在の謎」）

（10）Emmanuel Lévinas, *En découvrant l'existence avec Husserl et Heidegger*, J. Vrin, 1974, p. 205.（以下、*DHH*. と略記する）

（11）Emmanuel Lévinas, "Sur l'idée de l'infini en nous," *La passion de la raison*, Hommage à Ferdinand Alquié, Presses Universitaires de France, 1983, p. 49.

第十三章

西田哲学における行為的自己と他者

西田哲学とドイツ観念論との比較はよく行われても、フランス哲学と関連づけて読むことは、それほど馴染みのあることではない。しかしながら、この関連づけは決して不自然なことではない。その証拠として全集第六巻にあるサンチマンの哲学の流れとしてのフランス哲学に関する記述を挙げることができる。「デカルトの自覚は知的自覚であつたと云い得る、所謂デカルトの哲学はこの方向に進んだ。併しデカルトの自覚からメーヌ・ド・ビランの j'agis, je veux, ou je pense en moi l'action といふ方向にすすむこともできるであらう。かかる自覚の方向に踏み出したのがパスカルであった、フランスの哲学にはかかるサンチマンの哲学の流れがある」(6 ; 114sq.)[1]。デカルトが我在りの知的自覚を、そのノエマ的方向に進んで対象的に捉え実体化したのに対して(この批判はフッサールの『デカルト的省察』の批判と一致する)[2]、それをノエシスの方に、自愛としての自覚の方向に踏み出したのが、パスカルであり、それをさらに押し進めたのがメーヌ・ド・ビランであった。パスカルは「心による認識(connaissance par le coeur)」によって「感情(sentiment)」の事実によって、対象認識ではない自覚を考え(6 ; 113)、ビランは、「私は働く、私は意志する(j'agis, je veux)」としての自覚において意志的自己を、フィヒテとは反対にノエシス的限定としてサンチマンの方向に見た。これがフランス哲学におけるサンチマンの流れとして評価されているものである。そしてこの方向は西田哲学の自覚の捉え方の方向でもある。ベルクソンに対する西田哲学の高い評価については改めて言うまでもないだろう。

以下、まず前半で、(1)全集の第四巻の後編から、第五巻、第六巻に話題を取って、自覚と自我を中心に西田哲学とベルクソンまでのフランス哲学との比較を試みる。次に後半で、(2)そしてこの部分が本章の最大の関心事であるが、西田哲学における私と汝の問題を、第七巻も参照しながら、考察する。この問題に関してフランス側で応対するのは、次章で扱う、最近のフランス現象学とりわけレヴィナスとアンリにおける自己と他者の概念である。

一　判断的一般者

知るとは判断することであり、判断の根本は、論文「場所」に従えば（4：272）、包摂判断である。すなわち、一般概念が特殊なものを包むということである。特殊なものが一般的なものにおいてあるということである。ところで、概念の包摂関係においては、特殊なものはどこまで行ってもなお一般概念上にあるものであって、特殊と特殊との間には依然として一般概念によって限定されている共通の要素がまだ残っている。言い換えると、特殊は決して唯一無二の個物すなわち「これ」となることはできない。しかしながら、実在に関する判断においては、いつも判断は「これ」という個物をめぐってなされる。この意味で、概念的包摂関係は抽象的判断の域を出ることがない。

それでは、どのようにしたら実在をめぐる具体的判断を、包摂関係において考えることができるようになるのか。特殊と一般からなる包摂関係を、まず、特殊を主語とし、一般を述語とする、主語―述語関係に、書き直すのである。この書き直し、ないしは置き換えは、論理学の初歩である。すなわち、外延関係として、主語は述語によって包まれる。このように書き換えた上で、さらに、主語―述語関係において、主語の方向に、主語となってもはや述語とならないものを考える。すなわち、概念的包摂関係における最後の特殊をさらに特殊化してその極限まで押し進めるのである。そうすると、特殊は、他の特殊といかなる共通の性質も持たない個物となる。こうして、個物となったものは、お互いにいかなる共通の要素も共有しないがゆえに、もはや一般概念を失い、概念的包摂関係を超える。この意味では、もはや主語となって述語とならない個物は、述語を超越する。

述語を絶した個物と、主語を絶した述語との間に、いかにしてなお、主語―述語関係が維持されるのだろうかという疑問はここで、当然である。この疑問に対する答えは、次の通りである。個物は定義により他の個物といかなる共通点も持たないのであるから、個物間にもはやいかなる共通する性質も見いだせず、したがって、いかなる述語づけも不可能である。あえて個物について記述しようとするならば、「これはこれである」、「AはAである」というしかない。いわゆる自同律を適用するしかない。しかしながら、この自同律において、最初の「これ」と後の「これ」、最初のAと後のAとでは、言わば、文法上の意味が異なるのである。最初のこれは主語であり、後のこれは、述語である。こうして、自同律によって定義される個物は、依然として主語─述語関係を維持し続けているのであり、その主語面に個物が相ならび、その主語面を限定している述語面がなお考えられるのである。個物は一般者の自己限定を最後まで押し進めたものとして理解されるから、主語面に立つ個物の全体と、述語面を構成する一般者とは、外延的に一致する。判断的一般者と名づけられるこの一般者は、個物の全体を隙間なく並べた連続体にほかならない。言い換えると、個物を定義するには、その本質によって、内包によって定義することはできない。個物をすべて列挙するという外延による定義によるしかないのである。

二　自覚的一般者とデカルトの「我思う、我在り」

最も厳密な意味で個物と言えるのは、いかなる意味においても他と取り替えることのできない人格としての各人であろう。各人の「私」は絶対的である。しかし、最も個物的な私は、判断的一般者を場所として「そこに於いてあるもの」として在ることができるのだろうか。答えは否定的である。例えば論文「叡知的世界」は、「判断的一般者に於てあり、之に於て限定せられるものが、広義に於て自然界と考へることができ」ると述べている（5；123）。

他方、我在りは、デカルトの「第一省察」および「第二省察」に明らかなように、第一に、自然対象界にその存在を見いだせないものであり、さらには、自然対象界の認識を根拠づけてもいる。

デカルトにおいて、自我が対象自然の住人ではないということは、コギト体験の特権性を表す、たとえ世界が存在しないとしても私は存在するという事実に、明白である。デカルトは、欺く神から発展した悪霊の仮設に象徴される方法論的懐疑を駆使して、あらゆるものに強引に、意志して疑いを掛けようとする。こうして、デカルトは「第一省察」の終わりで、空も大気も色も形も音も、私が見る外的事物のすべてが幻であり、錯覚にすぎないと思うことにしようと決心するのである。

しかし、「第二省察」で、デカルトはすぐに、たとえ悪霊がいて私を絶えず欺いているとしても、私が何ものかであると思っている間は、私が何ものでもないようにすることはできないということに気づく。すなわち、「私が在る、私が存在する」ということは、私がそのことを口にするたびに、またそのことを心の中で思い懐くたびに、必然的に真実である。簡単に言えば、たとえ、世界全体が存在しないとして仮定しても、私は存在するのである。

さらに「第二省察」の後半は、蜜蠟に関する省察を通して、「第二省察」の表題にも明示されている「精神は物体よりも容易に知られるということ」を明らかにする。物体の認識を問題にして、蜜蠟という具体的な物質の知覚が取り上げられる。蜜蠟は火に近づけるならば、火の熱によってその性質形状が変化するにもかかわらず、なお同じ蜜蠟であるという知覚が成立するのはなぜかを議論し、結論として、我々は目とか耳とかでものを知覚していると思い込んでいるが、それは間違いで、本当は、知覚とは精神の洞察、すなわち知性による判断に基づくことを導いている。さらにデカルトは、この結論を踏まえて、たとえ知覚という仕方で遂行される精神の判断が誤っていて知覚対象が現実には存在しなかったとしても、また、私には本当は身体もなく、したがって、見るための目もなかったとしても、それでもなお、私が知覚という仕方の判断を実行しているように思われることは依然として真実である。すなわち、知覚対象世界が存在しないとしても、そこから、私が存在することの確かさは結論される（AT. VII-33）。

西田哲学もデカルトのコギトの教えに同意する。デカルトとともに、すべての認識対象を疑い、否認し、にもかかわらず、疑うには疑う我がなければならぬ、夢見るには夢見る我がなければならぬと言う（6；167）。さらには、デカルトの如く自覚の事実に基づいて客観的知識が成立すると考えることもできると言う（6；119）。自我は判断的一般者においてある個物の列に並ぶことはないばかりでなく、さらにはそのような個物よりも確実なものとして、判断そのものを可能にしているものにほかならない。自覚的一般者において、このことを少し詳しく見てみよう。

認識論的に言えば、知られるものではなくて、知るものが、知る我が問題である。まず、知る我は知られる対象に対して、同列的な関係にあるのではなくて、高次のものでなければならない。知るものは対象的関係に入り込まない、したがって、「対象的関係に於ては、全然無でなければならぬ」（5；11）。対象的関係においては無である、知るものを、意識するものを、それではどのようにして考えることができるのか。対象の方向すなわち判断の主語方向でなくて述語の方向に求めるのである。すでに見たように、主語―述語関係を入れた包摂判断において、個物の主語方向とは反対に、述語であってももはや主語とはならないものとして述語面が主語面に対して超越するならば、今度は主語的な統一が得られず（5；17）、すなわち主語方向に対象が形成されず、述語面だけが、言わば裸のままで、映すもののない鏡として、あるいは自己自身を映すものとして現れる。これが意識面であり、意識である。したがって、判断的一般者を、主語的方向に超えるか、あるいは述語的方向に超えるかで、二種類の有・「ある」が見いだされる。

判断的一般者をその述語方向に超えたものが、超越的述語面であり、この超越的述語面が意識面、すなわち知るものである（5；13）。そして、意識を意識する、すなわち知るものを知るところに成立する自己の認識・自覚とは、超越的述語面が自己自身を限定する、場所が場所自身を限定することにほかならない（5；15）。超越的述語面はもはや主語的統一を形成しないので、見るべきものを持たない、見るものなくして自己自身を自己において見るものである。ここに自覚が成立する。「デカルトの cogito ergo sum の sum は主語的存在の意味ではなくして、述語的存在の意味でなければならない。その我は何処までも考へる我であつて、考へられた我であつてはならない、如何にしても判断の主語的方向に於て見ることのできないものであつて、而も主語的なるものはすべて之に於てあるものでなければならぬ」（5；18）。

しかしながら、超越的述語面の限定に基づく自覚は、なお対象的認識に即して考えられた「知的自覚」に留まる、まだ浅い自覚にすぎない。「知的自覚は真の自己の影像に過ぎない」。「真の自己は意志する自己、見る自己でなければならない」（5；40）。実は、この超越的述語面自身の限定としての自覚は、判断的一般者を包む推論式的一般者における自覚である。推論式的一般者は判断的一般者の一般者である。判断的一般者における特殊と一般との対立に対応するのが、推論式的一般者における小語面と大語面との対立である。小語面と大語面との対立は、推論における小前提と大前提との対立と見なすことができる（5；7）。

ところで、デカルトのコギト解釈の歴史で繰り返し現れる話題がある。それは、「我思う」と「我在り」との関係についてである。一方にはそれを直観とする立場があり、他方には推論と取る立場がある。推論であるという解釈は、デカルト自身がときどき用いた「我思う、ゆえに、我在り」という定式に勇気づけられている。最近では例えば、ゲルー[3]やベイサード[4]の名前を挙げることができる。推論であるという解釈に立ちはだかる困難は、推論過程での悪霊の介入をどのようにして無効にするかという点にあるが、今はそのことについては論じない。今ここで、デカルトのコギトについての演繹説に触れたのは、デカルト的自覚を推論式的一般者によって論じている西田哲学が、デカルト解釈において演繹説を採用していると主張するためではない。そうではなくて、西田哲学にとって、直観と演繹とは二者択一的な対立ではないという事実を指摘するためである。西田哲学にあっては、演繹（判断）は直観の不完全なものにすぎない。逆に、直観は完全な判断である。判断的一般者において、個物の認識は直観もしくは直覚と規定されているものに基づくが、これは、A＝Aという自己同一性という形の主語―述語の判断の形に書き直すことができる。したがって、直観か演繹かという論争は西田哲学にとっては本質的なものではない。西田哲学にとって本質的なことは自覚という形で直観を深く考察したということであろう。実際、デカルトのコギトを直観として解釈する立場は、そしてこの立場の方が解釈として一般的であるように思われるが、しかし、ほとんどの場合、その直観の構造を明らかにできないでいる。しかし、例外はある。それがやがて取り上げるメーヌ・ド・ビランの場合である。そして、きわめて興味深いことに、西田哲学もその点で、ビランの哲学に注目する。しかし、その前に、一般者の自覚的体系をなす、自覚的一般者と、それを包む叡智的一般者と、さらにはその根底にある絶対無（としての宗教的意識）との包摂的で、かつ、限定的な関係を概括しておかなければならない。

三　一般者の自覚的体系と三つの世界

論文「叡智的世界」において一般者が三種類の段階に区別され、それに応じて三種類の世界が考えられている。判断的一般者においてあり、これにおいて限定される、広い意味での自然界と、判断的一般者を包む一般者、すなわち判断的一般者の述語面の底に超越するものを包む一般者（すなわち自覚的一般者）においてあり、これに限定される意識界と、さらには、かかる一般者を包む一般者、すなわち我々の意識的自己の底に超越するものを包む一般者においてあり、これにおいて限定される叡智的世界の三つの世界である。最後の叡智的世界を限定している一般者は、最初知的直観の一般者と名づけられるが、やがて叡智的一般者に変わり（5；140）、のちには拡張された意味での行為的一般者として定着する（cf. 5；159）。

前節で見た推論式的一般者は、今列挙した三つの世界を限定している一般者の中の自覚的一般者に位置づけられる。すでに述べたように、推論式的一般者が限定する自我は知的自己であり、そこに成立する自覚は知的自覚であった。自己は知的に認識する自己に尽きるものではなく、したがって自覚も知的自己を知ることに終わるものではない。言い換えると、知的自覚を成立させている推論式的一般者は、自覚的一般者のすべてではなく、いっそう広くいっそう深い自覚的一般者の限定されて形成される限定面にすぎない。

自覚的一般者についてもう少し詳しく見てみよう。自覚的一般者は判断的一般者を超えて広がり、これを包む一般者の一般者である。また、判断的一般者が個物にまで自己を限定する限定作用は判断であったが、自覚的一般者の限定作用においてはその限定はいわゆる意識作用として遂行される。知るということが自覚的一般者の自己限定作用である。それとともに、判断における主語と述語との関係は、自覚的一般者の意識界においては、ノエシスとノエマとの関係に変わる（5；153）。フッサールの現象学から借りてこられたこのノエシスとノエマの関係は、西田的場所概念によって規定され直されて、ノエシス―ノエマは、含む場所と含まれる限定された場所との二つの場所の関係を表すものとなる。場所の規定において、含まれる場所は、それを含む場所の限定されたものであるから、ノエマ方向には、限定された場所が現れるが、それはノエシス方向に見いだされる、含む場所の自己限定面として制限された場所にほかならない。別の言い方をすれば、ノエシスの限定された内容がノエマとして現れるということである。「ノエマとはノエシス自身の中に映されるノエシスの影である」(5 ; 161)。

推論式的一般者においてある知的自己は、まだ自分自身の自覚の内容(ノエマ)を持たないから、その内容を判断的一般者から映すという仕方で借りてきている。判断的一般者の内容をそのまま「意識内容」として、自覚的一般者の内容としているのが、知的自覚に基づく知的自己である(5 ; 127, cf. 5 ; 126)。知的自己のノエマとは、意識内容と化した自然界としての対象界ということになるだろう。ノエシス自身の内容がノエシスのうちに入って来ることがなく、そのためにノエマがノエシスに対して超越的となるとともに、その意識的実在性が形式的となり、意識は単に映すという意味しか持たなくなったのが、現象学で志向作用と呼ばれているものであるだろう(*ibid.*)。

自覚が深まるということは、ノエシス—ノエマの関係で言い表せば、ノエマがノエシス自身の内容を映すようになることである。すなわち、自覚的一般者の自覚が、知的自覚から、「ノエシスが即ノエマとして、自己が自己自身の内を意識する」感情的自覚へ(5 ; 138)、感情的自覚から意志的自覚へと進むことである。意志は自覚の極致である(5 ; 133)。意志的自己は自覚的一般者の底において見られる(5 ; 138)。もし、現象学のように、ノエシス—ノエマの関係を、知的自覚において限定された志向作用に限るならば、例えば、意志的自己は、作用自身を志向する、作用の作用と考えなければならなくなるだろう。すなわち、表象として志向されたものをさらに意志的に志向するということになるだろう。しかしながら「意識の本質は所謂志向にあるのではなくして、却つて意志にあるのである、志向は弱き意志に過ぎない。意志を一種の作用と考へるから、志向性が意識の本質の如くに考へられるのである」(5 ; 129)。

しかしながら、さらに、自覚的一般者を自分自身の抽象的な限定面として包む叡智的一般者がある。自覚的なものは、ノエシス方向に深まって、自覚の極みである意志の底に超越し、自己自身を超えて、叡智的一般者に至るのである。自覚的一般者をそのノエシス方向に超えることによって、自覚的一般者を包む叡智的一般者に至る。叡智的一般者は、また知的直観の一般者とも言われるように、「自己が直に自己自身を見る」ものである（5；140）。判断的一般者の限定作用が判断であり、自覚的一般者の限定作用が自覚（自己において自分自身を知る）であるように、叡智的一般者の限定は自己において自己自身を見るということに基づく。ところで、自覚的一般者を包む一般者においてある最初の超越的自己は、知的叡智的である（5；141）。この知的叡智的自己から出発して、叡智的一般者がそのノエシス方向に深まるにつれて、ちょうど自覚的一般者において感情的自己、意志的自己が現れたように、芸術的直観の自己（5；161）、実践的理性の自己（*ibid.*）を見る。

ノエシスの方向に深まり行くということは、ノエシスがノエマを含み行くことである（5；138）。というのも、すでに見たように、ノエマとはノエシス自身の中に映されるノエシスの影であるのだから。したがって、自覚的一般者が叡智的一般者に包まれ、それの抽象的限定面となったときが、叡智的自己の知的意識面の成立と考えられるが、前に、知的自覚がいまだ自己そのものの内容を持たない単なる形式的自覚であったように、単にノエシス的方向に超越することによって考えられた知的叡智的自己すなわちカントの意識一般は、叡智的自己としては単なる形式的であることを免れない。すなわち、自覚的一般者の内容そのものが叡智的直観の一般者においてあるものとして、その存在形式を変えるにすぎない（5；141）。具体的に言えば、判断的一般者において自然界であったものが自覚的一般者の意識界となるが、その意識界が今度は、知的叡智的自己の一般者・意識一般においてあるものとして、客観界となる。叡智的一般者は自己自身を見るものとして、その内容は、ノエマにおいてイデアとして映される。意識一般としての知的叡智的自己の見るイデアは、真理のイデアであり、芸術的直観の自己の見るものは、美のイデアであり、叡智的意志（5；172）の立場、実践理性的自己・行為的自己の見るイデアは善のイデアである（5；167）。真理はイデアの抽象的なものにすぎない。叡智的自己の内容を見るのではなく、形式的自己を見るのである。これに対して芸術的直観においては美のイデアそのものを見る。意志的叡智的自己・行為的自己においてはイデアは、もはや知的直観の対象とはならない（5；168）。「イデアは単に実践的として、ノエシス方向に於て自由意志というものが考へられる、叡智的自己は自由なる人格と考へられるのである」（*ibid.*）。具体的な真のイデアは人格的であり、個性的でなければならない（*ibid.*）。自由な人格を見る叡智的自己は、良心である（5；176）。

叡智的一般者が最後の場所ではない。さらに、叡智的一般者を包む絶対無の場所が宗教的意識としてある（5；177）。

四　行為的一般者とメーヌ・ド・ビランの「内的情知」

これまで見てきた第五巻『一般者の自覚的体系』の「云はば表からその裏を見て行」く行き方に対して、第六巻の『無の自覚的限定』にあっては、逆に「裏から表を見ようと努め」（6；4）て、絶対無の自己限定として行為的一般者（表現的一般者）を考え、そこを起点にして他の一般者を考えるという実在の本来の限定のあり方を取る。表から裏へという実在とは言わば逆の歩み行きを哲学が取らざるをえないのは、哲学があくまでも知識の立場に基づく営為である以上は、概念的知識の立場を徹底化するという以外にありようがないからである（5；153）。

ところで、メーヌ・ド・ビランの哲学は、この論文の冒頭で述べたように、西田哲学がフランスのサンチマンの哲学の流れと評する思索の伝統の中に含まれている。

デカルトの我思うが知的自覚であり、しかもその自覚を、思惟実体である限りでの自我として、ノエマの方向に対象化したのに対して、ビランは、デカルトの知的自覚をノエシスの方向に深く進んだ。カントも同じくノエシスの方向に深く進んで、自覚的一般者をさらにうちに包む行為的一般者においてある認識主観・意識一般として捉えたが、西田哲学の判定では、カントの意識一般は、行為的一般者の自己限定である行為的自己ではあっても、まだ非常に形式的で、自覚の内容を伴わない、それゆえに客観的自然の範疇としての一般的自己である。これに対して、ビランの自我は、行為的自我であって、しかも自覚をその内容としてすでに含んでいる。「自覚的事実の独立性を把握している」(6:115)(もちろん、その認識論的意義を明らかにできないでいるので、心理学的と云われても致し方ないが、とつけ加えられてはいるが)。

それでは、どのような意味で、ビランの自我は、行為的自己であり、また、自覚的であるのだろうか。ビラニスムそのものにとっての自我の定義と、その自我の定義が西田哲学の場所の体系の中で取る意味との二つの場面に分けて考える必要がある。

ビランにとって、自我とは、思うものであるよりは、意志するものである。デカルトの思うが方法論的懐疑に言わば動機づけられて「意志して疑う」ということを含んでいる限りでは、ビランの自我はデカルトの自我を包括している。しかし、注意しなければならないのは、ビランの意志は、努力であって、その対象は表象ではなくて、努力の適用される抵抗である。しかし、努力がどうして自我を構成しうるのだろうか。デカルトにとって思惟が自我を構成しうるのは、思惟する作用は必然的にその思惟することについての覚知・自覚を伴っていたからであった。ビランの努力にはそのような自覚の構造が見いだせるのであろうか。西田哲学が内的情知と呼んでいるのがそうである。ビランの用語では、直接的覚知(aperception immédiate)と名づけられているもので、努力があれば、必ずその努力は内奥官（sens intime）において直覚される。この努力の働き自身の持つ自己の直覚が努力の自覚を形成し、そのことによって、自我が成り立つ。努力の作用を直覚する内奥官は、一種の内官である。というよりも、西田哲学に従って、感官が非合理的なものを合理化する働きであるならば、この内奥感こそ、根源的な感官であり、内官や外官はそれの順次弱まったものにほかならない。その構造は、時間を媒介する知覚・感覚ではなくて、まさしく作用そのものの直接的把捉にあると考えられている。ここに自我の直観を可能にしている特異な覚知の仕組みがある。(5)

さて、このようなビラニスムの意志的努力の直覚としての自覚は、西田哲学の体系の中で行為的一般者の自覚に対応する。西田哲学とのこの対応を可能にしているのは、ビランの意志的努力としての自我が「努力の感情」として、西田の言う「内的情知」として、直覚されるという事実である。内的情知によって直観される自己は、まさしくその直観が内的情知として遂行されるがゆえに、デカルトのコギトにおける知的自己よりも深いのである。内的情知という直観は、無の自覚的限定においてどのように規定されるのか。

知的自己の根底に行為的自己があり、自覚的一般者は行為的一般者の限定面として、行為的一般者の抽象面にすぎない。そして、デカルトのコギトの自我が知的自己を捉えたのに対して、ビランの努力の自我はさらに深く行為的自己にまで達していると西田哲学は評価する。そこで、重要になるのは、「内的情知」という感情として遂行される直観の意味を、一般者の自己限定から出発して明らかにし、またそのことによって同時に、デカルトのコギトである知的コギトと直観との関係を読み取ることであろう。それはまた、コギトの直観に一つの明確な定義を与えることでもあるだろう。西田哲学はこの問題を、まず、内部知覚の問題として捉えることから始め、次いで感覚一般へ広げていく。「内部知覚に於ては自己が自己自身の出来事を知り、知るものと知られるものとが一として、その底に自己自身を知る自覚的自己というものが考へられるのである」(6；119)。内部知覚には一種の感官の意味がなければならない。「我々は色を見るが見ることを見ることはできない、音を聞くが聞くことを聞くことはできないと云はれるが、我々の内部知覚といふのは単に考へられるものではない、思惟作用ではない。私は見ることを知り聞くことを知るのである、而してかかる内部知覚といふ如きものなくして反省といふものは成立しない」(6；136sq.)。外的感官によって外的事実が知られるように、内的感官によって内的事実を知覚する。しかるに、「感官的に知ると考へられるには、いつも非合理的なるものの合理化の意味がなければならない」(6；119sq.)。

ところで、非合理的なものを合理化するとは、特殊なものの極限である個物を、一般概念によってどこまでも包み行くことにほかならない。したがって、判断的一般者においては、判断するということである。自覚的一般者になると、今度は、判断的一般者の超越的述語面の底深く超越する自己を、より深くより広い自覚的一般者によって包摂し、そのことによって合理化することにほかならない。すなわち、これが内的感官によって自己を感覚することである。同じことをノエシス—ノエマの連関で言い直すと、ノエシスの底にある非合理的なものをノエマとして合理化して行って、その非合理的なものを個物的なものとして、事実として、自己として、自由な人格として露にするところに広い意味での感覚があるだろう。「意識がノエシスの底において非合理的なるものに触れるところが感官的と考へられるのである」(6；120)。外部感覚は弱い内部感覚にすぎない。さらに、ビランのいわゆる内的情知は、内部感覚を超えて、内部感覚そのものがそれの不完全なものであるような、そういった根源的な感覚である。真に個物的にして非合理的なものの直観にほかならない。「自己は感覚的限定の極限に於て見られるのである、内部知覚と考へられるものはかかる限定の極限を意味するものでなければならない。併し屢云つた如く我々の自己は単にかかる限定の極限として考へられるものではなく、そこには合理的なものが非合理的なものを包む意味がなければならぬ、否外が内であるといふ意味がなければならぬ、そこには立場の転換がなければならない。かかる感官的限定がメーヌ・ド・ビランの所謂内的情知として私が働く、私が欲するの意味を有ったものでなければならない」（6; 127）。すなわち「働く自己そのものの内容を見る」（6; 163）のが「思惟の思惟」（6; 126）としてのサンチマン（情知）である。

内部知覚とはもともと内的情知の性格を持ったものである。だからこそ、内部知覚も（そのノエシスの方向において）直観に与ることができ、デカルトの知的自己の直観も可能となるのである。感覚とは不完全な意志的行為である（6; 127）。

五　「永遠の今」とベルクソンの持続

西田哲学が言及しているフランスの哲学者の筆頭がベルクソンであることは間違いないだろう。ここでは、西田哲学によるベルクソンの純粋持続の概念の評価を中心に見ていくことにする。

全集第五巻の『一般者の自覚的体系』において、ベルクソンの純粋持続は、叡智的一般者（のちの行為的一般者）においてあるものとして捉えられている。そこでは、純粋持続はカントの意識一般と較べられて、カントの意識一般がそうである知的叡智的自己がまだ形式的自覚に留まっているのに対して、純粋持続は叡智的自己そのものの自覚的内容をよりいっそう盛り込んでいるとの評価が与えられている。「併し意識一般が苟も知的叡智的自己として叡智的世界において有るものと考へられる以上、それも直観的内容を有せねばならぬ。カントの意識一般とはかかる内容を極小と考へたものである。併し内容の方面を極大として形式の方面を極小とすれば、ベルクソンの純粋持続の如きものとならなければならない〔中略〕」（5；222sq.）。しかしながらベルクソンの純粋持続は、叡智的自己そのものの具体的内容とも言うべき芸術的直観の内容より深く、「それは無限に達することのできない直観である」（5；223）。そのようなものとして叡智的自己の最後のものである自由意志的自己によって基礎づけられている。

ところが、純粋持続と芸術的直観との位置取りに関しては、第六巻の測定は第五巻とはいくらか異なり、むしろ両者を同種のものとして取り扱っている。「ベルクソンの純粋持続といふのは単に流れる時であり、自己自身の中に自己を限定する現在を有たない時である、従つてその内容は芸術的イデアの意義を脱することはできない。私の自己自身を限定する今といふのは純粋持続をも否定するものである」（6；169）。また、別のところでは次のように書いている。「我々は我々に直接なるものとして主客未分の芸術的直観の如きものを考へ、またはベルクソンの純粋持続の流れの如きものを考へるが、それ等は既に射影せられた自己の統一に過ぎない。真の直接なる内的自己の統一はノエマ的方向にあるのではなくしてノエシス的方向にあるのである、而してそれは場所的統一といふ如きものでなければならない」（6；227sq.）。

いずれにせよ、ベルクソンの純粋持続は、たかだか芸術的直観の自己であって、それ以上のものではありえない。ベルクソンはカントの時間を空間化された同時であって流れる真の時間ではないと非難したが、西田哲学は、今度は、一度流れ去って二度とは繰り返されることのない純粋持続に対して、すなわち、ベルクソンの言う深い自我に対して、さらに深い自覚に基づく自己を対置する。言い換えれば、ベルクソンの直観・自覚の底に、下方に、異なるさらに深い直観・自覚が見いだされる。純粋持続に対して、その底に、そのノエシス的方向に、永遠の今がなければならない。というのは、芸術的直観とは、真の時間である瞬間的現在を失った行為にほかならないからである。瞬「我々は各瞬間に於て永遠なるものに接して居る、時の充実の方向に向かふのが行為と考へられるものである。

間的現在を失つた時、行為は芸術的直観の如きものとなる、芸術的直観の内容は『時の充実』の内容として時を含むと云い得るが、現在的瞬間を含まない」(6 ; 151)。

現在的瞬間とは何か。この問いに答えるために、行為的自己の奥底に真に無にして自己自身を限定している「絶対無の自覚、絶対無の自覚的限定」を、さらに、考えなければならない(6 ; 158)。判断的一般者や自覚的一般者を包み、これらを限定している行為的一般者の自己限定である行為的自己は、なお限定された自己である。最後の場所的限定である永遠の今の自己限定こそが絶対無の自覚的限定である(6 ; 159)。永遠の今という概念は、エックハルトの「時の充実」の定義から取られている。「時の充実」というのは、もはや時がなくなるということではなくて、永遠の今として、「無限の過去を現在の今に収斂する」ことであり、「神は創造の始の日の如く今も創造しつつあるのである」と言われる(*ibid.*)。永遠とは、時を超越したもの、時を失ったものではない。「今が今自身を限定するといふ所に真の永遠の意味があるのである。絶対無の自己限定としてそこに何物もない、過去もなければ未来もない、磨き澄ました明鏡の如く永遠に新である、そこでいつでも時が始まるといふ所に真の永遠の意味がある。絶対無の場所に於は到る所が今であり、到る所に時が始まるのである。かかる意味に於て絶対無の場所的限定として絶対無の場所に於てあるものと考へられるものが、我々の自由なる自己と考へられるものである」(6 ; 159sq.)。

絶対無の自己限定が永遠の今の自己限定であるならば、そのノエシス的自覚の方向においては無数の今、無数の自己が限定され、そのノエマ的自覚の意味においては一つの今が限定される。「ノエシス的限定の意義に於て無数の今、無数の自己と考へられるものは、ノエマ的方向に於て一つの今、一つの自己に触れなければならない。かかる意味に於ける一つの今の限定といふものがカントの意識一般的自己と考ふべきものであらう」(6 ; 162)。この絶対無の自覚的限定は、パスカルから借用した神の定義を転用して、「周辺なくして到る所が中心となる無限大の円

（球）と考へることができる。〔中略〕斯くして絶対無の自己限定によつて之に於てあるものとして、無数の人といふものが限定せられ、それぞれの現在を有つた無数の時といふものが成立すると考へることができる」（6；188）。「かかる意味に於て絶対的現在とは、すべての時を限定する絶対的現在とは、絶対無の自覚的限定としての永遠の今の自己限定である。すべての時を限定する絶対的現在とは、於て絶対的現在と考へられるものは何処にても始まり、瞬間毎に新に、いつでも無限の過去、無限の未来を現在の一点に引き寄せることのできる永遠の今といふことができ、時は永遠の今の自己限定として成立すると考へることができる」（*ibid.*）。「真に永遠の今といふべきものは〔中略〕その各の点に於て無限の過去無限の未来を消すことのでき、それに於て何処でも何時でも時が始まると考えることのできる絶対無の自覚といふ如きものでなければならない」（*ibid.*）。

ところが他方、周辺無くして到る所が中心となる絶対無の自覚面は、その各点において時が始まるとともに、その各点において時が消されてもいる。「絶対の生の面は絶対の死の面でなければならない。絶対無の自己限定はそのノエシス的限定の意味に於て無数の時を包み、之によつて無数の時が成立すると考へられる共に、そのノエマ的限定の意味に於てはすべての時を否定すると考へることができる。すべての時を包むといふ意味に於て限定せられた絶対の現在といふものに於ては、時がなくなるのである。周辺なくして到る所が中心である円の自己限定はすべてを包む無限大の円と考へることができる」（6；188sq.）。この無限大の円においては生も動もなく、もはや現在とは言えず、時はなくなっているのであるが、しかしながら、それが永遠の今によって限定された永遠の現在であるということから、永遠の過去から永遠の未来に流れる絶対時（いわゆる対象界）が考えられる（6；189）。この絶対時は後にどこにも中心のない無限大の周辺を持つ円として定義されるが、いずれにしても永遠の今の自己限定のノエシス面を極小にし、ノエマ面が極大となったものである。

こうして、絶対無の自覚的限定によって、無数の現在を持つ無数の自己が成立するとすれば、ベルクソンの純粋持続は、カントの意識一般的自己と同様、永遠の今の自己限定をノエマ的な方向において捉えたものにすぎない。逆に言えば、ベルクソンの純粋持続は、真の時間である現在の現在自身の自己限定を捉え損ねているということになる。現象学の言葉で言えば、ベルクソンの純粋持続は依然として構成された時間であり、構成する時間ではない。

西田哲学からのこの批判に対して、ベルクソンの側からは、純粋持続の概念は、永遠の今の自己限定とだいたい同じことを言おうとしているのであるという反論が可能であるかもしれない(6)。まず、純粋持続が、一瞬一瞬において質的に異なり、したがって各瞬間が決して繰り返すことがなく、一度流れ去ってしまえば二度と返ってこないのは、過去と現在とが相互浸透し、時の経過とともに過去が現在の中に雪だるまのように絶えず集め取られて行くからである。同じ音が続けて鳴っても、二番目の音は最初の音を聞いてしまった後の音として、すでにニュアンスを変えている。現在が過去を現在のうちに絶えず取り集め、そのことによって現在が変容し続けるから、いつも新しい今が到来し、持続において各瞬間が創造となる。空間化とは、この過去の現在への取り集めにおいて、取り残しが起こり、そのことによって反復の現象が生じることである。物質のレヴェルにおいては、持続は限りなく弛緩しており、すなわち、過去の現在への繰り込みがほぼ零の状態であるので、そのために物質は同質的となり繰り返しが可能となり、因果律の適応が許されるのである。ベルクソンが最も深い自我の実現と考えている真に自由な決断においては、持続は最も緊張するのであるが、それは、自我がこれまでの自分のすべての過去を現在に取り込むからにほかならない。西田哲学ふうに言い直せば、すべての過去を現在の一点に引き寄せることによって、すべての過去を消し去り、まったく新しく時を始めるということになる。

しかも、ベルクソンの純粋持続は、単に個人の意識に限界づけられたものではなく、宇宙全体が「意識一般持続している。（Conscience en général）」として、[7] あるいは「超意識（supraconscience）」（*OE.* 703, 716）として、すべての生命体ばかりか物質をも含むものとして、それらすべてに共通の、言わば薄められた、きわめて弛緩した持続ではないということである。『創造的進化』において「生命の躍動（élan vital）」と命名される意識一般は、宇宙のすべての生命の過去を現在に取り集めて絶えず新しく宇宙の未来を創造する、個別的な意識の持続をまさしく宇宙的規模で超える、強力かつ強靱な純粋持続にほかならない。ただし、創造されたものである限りにおいてこの意識一般としての生命は、それ自身のうちに物質を本質的に含んでいる。すなわち、ベルクソンにとって物質とは、自分自身を形成する生命の緊張が中断して途切れるや否や、弛緩が始まり自己解体を本質とする物質が生成するという仕方で定義されている。[8]

生命としての意識一般の持続は、内在する物質化の傾向すなわち弛緩と解体を克服して、原初のエラン・ヴィタールの持続の緊張を回復維持しようとする。これが生命の進化である。この二つの生命の緊張と物質の弛緩とがちょうど釣り合ったところで、生命の進化が止まり、その場で円を描いて旋回しながら停止しているのが進化の現状である。

自然状態での生命の進化はここまでである。しかし生命の進化はさらに、今度は種としてではなくて、個人によって押し進められるのである。「唯一の個人から成る新しい種の創造」（*OE.* 1056）である。まさしく西田哲学の言う人格的自己としての個物である。そのことを明らかにしようとするのが、人類愛の開かれた社会と神秘主義に基づく動的宗教を論じる『道徳と宗教の二源泉』である。愛そのものにほかならない神と、単にプロティノスのように神を見るだけではなくて、さらに深く進んで、神と意志において一致した神秘主義者によって、エラン・ヴィタールである非造物にほかならない生命・持続は、創造主そのものであるエラン・ダムール（élan d'amour 愛の躍動）まで、生命の源泉まで帰っていくのである。創造された自然から創造する自然へ回帰するのである。そしてベルクソンにおいても、創造は連続的であり、持続である限り、森羅万象は日々新しいのである（*OE.* 1391）。

このように見てくると、ベルクソンの純粋持続は、言わばそのノエシス方向に考えるとき、西田哲学に言う永遠の今と過去の方向に関してはそれほど違わないのではないかと思われる。もちろん未来方向に関する問題は残る。さらには神秘主義でも、ベルクソンはパウロ系統の神秘主義を取っている可能性は大きい。(9) さらにつけ加えると、ベルクソン最後の著作となる『道徳と宗教の二源泉』と西田幾多郎全集第六巻の出版とちょうど同じ年（一九三二年）であるから、全集第六巻は、ベルクソンの『創造的進化』の言わば科学的事実によって裏打ちされた直観の立場から『道徳と宗教の二源泉』において宣言される神秘的直観の立場への飛躍を知らなかったと判断される。(10) 未来方向に関する問題は『道徳と宗教の二源泉』のカントの定言命法についての批判を手がかりに、道徳的英雄である個人の発明に基づく開かれた社会を考察することで進展を見るかもしれない。

六　私と汝、他者の問題

最後に西田哲学における汝についての議論を取り上げよう。そのことはまた、次章で行う、西田哲学の視点から最近のフランス現象学における他者問題の動向をどのように見ることができるか検討するための準備ともなろう。

全集第六巻所収の論文「私と汝」を中心にして、それを第七巻『哲学の根本問題（行為の世界）』の「序」や「私と世界」の末尾の言葉（7 ; 210）に従って、同第七巻で補いながら、西田哲学における他者の問題を考えるが、そのための最初の作業として、個物と一般者との関係について整理しておきたい。

個物は最初、判断的一般者すなわち、いわゆる具体的一般者の自己限定の極限として考えられたのち、さらにこれを超えて、個物は自覚的一般者における自覚的限定として捉えられた。しかも自覚的限定は行為的一般者において成立し、いわゆる自覚的一般者は、行為的一般者の限定された抽象面にすぎない。行為的一般者においてあるものとして真に個物・行為的自己が限定される。この行為的自己は動く、働く個物である。判断的一般者の自己限定の極限としての個物は、判断的一般者が、判断的一般者においてある個物と量的に一致し、主語面が述語面に外延的に等しくなり、個物が一般者を覆い尽くすことで終わるのに対して、行為的一般者は、一般者の一般者として、判断的一般者を包むことによって、さらにこれを限定するのである。言い換えると、判断的一般者においてある個物は、一般者が高次の一般者においてさらに限定されることによって、個物から個物へと動くもの・働くものとなる。「一般者の一般者の限定とは何を意味するか。それは個物から個物へ移つて行く、点から点へ移つて行くといふことでなければならぬ。一般者の自己限定といふのは個物が一般においてあるといふに至つて窮まる、それ以上には出られない。点から点へ連続的に動くといふ如き所謂時の限定といふ如きものを考へるには、一般者の一般者といふ如きものが考へられなければならない」(6 ; 280)。西田哲学の汝の問題の核心は、ここにある。自己のうちに他を見る、自己の底を超えて他に行くと言われるとき意味されているのは、個物が働く個物として、個性として人格として、自分を出て、他の人格である個物に対面することである。

一般者の限定の極限として考えられる個物は、いまだ、限定された個物に留まっている。この個物が真の個物として自覚的になるためには、自分で自分をさらに限定する必要がある。言い換えれば、個物が一般者を逆に限定しなければならない。このような自己自身を限定することにおいて一般者を限定するような個物は、それのおいてある別の場所を必要として、それが一般者の一般者としての無の場所である。「個物が動く個物として点から点へ移るには、個物は自己自身を破壊しなければならぬ、個物が破壊せられるといふことは、一つの具体的一般者が破壊せられるといふことでなければならぬ」（6；294）。「併し我々は個物として死することによつて、動く個物となることを忘れてはならない、即ち個性を有つた自由の自己となることを忘れてはならない」（6；292）。死して生きるということ、自己否定による他愛こそ真の自愛である、自覚の極みである。

一般者の限定の極限としての個物は、そのような限定を超えてさらに自己自身を限定することによって真の働く個物となるが、このような個物の自己限定がそのまま個物による一般者の限定であり、またそのことは、取りも直さず一般者の一般者の限定を意味している。このような個物と一般者、また一般者の一般者との関係については、次のように考えることができる。

自己自身を限定する自由な個物とその個物の場所である一般者の一般者との関係は、個物の自己限定は、個物の他の個物に対してなされる限定であるという事実によって、いっそう理解しやすいものとなる。「個物は唯個物に対して自己自身を限定すると云ふことができる。唯一つの個物が自己自身を限定するといふことは意味を成さない。〔中略〕個物は個物に対することによつて、即ち絶対の他に対することによつて個物となるのである」（7；16, cf. 7；25, 27）。個物は、いわゆる具体的一般者である判断的一般者が一般者としての内包を特殊化することに基づく自己限定の極限において考えられる。個物とは、この限りでは、一般者の内包的限定の極限にある。働く個物はさらに自己自身を限定することにおいて、一般者の内包的限定を超えるけれども、しかし、一般者の限定から無関係になるわけではない。一般者において限定されないような個物は個物でありえない。自己自身を限定する個物は、一般者の限定としては、内包的限定ではもはやなくて、外延的に限定されるのである。「内包的に限定せられない外延的なるものはないと考へられると共に、外延的なるものはいつも単なる内包的限定を越えたものでなければならない」（7：26）。これまでの論理学では、この外延的限定が、「外延の論理的役目」（*ibid.*）が、閑却されてきた。しかしながら「自己自身を限定する特殊者」（7：204）にあっては、一般者はもはや個物を属種として限定することも、また、一般者は個物の属性であることもできない。というもの、すでに、一般者の限定の極限である個物は量的に、まさに極限であるがゆえに、概念によるいわゆる抽象的判断の一般者の外延を越えているのである。ぎりぎりの場合を想定して、概念的限定に基づく最後の特殊がお互いに唯一の要素によって区別されているとしたら、その極限である個物の数は、その最後の特殊の数よりも二倍多いことになるだろう。ところで、個物においては、一般者の外延は個物の数と完全に一致する。個物の主語面は、一般者の述語面と完全に一致する。言わば個物は一般者の外延の上に隙間なく、しかし、お互いに交渉することなく、静かに整列しているのである。これは内包的限定の極限を意味するであろう。さらに進んで、個物が自己自身を限定するとき、一般者の限定はその内包的限定の極限を超えて、今度は外延的限定に変わると考えられる。この一般者の外延的限定こそ、個物が個物に対して限定されるということにほかならない。「個物が個物自身を限定するといふことは、単に個物が一般的なるものの限定を脱すると云ふことではない。さういふ個物は考へられるものでもない。個物と考へられるものは、繫辞的一般者の一方に於て限定せられるものでなければならない。個物と一般者との外延的限定によって限定せられると考へられるものでなければならぬ。而もかゝる一般者と考へられるものは、所謂一般者と云われるものではない。それは何処までも自己自身の中に自己を限定する一般者ではなくして、即ち連続的過程として自己自身を限定するものではなくして、却つて非連続の連続として自己を限定するものでなければならない」（7：27）。一般者の一般者の自己限定とは外延的限定として個物を限定することであり、それが弁証法的一般者の自己限定として、個物が個物に対して非連続の連続として限定されることにほかならない（7：206）。

西田哲学にとって汝の存在は、人格的自己としての個物の自己限定が、そのまま他の人格的自己としての個物との出会いであり働きかけであるところに成立する。

個物の自身の自己限定がどのようにして他の個物すなわち汝との出会いであり、他者を経験することを意味するのかについて、一般と個物との限定の関係からの説明については、今見た通りである。しかし、この私と汝との関係は、別の仕方で理解することもできる。すなわち、個物の自己限定と同じことにほかならないが、私が私自身を知るという自覚の構造から見ていくことができる。自覚とは「自己が自己に於て自己を見る」（6：386）と考えなければならない。しかしながら、「見るものと見られるものとは、即ち主観と客観とは絶対に異なつたものでなければならない。主と客とを含む一般者はない。自己が自己に於て見ると考へられる時、自己が自己に於て絶対の他を見ると考へられると共に、その絶対の他は即ち自己であるといふことを意味しているのでなければならない」（*ibid.*）。自己が自己において自己を見る自覚において、見る私と見られる私とは絶対的に異なるのである。しかもその絶対的に異なる私が一つになるところの自覚が成立する。その一致を可能にするのが直観である。絶対矛盾の自己同一としての行為的直観である。真の直観は、自己と他とが一となることではなくて、自己の中に絶対の他を見ることである。「直観といふのは通常、芸術的直観を典型として考へられる如く、我々が直に物と合一するといふことではない、自己自身の底に絶対の他を蔵し、自己が自己の底から他に転じ行くと云ふことでなければならない、自己と他とが一となると云ふのではなく、自己の中に絶対の他を見ると云ふことでなければならない」（6：390）。私が自覚において自己のうちに見る見られた私としての絶対の他とは、汝すなわち他の人格的自己、自由な個物にほかならない。というのは、真の個物以外に私といかなる点においても異なる絶対的な他はありえないし、真に個物とは、汝としての他の人格的自己以外にはありえないからである。メルロ＝ポンティは後期の『見えるものと見えないもの』において、見るものと見えるものとの可逆性（réversibilité）を、両者に共通の存在論的要素である肉（chair）の概念によって保証し、そのことによって、反省における見る私ないしは触っている私と、他方の見られている私ないしは触られている私との間に合致ではなくて、異ならないこと（non-différence）が実現することを主張し、この考えを一般化して、見るものとしての主観と見られるものとしての客観を対立を超えようとしたが、西田哲学の立場からすれば、肉という共通の要素がまだある限り個物は成立していないのであるから、そこには真の主観と客観ないしは私と他者とのあるいは世界との対立はもともとなかったのであり、本当の私も本当の他者も、超越者としての世界もなかったのである。(11)

自覚とは自己において絶対の他を見ることであり、絶対の他に出会うことである。こうして、一般者の限定の極限をさらに進める個物の自己限定は、絶対の他としての他の個物に対する個物の限定として遂行される。上に見た、弁証法的一般者の自己限定としての外延的限定である。自覚の構造のうちに初めから他者が含まれている。他者のない自己は存在しないのである。私のうちに他者があり、私の底を通して他者へと私は移り行くのである。絶対無の自覚的限定と言われる事柄である。「自己自身の中に絶対の他を見るといふ絶対無の自覚的限定と考へられるものが社会的・歴史的限定と考へられるものであり、我々の自己はかかる意味に於て限定せられるものである」（6;417）。そして、「歴史の世界に於てはゴーガルテンの云ふ如く、いつも私と汝と相逢ふのである」（*ibid.*）。さらには「歴史に於てはいつも過ぎ去つた汝と現在の私とが相逢ふのである」（6;418）。私が他を愛するということは自己を愛することであり、自己を愛するということは他を愛することである。ここに自覚の極みがあり、真の直観がある。そして、この自愛即他愛は、この真の直観は、ただ神の絶対の愛であるアガペーにおいて可能となっている

（6：421）。絶対無の自覚的限定において、自己のうちに絶対の他を見、絶対の他に出会うことは、絶対に私を否定するものと出会うことであり、そのことは私の死を意味する。しかしながら、自己のうちに絶対の他を見、絶対の他と出会うということが自覚の成立にほかならないから、そのことは私の誕生を意味する。「真の弁証法といふのは、始より蘇生を期待して死するのではなくて、真に死することによつて生きるといふことでなければならぬ、絶対の死に入ることによつて蘇るといふことでなければならぬ」（6：351）。反省における絶対無の自覚的限定において、私が絶対の他に出会って絶対に死することによって生まれることと、弁証法的一般者の外延的自己限定において個物が非連続の連続として他の個物に対して限定されることとは、表現こそ違え、内容においてはまったく同じことである。

ところで、本章の第五節において見たように、動く個物・働く個物・行為的自己はすでに永遠の今の自己限定ないしは現在の現在自身の自己限定、いっそう正確には現在の自己限定の極限としての瞬間の瞬間自身による自己限定（6：348）として定義されている。この永遠の今の自己限定として時間的に定義された行為的自己は、同じ行為的自己であるこれまでの個物の自己限定としての定義や絶対無の自覚的限定のそれと、どのような意味で同値の関係にあるのだろうか。以下に見るように、永遠の今の自己限定というこの時間的規定は、個物の自己限定と、他方の、個物の自覚的限定とが同値であることを証明する媒介的な定義と理解することができる。一般者の限定の極限に見出される個物は、さらに自己自身を限定することによって働く自由な真の個物・人格的個物となるが、その際、個物が一般者による限定を離れた自己自身を限定する個物に移る過程は、第五巻の展開に従えば、いわゆる具体的一般者にほかならない判断的一般者から自覚的一般者への深化であり、さらにはそこを突き抜けて行為的一般者に到るその道筋を指している。自覚的一般者とは、いわゆる具体的一般者とその一般者の一般者である行為的一般者との間に考えられた抽象的な一般者すなわち行為的一般者の自覚の内容を極小にしたものである。個物の自己限定はしたがってその限定の過程として、自覚的一般者における我々の意識界の限定を含んでいる。

個物が自己限定によって、一般者の限定をその極限において越えるとき、場所的限定がこれによって消え失せるのではなく、「逆限定」（6；352）として、限定するのではなくて「映す」のである。「環境的限定の極限に於て個物が之を越えるといふ時、即ち個物が場所に対して自由となると考へられる時、無の限定の立場に於て之に対する逆限定として、即ち個物が個物自身を限定するといふ意味に於て、無数の個物的限定といふものが考へられねばならぬ。併し場所が何処までも環境的限定の意義を有つと考へられる時、自己自身を限定する個物と考へられるものは、単に映すもの、単に各自の意識面を有つものと考へる外ない。我々の自己は此場合、全然受動的と考へられるのである、単に環境を映すもの、即ち感官と考へられるのである。我々の内部知覚世界と考へられるものは斯くして考へられるのである。環境的限定を離れて各自が各自の内面的世界と有つと考へられるのである、単なる環境的場所の自己限定として我々の感覚的意識の世界といふ如きものが考へられるのである」（6；352sq.）。

こうして、個物の自己限定は我々各自の意識面の成立を意味するが、いかにして個物は一般者の場所的限定から自由になって意識面を持つようになるのか、言い換えると、逆限定はいかにして可能となるのか。永遠の今の自己限定は意識面の成立を、時間から明らかにする。「永遠の今の自己限定といふものを一般者の自己限定と考へれば、我々はその外延として之に於てあると云ふことができる。〔中略〕私と汝と互いに人格として相働くにも、同一の一般者に於てあるといふ意味がなければならぬ。永遠の今の自己限定として瞬間が瞬間自身を限定するといふ意味に於て、之に於てあると考へられる我々は、何処までも過去から限定せられると考へられるであろう。我々は現実の底から何処までも物質によつて限定せられて居る、我々は身体を有つことによつて我々である。〔中略〕併し我々は単にかかる環境から限定せられるものではない、我々は単なる物質ではない。私も汝も共に働くものとして瞬間的限定の尖端に於て未来からの限定の意味を有つて居るのである。我々は是に於て環境的限定から離れると考へることができる、過去からの必然的限定を脱して自由となり、創造的となると云ふことができる。我々が各自に有する意識面と考へられるものは、斯く未来からの限定の意味に於て考へられるのである。無論未来から限定すると云へば、何物かを創造すると考へねばならぬであろう。そこに永遠なる生命に接するとして、ベルグソンの創造的進化の如きもの考へられるであろう。併し我々はそこに絶対の死即ち絶対無の自己限定面に撞着するとして、先ず単に映すといふものが考へられねばならぬ。絶対に限定するものなきものの限定として、映すといふことが考へられねばならない」（6；368sq.）。同じことが、次のように簡潔に言われるとき、そこにはすでに見た一般者の一般者の自己限定としての外延的限定が、永遠の今の自己限定としての時間的限定として無数の意識面という「量的関係」において明らかにされている。「環境的限定の極限に於て逆に個物から限定せられると云ふことによつて、過去からの限定の極限に於て、逆に未来から限定せられると考へることによつて、各自の意識面というものが考へられるならば、そこに無数の意識面というものが考へられなければならない。絶対否定の弁証法的限定から、かかる量的関係といふものも出て来なければならないのである」（6；370sq.）。

未来からの限定に基づく意識世界は、終わりが始まりを規定している合目的的世界である。「終に現れるものが始から限定するものであるといふのが、我々の合目的因果と考へるものである、生物学的現象といふものは斯くして考へられる」（6；373）。しかし、単なる生物学的生命すなわち第七巻に言う生物的生命と我々の人格的生命とは異なる。人格的生命は単に合目的的であるばかりでなく、当為によって限定されてもいる。「生物学的見方といふのは合目的的と云つても、単なる環境的限定を基礎とした生命の見方に過ぎない。過去を基礎とした時の見方に過ぎない。〔中略〕真に我々の人格的生命を限定するものは、かかる限定をも否定したものでなければならない、何処までも過去からの限定を包むものでなければならない」。「無限の過去から限定せられると考へられる瞬間的限定の底から、之を翻すことによつて働くものとしての我々を限定すると考へられるものは、単に合目的的作用といふ如きものではなくして、当為の意味を有つたものでなければならない。〔中略〕当為が衝動を包む所に、真に自由なる人格的自己が見られるのである」（*ibid.*）。そして、ここで言われる当為は、西田哲学では、単に行為論的であるばかりではなくて、認識論的でもある。というよりも、西田哲学においては、すでに見たカントの意識一般の解釈に明らかなように、認識主観は行為的自己の自覚の内容が極小化したものであるから、認識主観においては認識の超越論的制約として現れるものは、実は、行為的自己の当為が形式化したものにほかならない。

ところが、実は、当為さえも真の人格的自己を規定しえないのである。「未来からの限定が過去からの限定に対して当為の意義を有し、当為が衝動を包むと考へられる所に、人格的なるものが考へられると云つても、人格は単なる当為であると云ふのではない。瞬間の限定には、何処までも未来からの限定に反抗するものがなければならない。〔中略〕それは過去からの限定に対しても、未来からの限定に対しても非通約的なものでなければならぬ、時の限定を越えたものでなければならない。〔中略〕時に属せざる瞬間の意味がなければならない。それは時を包む永遠の今の自己限定として、自己自身を限定することによつて時を限定すると考へられるものでなければならぬ。そこから無数の過去が限定せられると考へられると共に、無数の未来も限定せられるのである」（6; 376）。当為さえも否定するところに真の自由があり、自由に働くものとしての人格的自己がある。時間を規定しているのは時間ではない。永遠の今の自己限定が、厳密には「永遠の今の外延という如き意味を有つた」（6; 377）瞬間の自己限定が、時間を規定しているのである。現象学の用語で言えば、時間を構成しているのは、永遠の今の自己限定としての瞬間の自己限定である。時間は過去からの限定によっても、またその過去からの限定をその限定の尖端において覆す未来からの限定においても、構成されない。時間は永遠の今の自己限定において、すなわち、「すべての時を包み、現在が現在自身を限定する意味にて、すべての時を限定する絶対的現在」（6；188）が自己自身を、言い換えると、瞬間が瞬間自身を限定することによって、構成されるのである。「時は永遠の今の中に廻転するのである。時は無限の過去から考へられるのでもなく、無限の未来から考へられるのでもない、時は現在が現在自身を限定するところから考へられる、その根底に於て瞬間が瞬間自身を限定する意味がなければならぬ。かかる意味に於て自己自身を限定する瞬間と考へられるものは、唯、時を包む永遠の今の自己限定としてのみ考へられるのである」（6；377）。やがて、フッサールの後期時間論で問題となる、時間を構成している超越論的自我のあり方である生き生きした現在の謎とされる「立ち留まる今（nunc stans）」[12]を、西田哲学は場所という問題構成から接近して、「永遠の今（nunc aeternum）」の概念によって解決しようとしたと我々は解釈したい。そして、時間を永遠の今の自己限定から理解するとき、西田哲学は同時に、時間の底に、他者の問題を見ているのである。「現在に於て現在が限定せられるといふことは、限定するものなき限定として、私の所謂無の一般者の限定として、個物と個物とが相限定するといふことでなければならない、個物が自己自身の中に絶対の他を見るといふことでなければならない」（6；401）。そして、この絶対の他とは、すでに我々が知っているように、汝にほかならない。むしろ、事態に即して正確であろうとするならば、個物が自己のうちに絶対の他を見る、汝と出会うということによって、永遠の今の自己限定が可能となっていると言わなければならない。「我々が自己自身の底に無限の過去を見、更に自己自身の底に於て未来から過去を限定すると考へられ得るのも、否、時を否定すると考へ得るのも、自己に対するものが汝であるといふ意味からでなければならぬ。永遠の今の自己限定として時といふものが考へられると云ふにも、その底に私が汝を限定し汝が私を限定するといふ意味がなければならぬ。斯くして瞬間から瞬間に移り行く時といふものが考へられるのである。我々が自己自身の底に絶対の他として汝を見るといふことから、時の限定が始まるのである」(6 ; 418sq.)。西田哲学において、他者のある場所は、時間においてあるのではなくて、言い換えると、他者の存在の意味は時間にその本質があるのではなくて、逆に、他者の存在がまずあって、その他者の存在によって初めて時間が可能となっているのである。そして、このことこそ、レヴィナスの主張の核心をなす命題にほかならない。

注

(1)『西田幾多郎全集』岩波書店、一九七九年、第六巻、一一四ページ以下の略。(以下同じ省略記号を使う)
(2) Edmund Husserl, *Husserliana* I, Martinus Nijhoff, 1963, S. 49.
(3) Marcial Gueroult, "Appendices" No. I, *Descartes, selon l'ordre des raisons*, II, Aubier-Montaigne, 1968, pp. 307-312.
(4) Jean-Marie Beyssade, "Le Cogito comme déduction," *La Philosophie première de Descartes*, Flammarion, 1979, pp. 237-243.
(5) これらの点について、山形頼洋『感情の自然』法政大学出版局、一九九三年、第七章「コーギトーと生ける抵抗としての身体」を参照のこと。
(6) ベルクソンの持続と現象学の時間との関係に関しては、本書第十一章を参照のこと
(7) Henri Bergson, *Œuvres*, Presses Universitaires de France, 1963, p. 653.(以下、*OE.* と略記する)
(8) この点に関しては次の拙論において論じた。"Cosmos and Life," *Continental Philosophy Review* 32, Kluwer Academic Publisher, 1999.

（9）ヨハネ神秘主義とパウロ神秘主義との区別については、川崎幸夫著『エックハルトとゾイゼ』「西洋精神の自己超越と神秘主義の本質由来」関西大学出版部、一九八六年。

（10）もちろんベルクソンは無の概念を否定する。しかし、ベルクソンが否定するのは、虚無としての無の概念である。彼にとって無とは、何か特定のものがないということであって、何もないということではない（*OE.* 725sqq.）。したがって、逆に言えば、無とはベルクソンにとって、ある特定のもの以外のすべてがあるということを意味する。西田にとっても無は決して虚無のことではなく、実在であるすべての個物がそれの限定であるこの上もない豊穣を意味する。したがって、ベルクソンの在る特定の一つを除いてすべてがある無は、すべてがある西田の無に較べるとき、言わば一つ少ないだけである。西田の無は虚無ではなく、ベルクソンが認めないのは、虚無としての無の概念だけである。

（11）この点に関しては、Yorihiro Yamagata, "Sprache, Stimme und Kinästhese," *Sprache und Pathos, Zur Affektwirklichkeit als Grund des Wortes,* E. Blattmann, S. Granzer, S. Hauke und R. Kühn（Hg.）, Alber, 2001.

（12）Klaus Held, *Lebendige Gegenwart,* Martinus Nijhoff, 1966, S. 124ff.〔新田義弘・小川侃・谷徹・斎藤慶典訳『生きた現在』北斗出版、一九八八年〕

第十四章

他者の問題と生命の共同体

フランスにおける現象学の形而上学化、神学化がささやかれるようになってからすでに久しい。しかしながら、現象学の神学化形而上学化は、現象学とは無関係なイデオロギーに基づく現象学の変質や堕落ではない。それは、現象学運動の内側から動機づけられた、言わば必然的歩みであったと考えるべきである。

現象学の形而上学化神学化という批判は、一九三〇年代のフッサールの時間論の中心課題である「生き生きした現在」をめぐる解釈態度に関して、すでに六〇年代にドイツで、報告されている。クラウス・ヘルト教授は今は古典となった彼の研究書『生き生きした現在』において、フッサール晩年の時間論でなされた徹底した還元を論じている。すなわち、時間化とりわけ現在化によって展開される時間地平において世界を経験している超越論的自我は、現象学的反省においてその時間化を自己自身に向けて、自己をノエシスの流れの絶対的意識流として捉える。しかし、徹底した反省は、その絶対的意識流として対象化された自我にさらに還元を施して、まさに反省において自己を存在者として時間において直観している超越論的自我を、その直接の生き生きした現在の生動性において捉える企てである。その還元は、「立ち留まること」と「流れること」との根源的な統一である生き生きした現在を目指すのであるが、その生き生きした現在は、もはや時間のうちに見て捉えるという通常の意味での現象学的反省においては原理上与えられない。ヘルト教授が言及していることであるが、このような、もはや現象学的反省において直観されないものをさらに遡及して問う徹底した反省への動向に対して、トマス・ゼーボームは、「形而上学的」であり「神秘主義」であると批判している(1)。

以下で、我々はフランス現象学の形而上学化神学化(あるいはキリスト教化)について、レヴィナスとアンリを取り上げて考察するが、この二人の哲学者のどちらにおいても、問題の源泉を、超越論的自我の「生き生きした現在」の方向への徹底した還元という枠組みでまとめることができると考える。レヴィナスはその還元を「近しさ

（proximité）」、「通（過）時態（diachronie）」によって規定される「超越」に、一方、アンリは、「情感性（affectivité）」「自己触発（auto-affection）」に基づく「内在（immanence）」に求めたと言うことができるだろう。レヴィナスにおいて超越は直ちに他者との関係を意味するが、アンリにおいて内在は直接的には自我・自己を意味する。しかし、九〇年以降とりわけ『我は真理である』[2]（*C'est Moi La Vérité*, 1996）ならびに『受肉』[3]（*Incarnation*, 2000）において、弱い触発と強い触発とが区別されることによって、他者が、情感性の内在の圏域で明確な形姿を取るようになった。

フランス現象学の形而上学化神学化は、現象学の他者論における深化であり、さらには、存在と存在者（最大の存在者・神）との混同に基づく存在-神論としての形而上学に対して、「存在なき神」として神を、ひいては他者や自己を「存在とは別の仕方で」構想する形而上学である。

一　レヴィナス

レヴィナスは『存在するとは別の仕方で、あるいは存在の彼方に』[4]において、言語と感覚知覚体験と時間との三者の間に同一の構造を見いだし、その構造は言語であると言う。まず、感覚知覚体験が言語と同じ構造をしていることを指摘する。言語活動とは、あらかじめ体験された事柄に、後から言葉という記号を与えることによって、その体験を二重化することではない。或ることを感性的に体験するということは、その体験だけですでに、そのものをそのものとして同定することであり、そのものとして名指しすることである。そのものをそのものであると言うことにほかならない。一方で、レヴィナスは時間化作用と、感覚作用とを原理的に同じものと見なす。このことについてもう少し立ち入って見てみよう。

フッサールによれば、意識とは、時間意識とは、自然発生する原印象が、変容するところに成立する。この原印象の変容の一つが、いわゆる過去把持的変容にほかならない。ところで、レヴィナスは原印象を生き生きした現在と本質的に同じものとして理解しているが、原印象においては、「そこにおいて知覚されたものと知覚作用との完全な合致」が、「厳密な同時性」が実現されている（AQ. 41）。もちろん、これはフッサールの『内的時間意識の現象学』「補遺V」に基づくレヴィナスの解釈であるが、レヴィナスにとって、原印象における知覚対象と知覚作用との同時性に依拠する両者の未分化の同一性が破れて、知覚作用と知覚されるものとが分離するところに、知覚・感覚の発生がある。この感覚の成立を可能にする原印象の裂開は、同時に時間の流れの開始であり、時間化の作用そのものの成立を意味する。また、そのことは、時間をその本質とする意識の成立をも意味する。

原印象の同一性の変容することが時間の生成であり、時間を本質とする意識の存在することであるが、その変容がまた同一性における変容であるところに、時間における原印象の変容の特徴がある。すなわち、原印象は変容することによってその同一性を一度失うのであるが、同時にその変容において再びその同一性を見いだすのである。この差異化と、その差異化における同一性の保持が、過去把持と名づけられている位相発展（déphasage）にほかならない。過去把持が、一度失われてもはやない同一性の再発見であるとすれば、未来予持の方は、いまだ現実化していない同一性の迫り来る実現の確信である。この変容における同一性の保持にレヴィナスは共時態（synchronie）の概念を当てている。

これに対して差異化による変容に先立つ原印象は、生き生きした現在として、対象的ではなく、したがって、非志向的である。この意味において原印象の概念は、理論的なものの優位によって世界経験の根底が表象の形成に置かれるフッサールの現象学、表象の帝国主義にあって、きわめて特異な地位を獲得しているとレヴィナスは評価する（AQ. 42）。この原印象の概念のゆえに、現象学は最も洗練された極上の経験論ともなっている。

フッサールにおける感性の時間は、取り戻すことのできるもの（le récupérable）の時間である。ところで、生き生きした現在の原印象は、取り戻されたものではない。それどころか、取り戻されることのできるものですらないのである。しかしながら、そのことは原印象が無意識であるということを意味しない。そのことを『内的時間意識の現象学』「補遺Ⅸ」において確認した上で、取り戻しうるものの共時態を超えて、その源泉にある、共時態へと還元不可能な通（過）時態（dia-chronie、あるいは反時間（contre-temps））（AQ. 57）を、すなわち「在ることの〈明示〉（monstration）の背後の意味作用を引き立てるのが、この著作〔『存在するとは別の仕方で、あるいは存在の彼方に』〕の企てである」とレヴィナスは言う（AQ. 43）。

こうして時間意識は感性的意識と一致する。さらに時間意識は言語（の意味作用）とも一致するのである。というのは、言語は、何らかの仕方ですでに現れて存在しているものに、後から名前を与えることではないからである。「語は、〈このものをこのものとして〉同定し、多様において同一のものの観念性（idéalité）を表明するのである」。他方、時間は同一的統一一般の原理であると、レヴィナスはフッサールを引用しながら主張する。「『時間意識は同一の統一一般の構成の根源的な場所である』とフッサールも書いている。『同一的統一』がまず与えられ、ないしは主題化され、その後で一つの意味を受け取るのではない。同一的統一はこの意味によって与えられるのである。〈あのものである限りでのこのもの〉、そのことは生きられるのではなくて、言われるのである」（AQ. 45）。

或るものを時間意識によって時間対象として構成することが、そのものを対象として布告することであれば、時間意識と時間対象との関係は、言語における意味形成作用としての「言うこと（le Dire）」とその作用のうちに構成される「言われること（le Dit）」との関係に置き換えることができる。言い換えると、時間意識を含めて、ノエシス―ノエマの志向関係は、言うことと言われることとの相関関係に置き換えることができる。

しかしながら、この置換「言うこと―言われること」において、言うことは、どこまでも、言われるものと相関者として、あくまでも意味を構成する作用に留まっている。しかしながら、言うことは、命題として意味を形成するだけではなくて、そのように形成したものを、他者に伝えるという行為でもある。しかも、レヴィナスが論文「言語と近しさ」(5)で指摘するように、その他者は、言語的意味「他者」ではありえない。いっさいの言語的意味は、他者とのコミュニケーションのただ中においてのみ生息可能なものである限り、かえって、他者を前提としている。そこでレヴィナスは、言われるものの相関者である意味作用としての言うことに、さらに還元を施して、言うことにおける他者との関係をあからさまに取り出そうとする。というのも、対話者として、あらかじめ他者と出会っているのなければ、言うという行為は不可能であるからである。私は言うことにおいて、あらかじめ出会っている他者に、私が意味作用において形成する意味を与えるのである。

どのようにして私は他者と出会っているのだろうか。私は自分が構成したのではない他者に、自分を与えることによって、他者と出会っているのである。しかし、という反論が可能だろう、私が構成したのではない他者に、自分自身を与えるということがすでに志向的な出来事ではないだろうか。むしろ、私は自分自身を与えるという仕方で、あるいは自己犠牲という仕方で、他者を実践的に構成しているのではないのだろうか。ここで、レヴィナスが、いっさいの志向性を一つの意図として捉え、志向性の根底に意志を、とりわけ自由な意志を、見ていることを思い出そう。私が他者経験において自分を他者に与えるとき、そのとき私は、自分の意志によって自分を与えるのでもなければ、自分の意志に反してそうするのでもない。他者に自分を与えることは、私の意志以前の、自由な意志としての自我以前の出来事である。すなわち、志向的な出来事以前の事柄である。かえって、この「いっさいの受容性よりもさらに受動的な受動性」（AQ. 61）によって、私が自分自身を与えることによって、自由で志向的な超越論的自我である私が成立するのである。対他存在である私のあり方を表す別の表現、他者への責任は、したがって、私が、サルトルが主張するような、自由な投企に基づいて他者に対して責任を負わなければならないということでは決してない。逆に、他者に対して無条件に責任あるものとして召還されるから、徴用されるから、選ばれるから私は自由である。レヴィナスにとって、私は他者に対して責任があるから自由であるのであって、自由であるから他者に対して責任があるのではない。この自己を他者にさらけ出すことこそが、言語における意味作用の表意作用（signifiance）にほかならないから、言語の意味作用を根源において規定しているのは、他者のために（le pour l'Autre）という友愛（fraternité）（AQ. 104）ということになる。しかも、それは「解約不可能な友愛」（AQ. 100）である。

言語における、先志向的な近しさとしての言うことへの還元はまた、同じく言語の構造を取るとされる感性的経験における還元でもなければならないが、それは表象としての感覚から、直接的な接触としての感受性への遡及である（AQ. 62, 60）。感受性の本質は、一般に感覚と言われる仕方での対象の認識にあるのではない。感覚は依然として、一つの知ることの様態として、志向性に、表象に属する事柄である。感受性の本質は、例えば触覚のような表象的な対象認識にあるのではなくて、情感的な直接的な接触にある。端的に言えば、傷つくことであり、苦しむことである。そして、そのように私が傷つきうるものでありうるのは、根本的には、私が自己を他者に対して傷つき出血するまでにさらけ出し、他者の咎の責めを負うあり方をしているからである。認識的なものに還元されない感性の直接性とは、他者に無条件に自己を、肌や「肉と骨において（leibhaftig）」どころか、「肉と血において」さらけ出し、差し出すことであるから、外傷可能性（vulnérabilité）、そのものにほかならない。しかしながら、この外傷可能性は享楽（jouissance）を前提としている。それも、単なる反対概念としてではないのである。すなわち、享楽のさなかにおいて傷つくことが（AQ. 81）、通（過）時態である感受性を、情感性を規定している。享楽の同一性における自我（Moi）は、他者への責任として召還されて、享楽において負傷に曝される。自我の同一性は破壊されて、自己（soi）の単一性（unicité）がむき出しになる。「単一性はここでは免れることの、替わってもらうことの不可能性を意味し、そこにこそ私（je）の回帰（récurrence）そのものが結ばれるのである。選ばれたものの、むしろ選ぶ権利のない徴用者の単一性、自発性へと変わることのない受動性。引き受けることのない、概念に包-摂されない、外傷的単一性、迫害に選ばれること」（AQ. 73）。

最後に、フッサール現象学における、ノエシス的な絶対的意識の流れとしての主観性から生き生きした現在のうちにある主観性への還元は、レヴィナスにあっては、共時態から通（過）時態への還元として遂行される。レヴィナスにとって二つの時間のあり方が問題となる。一度は流れ失われるけれどもすぐさま見つけ出され回収される過去把持と未来予持の共時的な時間と、過ぎ去ってもはや取り返しのつかない通（過）時的な（diachronique）時間とである。通（過）時的な時間は、いかなる記憶においても把持されず、したがってソクラテスの「産婆」の指から流れ去るのである（AQ. 106）。それは不可逆的な一方通行の時間である。「私から他者への近しさは、二つの時間においてある。だからこそ、超越である。近しさは自らを時間化する、しかし、意識が自らを把持し自らを維持し、また存在と存在者とが経験において自らを明示するあの記憶によって回収可能な時間の外に——彼方に、あるいは上方に——、通（過）時的な時間化によって、自らを時間化するのである」（AQ. 107）。時間の把持・予持による同一化が言語の共時態と一致するならば、過ぎ去って還らぬ時間の通（過）時態は、他者への私の自由な関わりに先立つ責任としての「言うこと」に対応する。さらには、一方の存在の共時態と、他方の近しさの通（過）時態との区別は、感受性における表象的認識的な感覚と傷つき苦しむまでの他者との直接の接触とに、正確な対応を見いだす。

近しさにおける超越の過ぎて還らぬ通（過）時態によって、私は疲労し、老いていくのである。時間の共時態においては私が常に同じものとして回収されるならば、私は決して本質的に疲れることもなく、また、老いることも、死ぬこともないであろう。近しさの超越を規定している通過時態は、疲労と、老いいくことと、苦しむこと（dolence）と、外傷性と、外傷可能性（vulnérabilité）と、要するに、情感性（affectivité）である限りでの感受性（sensibilité）と同義語である。通（過）時態は、超越においてある近しさの同一者への回収不能を表しているが、その回収不可能のゆえにまた近しさはその情感性において傷つきやすいものとして苦しまなければならないのである。しかしながら同時に通（過）時態は、私の他者に対する私の自由に先立つ責任、すなわち超越の表現でもある。「近しさ、──〈についての意識〉の隔たりの除去……──は、共通の現在のない通過‐時態の隔たりを開くが、そこでは差異は取り返し不可能な過去であり、想像不可能な未来であり、隣人の表象不可能性である。私はその表象不可能性に対して遅れ、隣人につきまとわれるのである。しかし、その通過‐時態の隔たりにおけるその差異は、私が他者に対して無関心では‐ないことである。近しさは想起可能な時間の攪乱である」（AQ. 113）。

こうして、レヴィナスにおける、生き生きした現在への徹底した還元は、超越論的自我の「他者のため」のあり方──言うことそのものとしての、意識の隔たりの除去に基づく近しさ、痛みや苦しみとしての外傷可能性、決して回収不可能な過ぎて還らぬ通（過）時態──への還元を意味する。

最後に、レヴィナスにおいて神に関係する特異な概念「彼性（illéité）」について触れよう。この概念の含む彼とは、正義や理性の根拠となる第三者ではなくて、三人称の彼を指している。その上で次のように言われている。

「存在の彼方とは、自己-自身（Soi-Même）によって、自己性によっては定義されない第三人称（une troisième personne）である」(6)。そして「痕跡（trace）」とはこの彼性を表すものにほかならない。すなわち痕跡は、記号や象徴として現れと隠蔽の現象学的世界に関係づけられるのではなくて、この世界に対してすでに決定的に過ぎ去ってしまい、絶対的に回収不可能で、想起不可能なこととの関係において捉えられなければならない。痕跡は彼性の持つ不可逆性（irréversibilité）を表している。この彼性の不可逆性こそ、私が他者に対して自己をいかなる受動性よりも受動的な受動性において与えることを可能にしているものであり、また同じことであるが、他者に対する私の、志向性よりも手前にある近しさを規定しているものであり、さらには、同一者の中の他のあり方にほかならない私の外傷可能性や疲れや老いいくことの通過時-態を条件づけているのである。他者は、とりわけ顔としての他者は、彼性の痕跡の中において現れるということである。

二　アンリ

アンリが『顕現の本質』(7)で問題とする超越は、レヴィナスのそれではなくて、ハイデガー的な超越概念である。存在者の存在がそこでその存在の意味を得ている現象性の場を、存在の純粋な地平として展開する働きのことである。超越の作用はその自己から出て他の元へと行く運動において、存在者に対象として出会うために、純粋な時間を、存在論的地平として展開すると言われる。したがって、アンリの意味での超越は、レヴィナスが真の他者経験の成立を理解するために克服すべきものとして批判してきた意識、志向性、共時態としての時間などの、「同一者」を記述する概念と同一の性格のものである。したがって、アンリが超越に対して、内在を、存在論的な対立概念として立てるとき、彼は、レヴィナスの超越や近しさの概念と同じ陣営にいることになる。アンリの内在がレヴィナスの超越の対立概念であるどころか、近親概念であることは、レヴィナスもよく知っている事実で、そのことは、彼が著書の何カ所かでアンリについて付している注記からも明らかである。実際レヴィナスは一九七六―七七年のゼミナールをアンリの『顕現の本質』の研究に当てている(8)。

そういう訳で、アンリが取り上げる超越においては、純粋な現象性の地平である時間を構成する働きが問題となっている。超越はその運動において、どのようにして今の継起としての純粋な時間を構成するか。この問いをアンリは、ハイデガーの『カントと形而上学の問題』に添って、遂行していく。ハイデガーのカント解釈の詳しい内容は各人思い出していただくことにして、アンリの議論を以下のように粗書きしよう(9)。ハイデガーによれば、超越論的思惟と直観との共通の本質は超越論構想力であって、思惟と直観は、構想力という切り株から生えた二つのひこばえにすぎない。したがって、純粋直観である時間についての問いは、その本質である超越論的構想力にまで引き戻して考えることができる。直観は一般に受容性として規定されるが、しかしその本質が超越論的構想力に基づくのであれば、直観はまた自発的でもある。すなわち、直観は、超越論的には、構想力として、純粋な直観である時間を発明して、その自分が産出した時間を受け取るのである。直観の受容性は、超越論的には、自分が自発的に創出した時間地平を受け取るところにある。

ところで、純粋直観としての時間構成が、超越論的構想力によって遂行されるとしても、それで問題が解決した訳ではない。というのは、この構想力は、純粋な時間を自発的に産出するとともに、それを受容するという二つの作用から成り立っている。この自発性と受容性という二つの対立する働きが、構想力の内において、内的に統一されて、まさしく一つの構想力としてまとまることによって、時間の構成は可能となっているのである。言い換えると、時間を構成する構想力において、時間を純粋な存在論的地平として前に置く自発的な働きと、そのようにして前に置いた時間地平を受容する働きとが内的に緊密に共同することによって時間が構成される。超越論的構想力においていて、どのようにして、この自発性と受容性とは、統一されているのか。もし統一がなければ、これら二つの作用の統一によって初めて機能する構想力そのものが、不可能となるであろう。実際、『純粋理性批判』における図式機能は、構想力における対立する二つの作用の統一の問題に関わっている。概念を如何にして直観に適用するかという図式機能の問題は、如何にして、構想力における自発的な契機と受容的な契機とを統一するかという問題に置き換えることができる。また、図式機能は概念を感性化して、言わば見えうるものとする働きであるから、この機能を、純粋時間の構成の文脈で記述すれば、超越論的構想力によって創出された時間が、如何にして受け取られ、見えうるものとなるかということである。いっさいの見えうるものの現象性としての時間となるかということである。

超越そのものにほかならない超越論的構想力の内部において、その自発性と受容性とを統一して、設立される時間としての純粋な存在の地平を可能にしているのは、時間の自己触発にほかならない。超越論的構想力の本質は時間の自己触発である。今の継起である純粋時間を創出するのは根源的時間であるが、そのようにして創出された純粋時間は、根源的時間を触発することによって、見えうるもの、知覚可能なものとなる。この純粋時間の知覚可能性がいっさいの現象の見えうることを規定している。こうして、超越論的構想力による時間の構成は、結局のところ、時間の自己触発として遂行されることになる。しかしながら、時間の自己触発そのものも、実は、二つの契機からなることを、ハイデガー自身指摘している。すなわち、純粋時間による触発と根源的時間の触発とである。そこから、時間の自己触発は、純粋時間が根源的時間を触発するから成立するのか、それとも、根源的時間が触発されるから成り立つのかという問いが生まれる。時間の自己触発によって、いっさいの現象の現象性としての時間が成立する以上、この問いを言い換えて、時間そのものの現象性は、時間が根源的時間を触発することによって可能となるのか、それとも、反対に根源的時間が時間を受け取って、時間によって触発されることによって可能となるのかと定式化することもできる。ハイデガーの解釈によれば、時間が触発するからではなくて、根源的時間が時間を受け取って、それによって触発されるから、時間は知覚可能なものとなり、時間は存在の地平として成立する。したがって、超越の作用をその核心において規制しているのが、時間の自己触発であるとすれば、その時間の自己触発を最終的に可能にしているのは、根源的時間が触発されるということ、言い換えると、触発されうるということ、地平としての純粋時間を受け取ってそれを知覚可能なものとしている根源的時間のその受容の働きにある。

超越の本質は、存在の地平を前に置き立てるところにあるのではなくて、その前に立てた地平を受け取り維持するところにある。したがって、根源的時間の触発されうること、根源的時間の受け取る働きを、現象のあるいは存在の真の可能性としてさらに追求することが必要となるが、ハイデガーは、根源的時間のこの受け取る作用を、再び直観と規定する。しかし、このハイデガーの答えは、もしこの直観で意味されているものが、その本質を超越論的構想力に持つ感性的直観であるとすれば、それは循環論的な規定であり、もしそれが感性的直観でないとすれば、未規定な概念として、無規定なままに放置されていることになる。

このような状況を踏まえて、『顕現の本質』のアンリは、超越を最終的に可能にしている、時間地平を受け取る働きの規定に取りかかることになる。ところで、超越における地平の受容の作用を規定するこの作業は、存在論的な重要な意味を持っている。というのは、それが存在の純粋な地平の展開を最終的に可能にしている働きであるがゆえに、まさしく、そのように地平の可能性の根拠であるがゆえに、未規定のままに放置されているのは、単に超越の受容力の性格決定だけではなく、超越の作用の存在論的意味そのものであるからにほかならない。言い換えると、超越の作用があるということは、どういう意味であるのかという問いである。超越の作用があるということは、もはや、時間のうちにあるということでもなければ、時間であるということでもありえない。時間地平を構成している超越の作用のあるということを、いかなる意味において語ることができるかというこの問いは、フッサールの時間論において、時間を構成している超越論的主観性のあり方として生き生きした現在を問題にすることと、まったく同じことである。

すぐさまアンリの結論を述べると、超越（作用）は、時間地平を横切ることなく、直接自己を受け取ることによってある、すなわち現れる。時間という現象学的隔たりを介しない、このような超越の直接的な自己受容による顕現の仕方、あり方を、アンリは内在と呼ぶ。超越の作用の本質である根源的時間は、それ自身がまず、自分自身を内在において受け取っているからこそ、純粋な時間である地平によって触発されるのである。根源的時間そのものの内在における自己触発によって、初めて、根源的時間は触発されうるものであることができ、そうして、純粋時間によって、触発されるのである。内在における自己受容は、絶対的、根源的受動性において遂行される。絶対的とか根源的とか形容されるのは、能動に対立して理解される受動性は、常に、時間地平において現象する対象間の規定に留まるのに対して、内在における受動性は、そのような対象的関係一般を可能にする根源的な受動性であるからにほかならない。したがって、この受動性は、自由―不自由を超えてその根本にある非-自由を規定している。さらに重要なことは、そのあり方が内在によって規定されている超越そのもののあり方は、その現象性が超越の作用に基づく世界の対象とは、その現象学的な現れの意味が異なるのでなければならない。時間地平においてものは知覚対象として、見えうるものとして現れるのに対して、超越の作用そのものは内在において、見えないものとして、しかし、依然として、やはり現れるのである。見えるものとして現象するのではない現れ、顕現、それはアンリの場合、感情としての現れにほかならない。知覚と感情とは、現象学的に、また存在論的に、その意味を異にする。たとえ知覚的世界が夢であっても、夢の中で経験する恐れや喜びなどの感情は、現実の経験である（デカルト「情念論」第二十六項）（偽感情の問題は、感情を解釈することから起こる解釈間違いと考えることができる。フロイトの意識そのものが情動に関してはすでに表象として解釈されている）。

三　アンリと他者の問題

アンリにとって、私が私であることの自己性は、超越の作用や運動が内在において自分が自分を絶対的受動性において受け取る、自己感受において成立する。この自己感受は、その根源的受動性の性格のゆえに、自己自身を被ることである。自我の成立は、現象学的には、感情として、現れる。すべての感情は、つまるところ、自己の感情であり、主観性は、したがって、情感性である。

しかし、主観性がこのように内在によって定義されるならば、アンリにとって、他者はどのように考えられるのだろうか。アンリの内在の存在論にとって、外部が、その意味での他が、存在しないわけではない。ただ、彼にとって、他は、その存在を時間のうちに見いだすがゆえに、表象的実在であり、観念的実在であり、内在の主観性に匹敵する実在性をとうてい持ちえない。他人という意味での他者の問題にアンリが真剣に取り組むのは、論文集『実質的現象学』の「共‐パトスないしは共‐感情」においてである。[10] そこでアンリは、他者を生命の共同体という観点から素描している。

すべての共同体の共同性は、生命であり、すべての共同体の構成員は生命体であるというテーゼが出発点に置かれる。この一見自明なテーゼでアンリが本当に表現したいことは、実は、すべての個体は生命体であり、すべての個体は少なくとも生命という共同性において生きているということにほかならない。アンリの定義では、個体性を意味する自己性は、作用や運動の根源的受動性における自己触発によって与えられている。そしてこの意味での自己触発は、自己感受としての情感性にほかならなかった。何らかの意味において快、苦の情を持つということこそ生きていることの証拠であり、快苦の情があるからこそ、生命体は世界の対象から触発され、動機づけられ、行動するのである。絶対的感受性において自己自身を被り受け取るところに生命の本質はある。

自己性によって定義される個体はすべて生命体であり、したがって、生命という共通の特質を持つことによって、一つのまとまりをなす。しかし、この意味での生命の共同体は、複数の生命体を外から眺めるものにとっての抽象的で観念的な共通性の域を出ない。例えば私という内在において生きている生命体は、どのようにして、時間化において対象化された他者ではなくて、同じく内在において生きている他の生命体・他者そのものに、直接、情を通じて行くことができるのだろうか。レヴィナスの言う直接の接触がなければ、生命個体の間には、一般概念としての共通性質はあっても、生命個体をうちから結合して社会性を形成している絆としての共同性は存在しえない。したがって、生命の共同体から出発して他者の問題に何らかの積極的な答えを見いだすことはできない。一言で言えば、私の感情そのもののうちに私とは別のものが感じ取られるのでなければならない。

私はいかにして、自己感受としての内在という孤独から、出ることができるのか。私の内在から出て他の内在としての他者へと通じる感情の回廊は果たしてあるのか。アンリはキルケゴールの言葉「自我とは他によって措定された限りでの、自己との関係である」を引く（*PHM*. 177）。もちろん、この場合、「関係」は、自己と自己との超越的ではない、内在でなければならない。また、「他」は、他として措定されたり考えられたりするものではあってはならないし、自我の中で起こったことを超えるようなものであってはならない。カフカの言のごとく、私の立っている地面は私の二本の足が覆っている広さ以上であることは決してないのである。そのような条件を満たすのが、生命体としての私の生命であるとアンリは言う（*ibid.*）。生命個体としての私は、根源的な自己触発において生起する自己感受において、自己自身を被るところに成立する。そのとき自己触発が根源的であるとは、自己自身を受け取って私が成立するその自己性において、その自己自身を受け取る過程が、実は私自身の業ではないということを意味している。自己性において自己自身を被る私の所作を引き起こしているのは、生命である。生命そのものが自己に自己を与える自己贈与であるからこそ（*PHM.* 161）、生命のその自己自身に到来するという運動の中で、その運動に言わば運ばれて、私は自分自身に到り、私の自己性が可能となり、私の自我が成立する。生命個体の本質である情感性を規定している根源的ないしは絶対的受動性の意味は、生命個体は自分自身の根拠ではないということである、根拠づけられているということである。しかしながら他方、生命個体の根拠である生命そのものは、その個体の個体化の過程そのものだから、その個体と別物ではありえない。「生命個体を根拠づけたのは、生命個体自身ではない。生命個体には基底があり、それが生命である。しかし、この基底は生命個体と異なるものではない。この基底は自己触発であって、生命個体はその基底の自己触発において自己を触発し、そのような仕方で、その自己触発と自己を同一化するのである」（*PHM.* 177）。「自己によって措定されない自己との関係」それが生命としての基底であり、「それは現象学的には、自己の情感性における感情（affect）である」。感情において私が味わう自己に対する自己の根源的受動性。あらゆる感情は、「自己を感受することであるが、それも何よりも、その自己感受という事実そのものによって、すなわち生命によって、圧倒横溢される限りにおいてである」（*ibid.*）。我々が感情において経験する絶対的な受動性は、生命が我々を圧倒横溢するその事実に対応している。

他者の経験の可能性は、私のうちにある基底・生命を通して保証される。いかにしてか。生命個体がその個体性の本質である自己感受において「自己自身と、生命の基底と、同じくこの基底である限りでの他者を、同一的に感受するのである。——生命個体はそれゆえに他者を、他者においてではなくて、基底において、他者が基底についてなす基底に固有の感受として、感受するのである」。他者が基底についてなす基底に固有な感受とは、他者が自分の感情体験において味わう自己の絶対的な受動性にほかならない。この絶対的受動性としての基底の体験は、私が自分の感情体験において私の基底について味わうものと同一である。絶対的受動性としての基底の感受は、私の感情でありながら私を超えており、同時に他者の持つ感受でもある。「共同性は情感的な地下水層であって、各人はそこから、その水源から彼自身がそれである自分の井戸から同じ水を飲むのである」(*PHM*. 178)。

しかしながら、自我が自我を超える基底を自分のうちに持っているとしても、その基底は、精神分析の無意識のような抑圧された別の私でもありうる。ましてはその基底が、カフカの二本の足の占める地面のように、私にとって私をはみ出さず、私と一致しているのであれば、どのようにして私のうちの基底を通って私の外に、他者へと出ることができるのだろうか。カフカの二本の足の踏みしめる地面が、その足の広さよりも広いとどうして分かるのだろうか。たとえ、より広いということが基底の感受である絶対的受動性から言えたとしても、その私を超えて広がる地面の上に、それを基底として他の自我が存在するということがどのようにして保証されるのだろうか。私の向こうに広がる地面は不毛の空き地かもしれないではないか。

基底が無意識であるという可能性については、アンリがすでに『精神分析の系譜』で否定している。というのも、無意識とは、情感性の別名にすぎないからである。

基底が私の感情体験であって、しかも同時にそれが私を超える他の生命個体についての経験を言わば優勝的に（éminemment）含む感情体験でもあるためには、次の条件を満たさなければならない。基底は私の情感性と同じ性質すなわち内在的なものでなければならない。もしそうでなければ、私の基底の経験は私以外の他の存在を私に理解させはしても、その他の存在のうちに他の私と同じ生命個体との関係を感じ取ることはできないだろうからである。言い換えると、(1)基底が私を超え私の自己性を可能にするものであるとしても、それは、いかなる意味でも超越によってその存在が規定される対象であってはならない。(2)私を超えるその基底は、私以外の個体を含むものでなければならない。以上をまとめると、基底は私の自己性の根拠であるとともに、同時に基底は私の自己性を部分とする他の自己性からなる全体でなければならない。基底としての自己性は、生命個体の自己性を部分とする全体でなければならない。

感情の絶対的受動性のうちに成立する私の自己性とその絶対的受動性のうちに開示される私の存在の基底としての生命との関係、さらには基底を通しての他の生命個体との関係を、さらに追求するのがアンリの九〇年代の仕事となる。

『我は真理である』の副題は「キリスト教の哲学のために」である。この書におけるアンリの目的は、キリスト教を生命についての哲学として、あるいはむしろ生命を内在として捉える生命についての現象学として、読み解くことにある。聖書の字句通り、神は生命である。命である。アンリはこの書において、これまでとは異なる自己触発の概念を提出する。これまでは、時間地平を媒介する自己による触発と、情感性の根源的受動性を規定しているアンリの意味での自己の触発とが区別された。この書において、アンリ本来の意味での自己の触発は、さらに二つの異なる自己触発に分けられる。強い自己触発と弱い自己触発である。強い自己触発とは、生命が自分に自分を与え、自分で自分を受け取る、生命の自己増殖・自己生殖（auto-génération）を表す概念である。これに対して弱い自己触発は、その生命の強い自己触発の運動の中でその運動によって、個々の生命個体が自分の自己性に到るその様を表している。すでに使用した概念で言い換えると、生命個体の自己触発が弱い触発であり、それを可能にしている基底としての生命そのものの自己触発が強い触発である。そして、この強い意味での自己触発を表しているのが神として理解された生命であるが、生命である神はその自己触発において自分自身を受け取る。そして、その強い自己触発によって成立する神の自己が、神の子としてのキリストにほかならない。さらには、神の自己性をキリストとして決定している強い自己触発のおかげで、別の意味で同じく神の子である人間が生命個体の自己性として生まれる。キリスト教が、神、キリスト、神の子人間として描いた事柄は、生命が自己‐生成としての自己触発であること、その生命の自己触発のおかげで、個々の生命体個体が成立することである。

私と他者との関係について言えば、キリスト教においては、私と他者とは、同じ神の子として、共同体をなす。我々の共同主観性の、あるいはもっと広く、生命体の共同性の根拠は神にある。基底としての生命は、ここでは、神として解釈されている。しかし、神は創造主として、被造物である人間に、あるいは他の生き物に対して、超越しているのではないか。もし私が神を通って他者に行くとしたら、私はまず神に行かなければならないが、その神と私の間には、超越という超えられない無限の隔たりがあるのではないか。もしそうであれば、神は私のうちに基底としてあることはできない。そうではない。私と神との間には、媒介者としてのキリストがいる。キリストは神が受肉して人間となった姿である。キリストとしての神と私との間には、肉という共通性がある。

アンリは、彼の最後の著である『受肉』において、受肉を身体の誕生として理解した上で、生命が自己自身を受け取る自己触発によって受肉を説明している。すでに自己触発によって個体の自己性が、自己の成立が語られたから、同じ自己触発による受肉の解釈は、綜合すると、次のことを意味する。すなわち、自己触発に基づく情感性のうちに自己が成立ということと、同じ自己触発による受肉において身体が肉として生まれるということとは、同じ一つの出来事にほかならないということである。自己は身体であり、その際身体とは、まず何よりも、苦しみであり、喜びにほかならない肉であるということである。自我とは、何よりも、苦しみ喜ぶ肉である。苦しみ喜ぶ肉として生命個体の自己性が成立するが、生命個体の自己性がそのような肉として成立するのは、根本において生命そのものが根源的な意味で自己受容であり、あるいはこの場合同じことであるが、自己贈与であるからである。この事実をキリスト教は神（生命）のキリストにおける受肉として理解したというのがアンリの解釈である。

強い自己触発としての基底は、生命の受肉を表している。しかし、受肉は自己触発である限り、常に自己性を表している。キリスト教はこの自己性を神の子キリストの受肉と理解した。弱い自己触発によって成立する私の自己性の誕生としての受肉と、その基底にある強い自己触発としての生命そのものの受肉。その基底としての生命そのものの受肉によって私の肉としての自己性の誕生も、また、他の生命個体としての他者も可能となっている。しかしながら、生命そのものの受肉はなぜそれ自体で自足せずに、私の受肉を必要とするのか。そればかりではなく、なぜ、私以外の生命個体の受肉を必要とするのか。なぜ生命そのものの受肉は複数の生命個体の受肉となって展開するのか。例えば、生命そのものを実体的なものとして捉え、個々の生命体をその様態として理解する汎神論的な考え方をアンリは退ける[11]。そのような理解においては固体の自己性が危うくなるからである。また、アンリが、ショーペンハウワーにおける盲目的な意志としての生命とその個体化である表象としての身体という関係を受け入れられないことは、これまで見てきた内在としての肉の概念から明らかである。

解明すべきことは多いが、他の生命個体すなわち他の肉体としての他者の問題に関しては、次の章の最後の部分で立ち返って、アンリの考えを見ることにする。

注

（1）Klaus Held, *Lebedige Gegenwart*, Martinus Nijhoff, 1966, S. 76ff.〔新田義弘・小川侃・谷徹・斎藤慶典訳『生き生きした現在』北斗出版、一九八八年、一〇五―八ページ〕

（2）Michel Henry, *C'est Moi La Vérité*, Seuil, 1996.

（3）Michel Henry, *Incarnation*, Seuil, 2000.

（4）Emanuel Lévinas, *Autrement qu'être ou au-delà de l'essence*, Martinus Nijhoff, 1974.（以下、*AQ.* と略記する）

（5）Emanuel Lévinas, "Langage et Proximité," *En découvrant l'existence avec Husserl et Heidegger*, J. Vrin, 1974.

（6）*Ibid.*, p. 199.

（7）Michel Henry, *L'essence de la manifestation*, 2 vol. 1963, 1965, 2e ed., Presses Universitaires de France, 1990.

（8）Emanuel Lévinas, *Dieu, la Mort et le Temps*, Grasset, 1993, p. 145 note 2.

（9）詳細は、山形頼洋『感情の自然』、法政大学出版局一九九〇年、特に第四章「超越と内在」を参照のこと。

（10）Michel Henry, "Pathos-avec," *Phénoménologie matérielle*, Presses Universitaires de France, 1990.（以下、*PHM.* と略記する）〔中敬夫・野村直正・吉永和加訳『実質的現象学――時間・方法・他者』法政大学出版局、二〇〇〇年〕

（11）M. Henry, *Incarnation, op. cit.*

第十五章

肉と芸術

一　再び、メルロ＝ポンティにおける肉の概念

見るものと見えるものとの間には、一般的に言って、知覚するものと知覚されるものとの間には、海と海辺との間にあるような親密な親交があると『見えるものと見えないもの』は言う（*VI.* 173）[1]。例えば、ものを触る手は、あらかじめ触られるものの組成を知っているかのように、その組成に似合った運動でそのものに触っていく。見るものと見えるものとのこの予定調和をメルロ＝ポンティは、見るものは同時に見えるものでもあるからであると説明する。感覚するものと感覚的なもの（le sensible）との間には、可逆性が成立する。まず何よりも、見るものである身体は同時に見えるものであり、触っている手は同時にもう一つの手によって触られることができる。そればかりではない。感覚するものである身体についてのみこの可逆性が成り立つのではない。感覚的なもの・見えるものである世界についても同じことが言える。世界は単に見えるものではなく、画家の体験が語るように、見ている我々を逆に見ているものでもある（*LOE.* 31；*VI.* 183）。さらには、見るものと見えるものとの間、触るものと触れるものとの間だけではなく、見るものと触られるものとの間や触るものと見えるものとの間にも可逆性は存在することは、いわゆる共感覚（synergie）の経験が証明する通りである。

見るものは同時に見えるものである、感覚するものは同時に感覚的なものである。見るものと見えるものとのこの可逆性をメルロ＝ポンティは肉と定義する。見るものである身体と見えるものである世界との間にあるこの肉の可逆性によって、知覚は可能となっている。すなわち、身体が現象的身体であると同時に対象的身体でもあることによって、知覚が成立している。現象的身体が世界の中の感覚的な事物の一つとして対象的身体でもあるというこ

とは、現象的身体が自分を単に外に、世界の中に、水面に映る自分の姿を見るように見るということではない。ましてや、現象的身体としての私が、見ている世界から逆に見られているという自己の対象化の体験を、ちょうどサルトルの恥における自己対象化の経験としての他者体験のように、するということではない。現象的身体と対象的身体との言わば見開きの二ページのような肉の可逆性には、メルロ＝ポンティが「根本的ナルシシスム」（*VI*. 183）と名づける特性がある。すなわち、見るものは自分を世界のうちに見えるものとして見るだけでない、さらには見えるものによって逆に見られるのである。見えるものによって見られ、そこにおいて存在し、そこにおいて姿を現し、その幻影によって魅惑され、とらわれ、その結果、誰が見ており、誰が見られているのか分からない、「私の能動が受動とまったく同一である」（*ibid.*）状態である。自分自身見るものでもある見えるもの、自分自身を見ている見えるもの、したがってそれ自体で見えるものである見えるもの、「即自の可視性（Visibilité en soi）」「即自的の触知性（Tansible en soi）」、「この可視性、即自的に感覚的なもののこの一般性、自我そのもの（Moi-même）に生来のこの匿名こそ、さっき我々が肉と呼んだものにほかならない」（*ibid.*）。

見るものと見えるものとの可逆性である肉によって可視性は可能となっているのであるが、この可逆性は、見るものが見えるものとなるというよりは見えるものが自分自身を振り返って見るというところに基づいている。その意味で大文字の可視性（Visibilité）すなわち即時的に感覚的なもの（Sensible en soi）がまず成立しており、即時の可視性が自己自身を振り返るその自己関係性のうちで感じられる可逆的な私の身体が、さらには我々の身体が「傑出したヴァリアント」（*VI*. 179）として可能となっているのである。こうして『見えるものと見えないもの』は即自的に感覚的なものの根本的なナルシシスムから一挙に間身体性へと進む。「見えるものの自己への関係があって、その関係が私を貫き私を見るものとして構成するのであれば、この、私が作るのでなく私を作るものである円環は、この見えるものの見えるものへの巻き込みは、私の身体と同じように他の身体をも貫き、活気づけることができる」（*VI.* 185）。肉的な存在（être charnel）は、存在の原型（un prototype de l'Être）とも呼ばれている（*VI.* 179）。

このように、肉は、私が、私の身体が、自分自身を見ることによって見えるものとなるところに成立しているのではなくて、見えるものが見えるもの自身に巻きつくことから生まれる即自の可視性に基づいていて、その結果として私の身体が肉であることができるのだが、今は、私の身体に即して肉の概念をさらに限定することに努める。見るものと見えるものとの可逆性について、メルロ＝ポンティは触覚を範例としながら、その同時的な可逆性を否定する。世界の対象を触っている手は、決して別の手によって、対象を触っているそのただ中で触られることはできないのである。このことはすべての感覚について言うことができる。もう一つ例を挙げると、私は話している自分を自分の声として聞くことはできない。「同様に、私は自分が話すのを、他人が話すのを聞くようには、聞くことができない。私にとっての私の声の音としての存在は言わば伸びきらずにしわがよっている。それはむしろ声の発音としての存在の木霊であり、外部でというよりは私の頭で響いている」（*VI.* 194）。肉の可逆性は、実は、「常に今にも起こりそうでありながら実際には決して起こらない可逆性」（*ibid.*）、今にも起こりそうで起こらない可逆性（réversibilite imminente）である。

しかし、この常に繰り返される期待はずれは、例えば、自分の声を他人の声を聞くときのようには聞けないという経験は、「それは、挫折ではない」（*ibid.*）。これらの可逆性を期待される経験が決してお互いに合致せず、それらがまさに一致しようとする瞬間に失敗するということは、それらの経験の間にいつもずれ（bougé）があり、隔たり（écart）があることを意味する。だが、このずれや隔たりは、存在論的が空虚や非-存在ではなくて、存在論的にきわめて積極的な意義を有する。私は物を触っている自分の手を触ることは実際できないけれども、触ったと思ったとたん、それは触っている手ではもはやなくなってしまっているとしても、私はこの移行、この変容を好きなだけ繰り返すことができる。この移行の経験は私に別の事実ついての経験を与える。それは、触る手と触られる手との間に、頑丈でしっかりと留められた蝶番のようなものがあって、しかもその蝶番は、決定的な仕方で私には隠されたままであるといったような経験である（*VI.* 194sq.）。私の触っている手と触られている手との間の、私の聞いている声と私の発している声との間の、あるいは、ある触覚体験と次の瞬間の触覚体験との間にある隙間・隔たりは、存在論的な空虚や非-存在ではない。「それは、私の身体の全体の存在によって、また世界の存在によって跨ぎ越されている」（*VI.* 195）。「私の肉と世界の肉とはしたがって明るい領域を含んでいて、その日光の周りに私の肉や世界の肉の曇った領域が廻っているのである。最初の可視性すなわち感覚質や事物の可視性は、第二の可視性すなわち力線や次元の可視性なしにはありえない。鈍重な肉は微細な肉なしにはうまくいかないし、束の間の身体は栄光の身体なしには機能しない」（*ibid.*）。

見るものと見えるものとの可逆性によって可視性が成立するのであるが、その可逆性こそ肉を意味した。肉は可視性そのものの可能性として、盲点として、根源的に見えないもの、すなわち、見えるものを可能にする見えないものにほかならない。さらに、この可逆性があくまでも実現されえないものであり、その限りで見るものと見えるものとの間には隔たり、ずれがあるが、その隔たりやずれは空虚ではなくて、まさしく見えるものを裏打ちしている見えない裏地としての肉の厚みであり、または見えるものの果肉にほかならない。要するに、肉とは、決して完全には一致することのない見るものと見えるものとを、一致しないにもかかわらず「違わない（non différence）」という仕方でその同一性を保証している存在論的要素である。同一のものではないけれども違わないということには、「似ている」ということも入るだろう。また、反省において私は自分自身を見る、触るとすれば、そのとき一方の、見ている私・触っている私と、他方の、見られていることによって見えるものとなっている私・触られている私との間に、一致は決して実現しない。にもかかわらず、見えている私・触られている私が、まさしく見ている私・触っている私と同じものであるとして、反省が成立するのは、またその反省において私の私性すなわち自己性が成立するのは、両者の不一致にもかかわらず肉が、というよりはむしろそのずれそのものである肉が、両者の同一性を違わないという仕方で保証しているからである。肉とは判断や合致とは異なる仕方での同一性の、したがって観念性の原理である。

二　言葉と肉

「肉を定義する可逆性は」、単に見たり触ったりする身体においてだけではなく、「他の領野においても存在している」(*VI*. 189)。私の運動の中には、どこにも行かない運動があるとメルロ゠ポンティは言う(*VI*. 190)。その運動とは、「とりわけ、叫びや声を出す喉や唇のあの奇妙な運動」である。これらの運動は音となり私はその運動を聞く」(*ibid.*)。すなわち、発話と聴取の運動間に存在する可逆性である。これはすでにメーヌ・ド・ビランが注目し、彼の独創的な記号論・言語論と反省についての考察の原点となった事実であるが、メルロ゠ポンティはこの事実を肉の概念と結びつけて注目している。「発話の運動と聞く運動との間に反省性がある。それらの運動は音として登録され、発声は私の中に自分の運動的な木霊を持つ。この新しい可逆性の表現としての肉の発現は、沈黙の世界に話すことと思うこととを挿入する点となる」(*ibid.*)。

この新しい可逆性によって定義される肉は、見るものと見えるものとの可逆性を規定している身体の肉に対して「もっと軽やかで、もっと透明な別の身体」の、すなわち「言語の身体」の肉にほかならない（VI. 200）。そして、この言語の身体の肉に基づいて、言葉と意味との可逆性が成り立っているのである。『知覚の現象学』での主張である「語は意味を持つ」ということ、言い換えれば、「表現とは独立に、言葉を外皮のように後からまとう純粋思惟は存在しない」という命題は、今、新たに、言語の肉という概念によって根拠づけられようとしている。「見るものと見えるものとの間に可逆性があるように、そして両者の変身の交差するその点で知覚と呼ばれるものが生まれるように、ちょうど同じように、言葉と言葉の意味するものとの可逆性がある」（VI. 202）。我々は上で、言語の肉を定義している可逆性を発話の運動と聴覚の聴取の運動との間に見いだされる変身に求めた。この可逆性の上に言葉と意味との、言い換える言葉とそれが意味している観念との可逆性を重ねることができる。というのも言葉とは何よりも発声であり、その意味・観念とは優れて聞き取られた声であるからにほかならない。「実際、ある意味で、ある一節を理解することとは、その一節をその音としての存在において完全に受け入れることであり、文字通り、それを聞くこと（理解すること）以外の何ものでもないからである。意味は、〔中略〕語でもってそれらを聞く耳を持つ人々のところで与えられる」（VI. 203）。言葉が表現する意味は、観念は、肉声としての言葉が持つ感性的な肉的存在から切り離して考えることはできない。そのことをメルロ＝ポンティは、プルーストの作品を引いて例示する。それはスワンがあるソナタの五つの音からなる一節に聞き取った愛の本質である。その愛の本質はその五つの音から切り離して別に理解することはできないものであり、それらの音を通してしか理解できないものである。言葉と観念との関係もまったく同じで、両者の間には肉の可逆性が働いている。

ところで、この言語の肉の可逆性は、他者の存在を前にして初めて可能となる発声とその聴取の運動の変身に基づいている。他者の登場とともに、言語の肉が成立する。ということは言葉の意味である観念や思惟が新しく現れるということである。「思惟は自己と世界との関係であると同様に他者との関係でもある。したがって、思惟の成立は一挙に三次元において行われる」（*VI.* 191）。しかし、観念や思惟が他者とともに現れるとしても、どこから現れるのだろうか。まったくの無からの新しい創造なのだろうか。メルロ＝ポンティはそうは考えない。「もしその種が私の身体のうちになかったとしたら、たとえ他の身体の事実上の現前があったとしても、思惟や観念が生じることはないであろう」（*ibid.*）。私の独我論的で沈黙の知覚世界・見えるものの世界から、その沈黙の意味を語るものとして、「視（vision）の第二のないしは比喩的意味」として、「肉の昇華」（*ibid.*）として、また、同じことであるが、「二乗の見えるもの（un visible à la deuxième puissance）」（*LOE.* 22）として、思惟や観念は現れる。プルーストを引いてメルロ＝ポンティが言うように（*VI.* 196）、文学や音楽や情熱もラボアジェやアンペールの科学と同じように、見えないものの探求であり、観念の世界を明るみに出すことである。ただ異なるのは、音楽や文学の観念や愛の弁証法は、科学の場合の真理のように、今はまだ見えないけれどもいつか発見されて見えるようになるといった事実上の見えないものではなくて、原理上見えないものであり、見えるものの見えないもの、見えるものの裏地としてしか、見えるものとならないものである。「それら観念は、感覚的なものの背後に、ないしはその核心において透けて見えるのである」（*VI.* 197）。言葉の意味、あるいはメルロ＝ポンティにとっては同じことであるが絵画を含む広い意味での表現としての言語は、その意味・観念・思想を、言葉ないしは表現という肉的な存在を通してしか提示することができないし、またその肉的な存在のおかげで初めてそのことが可能となるのである

言語について言われたことを整理すると次の二点となる。⑴言語の持つ肉の構造上、言葉とその意味（観念や思惟）は、互いに分離することはできない。⑵言語の表す意味は、見えるものの見えないもの、すなわち知覚世界を

可能にしている肉に関わる事柄である。知覚世界の見えない沈黙の肉に、言葉を与え、見えるようにするのが言語の新しい肉である。メルロ=ポンティは言語を絵画に依拠して考えたから、この問題を『眼と精神』においてさらに見てみよう。そこでまず我々は、知覚の非言語的な沈黙の意味と絵画の意味との関係を明らかにする例として、プールの水についての記述を取り上げよう（*LOE.* 70sq.）。「水の厚みを通してプールの底の格子模様を見るとき、私は水の反射にもかかわらずその格子模様を見るのではない、まさしくその反射を通して、その反射によって見るのである。もしそれらのゆがみ、それらの陽光の縞模様がなければ、もし私が格子模様の規則正しい構造をこの肉を通さずに見るならば、私は格子模様をそれがあるようには、それがあるところには、すなわち特定できるいかなる場所よりも遠いところに、見ることはなかったであろう」。この例で反射する水は、知覚世界の可視性を保証している肉を表している。さらに続けてメルロ=ポンティは言う。「そしてもし目を上げて、水面の反射が網目に戯れている糸杉の木立のスクリーンを見やるならば、私は水がそこもまた訪れていることを、あるいは少なくとも水がそこに自分の生き生きとして活発な本質を送っていることを認めないわけにはいかない。この内的な活気、見えるもののこの光輝こそ、画家が奥行きや空間や色の名のもとに探求しているものにほかならない」。したがって、画家が絵の意味として定着させようとしているのは、見えるものを見えるものとしている見えないものである肉の本質である。

奥行きとは、画家が二次元のカンバスの上に何とかそのイリュージョンを作り出そうとしている第三の次元ではない。奥行きは現実の知覚においても、もともと見えないものである。見えてしまえば横か縦の次元になってしまい、それ自体としては見えないものである。奥行きは縦や横の次元を、言い換えると形や限定された平面を可能にしている見えないものである。「奥行きは、〔中略〕諸次元の可逆性の経験であり、すべてがそこにあり、高さや幅や隔たりがその抽象である包括的な《地域》（localité）の経験であり、ものがあるという言葉で表現されるかさだかさ（voluminosité）の経験である」（*LOE.* 65）。それは「存在の爆燃（déflagration de l'Être）」（*LOE.* 65）である。色にしても、それは自然の色の模倣ではなく、色という次元が問題となっているのである。自分で自分に同一性や差異を、組成や物質性を、何かあるものを創造する色である（*LOE.* 67）。もちろん色や空間だけで見えるものができるわけではないが、色への回帰によって事物の核心にいくらか近づくことができる。しかしさらに進んで色は、セザンヌが示したように（*LOE.* 68）、黄色-存在、緑-存在あるいは青-存在などの皮膜-色（couleur-enveloppe）や皮膜-空間（espace-enveloppe）よりもいっそう一般的な存在を作り出すことができる。

要するに画家の仕事は、二次元のカンバスの上にできるだけ経験的な視覚に似たものを、幻影を描くことではない。「画家の視力は外部へのまなざしではもはやない、世界との単なる物理-光学的な関係ではない。〔中略〕絵が経験的事物の中の何かと、それが何であれ、関係づけられるのは、つまるところ、絵がまず《自己形象的》（autofiguratif）であるという条件においてである。絵があるものの光景であるのは、いかにして事物が事物となるか、世界が世界となるかを示すために事物の皮を破ることによって、何ものの光景でもなくなることによってである」（*LOE.* 69）。画家は外部の知覚世界やその中の経験的対象を描いているのではなくて、世界を世界として現象させているものを、すなわち見えるものを見えるものにしている見えないものを、見えるものの肉を描いているのである。『眼と精神』が線について述べたことをここで使えば、絵画の描線は見えるものを模倣するのではなくて、見えるようにするのであり、事物の生成の原寸図なのである（*LOE.* 74）。したがって、絵画においては沈黙の存在（Être muet）そのものが自分自身の意味を現しに来るのであるから、具象か抽象かのジレンマは問題にならないとメルロ=ポンティは言う（*LOE.* 87）。具象であると同時に抽象であり、抽象であると同時に具象でもある。

三　観念性と想像力

ここで本質ということを、肉と画家ないしは想像力と関係づけて考えておこう。画家が描くことによって表現しようとしているものは、見えるものを可能にしている見えるものの「本質」としての見えないものである。この本質をメルロ=ポンティは、発生軸（axe générateur）（*LOE.* 72, 75）、発生の原寸図（épure d'une genèse）（*LOE.* 74）、水準（niveau）（*LOE.* 74；*VI.* 198）、次元（dimension）（*VI.* 198）、発生の原理（principe de la genèse）（*LOE.* 75）、密かな働き（soudre opération）（*LOE.* 75）、肉的な能動と受動の系の軸（axes d'un système d'activité et de passivité charnelles）（*LOE.* 76）、構成的空虚（vide constituant）（*LOE.* 76）、存在の分裂（fission de l'Être）（*LOE.* 81）、存在の爆燃（déflagration de l'Être）（*LOE.* 65）、存在（Être）（*OE.* 88；*VI.* 198）などの言葉で表現しているが、この本質を画家は絵画という言語の意味として、観念として絵によって表そうとしているのである。画家は見えるものの沈黙の存在（*LOE.* 87）とその「存在の小枝である奥行き、色、形、線、運動、輪郭、相貌」（*LOE.* 88）を描き出そうと苦闘し続けてきたのである。しかしこの沈黙の存在とその小枝はどのようにして語られるようになるのか、絵画の意味・観念となることができるのか。ここで注目すべきことは、メルロ=ポンティが観念の観念性をフッサールの事物の自由な想像的変容による本質直観に基づいて捉えようとしていることである。「言葉（parole）なしに形相的変容はないということを示すこと。そのことを、形相的変容の支えが想像的なものであることと想像的なものの支えが言葉であることから示すこと」（*VI.* 290）。画家は見えるものを想像力によってさまざまに変容することによって、見えるものをまさしく見えるものとしているを、その変容を通して一貫して変わらないものとして、本質として、観念として、その見えるものの意味として取り出すのである。というのも、「見えるものの特性は、〔中略〕汲み尽くせない深さの表層であることである」からである（*VI.* 188; Cf. *VI.* 182）。また他方、最初の見ることと同時に、その後決して閉じられることがなく、それ以降他のすべての経験がそこに照らして測られるある次元が、ある水準が開設されるが、「観念とはその水準であり、その次元である」。それは「この世界の見えないものであり、この世界に住み込み、この世界を支え、この世界を見えるようにしている見えないものであり、この世界の内的で固有の可能性であり、存在者の存在である」（*VI.* 198）。したがって、「つまるところ、見えるものの特性とは、それが一定の不在として現前させている厳密な意味での見えない裏地を持つということにほかならない」（*LOE.* 85）。不在のものの現前とは想像的なものの定義にほかならないから、メルロ＝ポンティにとって想像的なものとは、イマージュとは、見えるものの裏側であり、裏地であり、サルトルにとってのように、知覚と両立しない知覚の否定態ではない。それゆえに、画家は想像力によって、表層的な見えるものからその裏地である深みへと降りてゆくのである。見えるものに裏地のあることが想像力を可能にしているのであるが、この想像力の遊動空間としての裏地は実は肉と言われるものにほかならない。肉を「存在（Être）の元素」と定義したところで、すぐつけ加えて「一般的なもの（*chose générale*）の意味で、時空的個物と観念との間の途中で、その砕片の見つかったところにはどこでも一つの存在のスタイルを導き入れるある種の受肉した原理。肉はこの意味で存在の元素である」（*VI.* 184）。しかし、いかにして絵画の言語は、あるいはパロールは、この肉の作る想像的なものを遊動空間として利用して、想像的変容を行い、本質に観念に迫ることができるのか。それは言語が本質的に他者の存在を前提しているがゆえに、私の視覚にとっての私の身体にとっての見えるものにすぎない「見えるものの表層的な薄膜」（*VI.* 182）から、この表面下にある私の身体や私の視覚を含む深みへと、見えるものを私以外の他の視覚に対して開かれたものにしているもの（*VI.* 184sq.）へと、他者の視点を取ることによって移動できるからである。

四　肉と他者

言語と観念はその誕生のために我々の他者の経験を必要とする。また、想像的なものも、それが言葉に支えられている以上、他者の経験を前提としている。したがって、他者こそが言語のみならず想像的なものを基礎づけている。メルロ＝ポンティにおいて、他者の経験はいかにして我々に与えられるのだろうか。彼は言う、私の身体と他者の身体との間にも、私の右手と左手との間にある可逆性と同じ可逆性が肉によって保証されていると。私が対象に触っている右手に左手で触ることができるのとちょうど同じように、私の身体は、世界をまさに経験している最中の生き生きした他者の身体を摑むことができる。「もし私の左手が、触知可能なものを触診している右手に触ることができるのなら、触っている最中の右手に触ることができ、右手にその触診を返すことができるのなら、どうして、他者の手に触って、その手のうちに、私が物を触ったとき自分の手のうちに体験する同じ力を触知しないだろうか」（*VI.* 185）。だから、「それのみで考えられうる」（*ibid.*）肉が相互身体性である限りでの相互主観性を我々に保証しているのである。しかも、この相互身体性の創設は可視的世界の肉の昇華とともに、言語の新しい肉の誕生とともに、起こるのである。

メルロ＝ポンティの言によれば、思惟ないしは言語は、知覚の沈黙の世界のうちに、潜勢的なものとして、種子としてすでに含まれているのであり、肉の昇華とともに、すなわち、音声の運動によって生じる可逆性、言い換えると、自分自身を聞くというところに成立する可逆性とともに現実化に向かうのである。さらに、この音声の運動そのものは、他人を前にして生起するのであるが、その他人についての経験そのものもまた、可視的世界の肉の可逆性において我々に与えられるのである。かくして、言語と、その面前で言語が生まれ出る他者の現前とは、直接的であれ間接的であれ、どちらも肉の可逆性のうちに溶融することになる。そのことはつまり、観念のみならず他者もまた、知覚的世界の肉のうちに最初から含まれていることを意味する。知覚の沈黙の世界が他者の身体を包含し相互身体的世界を構成している限りにおいて、可視的世界はすでに言語世界であり、語る世界でなければならない。もしそうでなければ、他者の身体は実在的ではなくて観念的にすぎなかったことになるだろうから。ところが、レヴィナスの教えによれば、とりわけ彼の『全体と無限』ならびに論文「言語と近しさ」によれば[2]、言語やコミュニケーションを可能にする対話者は言語の内部に一つの意味として住み込んでいることはできず、言語の外に言語体系を支えるものとして、観念としてではなく実在的に存在しなければならない。もし相互身体性が肉の可逆性に基礎づけられており、そして、その相互身体性によって可能となる言語が、同じく肉の可逆性に基づく知覚の沈黙の意味を明示的にするのであるならば、その場合、相互身体性と、その相互身体性が言語によって明示化する可視的世界の含意的意味とは、同じ肉の可逆性のうちに最初から織り込まれていることになる。肉の可逆性のうちに最初から暗々裏に含まれていた相互身体性が、同じく肉の可逆性のうちに含意されていた沈黙の意味を言語化することになる。このことはまさしく、対話についてのレヴィナスの教えに反することである。メルロ゠ポンティは他者の存在すなわち相互身体性を、可感なものそれ自体、すなわち自体的に可感なものの持つ根本的なナルシシスム（narcissisme fondamental du Sensible en soi）によって説明するけれども、にもかかわらず、まさしく肉そのものにほかならないこの自体的に可感なものについていかなる解明も行ってはいない。

五　アンリにおける肉と芸術

見えないものも肉（chair）もアンリの存在論の主要概念である。見えないものの現れの問題こそ彼の最初の著作『顕現の本質』の根本問題であったし、肉の概念は彼の初期の身体論を受け継ぎ完成させる形で、彼のキリスト教の現象学的解釈『私は真理である』とともに登場し、最後の著作『受肉』においてさらに彫琢される。ここでは、アンリの見えないものと肉の概念と、メルロ＝ポンティの見えないものと肉の概念との簡単な比較を行い、そこからアンリとメルロ＝ポンティの芸術についての考え方の違いを明らかにしたい。

アンリが『見えないものを見る』(3)でカンディンスキーを題材にとって展開した抽象絵画論から始めよう。まず、カンディンスキーの言う抽象とは、世界の見えるものの諸対象から、それらすべてに共通する要素を、例えばキュビスムにとっての立体のように、取り出すことではない。また、共通の要素の抽出として理解された抽象の立場をさらに進めて、モンドリアンやマレーヴィチがするように、知覚世界を、世界そのものの現象性にまで、すなわち見えるものが現出するための条件となっている純粋な空間性にまで還元することでもない。カンディンスキーの意味する抽象は、外部知覚世界内で機能している抽象ではなくて、絵画の意味を、見えるものである限りでの外部知覚世界から別のところに移し変えるところに成立する。カンディンスキーの抽象は、絵画の意味を外部知覚世界に関係づけるいっさいの指示関係を断ち切って、絵画の意味を外部知覚世界から引き抜き、宙吊りにするところにある。例えば具象画を横にして眺めることによって、絵画は見慣れた知覚対象との意味連関を失ってしまい、知覚対象を表象するものとしては機能しなくなる（*K.* § Ce que veut dire “abstrait” dans l’expression “peinture abstraite”）。

カンディンスキーの抽象を実施して、絵画から、あるいはさらに一般的に言って知覚の世界において現れている見えるものから、それの持つ外部知覚世界とのいっさいの意味連関を括弧に入れて働かなくしてしまい、見えているものを言わば何の偏見もなくそれ自体として眺めるならば、そこに何が見えてくるのか、何も見えないのか、すなわち、見えているものはまだなお何らかの意味を持つものとして現れてくるのか。まず、見えているものが、世界の中のある対象を表現していると理解される限りでの意味はすべて失われる。見えているものの線や形や色は、その意味を、外部世界を参照してそこから借りてくることはできなくなる。世界はそれら線や形や色の解釈モデルを提供することを止めることになる。例えば、リンゴの形はもはやリンゴに従属して理解される「リンゴの」形ではなくなる。また、色は、ある知覚対象の性質を表す色ではなくなる。リンゴの赤はリンゴから独立して、赤そのものとして現れる（K. § La forme, §La forme picturale pure)。

カンディンスキーの抽象を実行することによって、見えるものからいっさいの外部知覚世界への指示関係を剝ぎ取ってしまっても、線そのものが、色そのものが、形そのものが残る。しかもそれら、カンディンスキーが「絵画的形式（forme picturale）」と呼ぶ線や形や色は、それらが通常外部世界を参照することによって得ている意味を失っても、依然としてまだ何かを意味し続けるのである。例えば、音楽のメロディがそうである。ダンスがそうである。音楽において音はもはや、汽笛の音や風の音や、小川のせせらぎのような外部世界に存在するものに対応してはいない。また、ダンスにおける身体の運動は、この世界で因果的な変化を引き起こすことによって目的を達成することを目指すような、我々が通常払う実践的関心によっては支配されていない。ヴァレリーが言うように、歩行とダンスとは、日常会話と詩歌ほどの違いがある。音楽の音もダンスの身振りも、外部世界との関係から自由になったまさにそのことによって、別の独自の意味を獲得しているのである。ベルクソンの言葉で言えば、カンディンスキーの抽象とは、知覚の持つ本来的に実践的関心から、生への注意から、意識を解き放ち、持続のうちに戻ることである。実際ベルクソンは、持続の直観のうちに生きることによって宇宙の生成の絶えざる創造の変化を具現することが芸術の本質であると考えた(4)。

外部知覚世界を意味のモデルとして参照しなくなったカンディンスキーの純粋な絵画的形式は何を意味するのか。色そのもの、線描そのもの、形そのもの、運動そのものとしての抽象的形式が、カンディンスキーの絵画や芸術の内容をなすのであるが、この内容の盛る意味は何であるのか。その意味は表象的ではなくて、情感的である。音楽において端的に表れるように感情の意味である（*VIK.* § La forme abstraite : la théorie des éléments）。例えば、赤という色は、もはや知覚対象との連関を断たれリンゴの赤という意味を失い、赤そのものとして現れる。しかし、さらに重要なことは、そのときその赤はもはや視覚に現れる表象的直観としての赤い色でもありえない。そのとき赤は、もはや色ではなくて、ある種の感情として、ある温かさや優しさ、情熱として感じられる。赤はもはや赤い色として見られるのでなくて、ある情緒として感じられるのである（*K.* § Des couleurs invisibles）。線描や形も、もはや視覚的性質を持つものとしては現れず、ある種の独特の感情の調性として感じ取られる。例えば、丸は、とりわけ黒丸は、力が一点に凝縮した状態にある静止を感じさせる。ピリオドが文章の終わりに使われるのは、単なる約束上の記号である前に、黒丸が静止した力という感情的な意味を持つからである（*K.* § Le point）。直線は、力の一方向への作用として運動を表す。それも、直線が運動を記号として指し示しているからではなくて、すなわち直線が通過した運動の軌跡を表しているからではなくて、直線が、それを見ている我々に力の感情を感じさせるからである（*K.* § La ligne）。

外部知覚世界に参照のモデルを求めることのできなくなった抽象的形式は、その視覚的表象的意味を失うと同時に、感情としての意味を獲得する。見られるのではなくて感情において感受されるのである。カンディンスキーは、知覚世界の外部性に対して、生命を対置して、それを内面性と呼び、抽象絵画の内容の意味である感情の源泉をその内面性である生命に求めた。したがって、抽象絵画が意味するものは生命そのものである。しかも、抽象絵画は、内面性である生命を表現するのではないのである。いわゆる具象芸術が外部自然を模倣し表象するのに対して、抽象絵画は内面性である生命を表現する点で異なるのではない。抽象絵画はすでに芸術とは独立の存在する内面的な生命を外に表現するのではない。抽象芸術は、そしてカンディンスキーによればすべての芸術はその本質において生命にその意味を汲んでいるから、すべての芸術は、もっと美しいものを見、もっと美しい音を聞いて感動するためにこれまで経験したことのなかった感情を作り出すことによって生命をより豊かにすることを目指している。芸術における創造は、新しい感情の創出によるより豊かな生命の創造を意味している。

六　原印象と肉

芸術における新しい感情の創出がなぜ生命の新しい展開となるのか、生命の自己創出となるのか。このことを考えるために、これまで見てきたカンディンスキーの抽象の意味を、現象学の還元に関係づけて考察し直してみよう。内的時間意識において、意識の横断的志向性によって、いわゆる内在的内容が構成される。この内在的内容をヒュレーとして、それに統握作用が働き、その結果、対象が、現実の知覚対象が問題であれば、実在的なものとして、絵画など芸術作品が問題であれば、想像的なものとして、措定される。カンディンスキーの抽象は、この統握作用による措定を中断して控えることにあると考えることができる。そうすると、過去把持や未来予持によって構成される内在的内容としての、音や色や線などの感覚は、知覚世界への関与を失うことになる。音はもはや汽笛の音という意味を持つことはない。それでは、世界との関係を断たれた内在的内容のままの感覚が、情感的な情調としての意味を獲得するという事実は、言い換えれば、カンディンスキーの言う内的生命へと送付され、帰還を果たすということの事実は、現象学的にはどのように説明されるのだろうか。それは、内在的内容が原印象にまで送り戻されることによってである。アンリの実質的現象学に基づく解釈によれば、根源的創造であり、自発的発生である原印象こそ実在であって、それの変容にすぎない意識や間隔は、その実在である原印象が時間化である表象作用において、非実在的なものに、観念的なものに変質していく過程そのものにほかならない。したがって、フッサールの詳細をきわめた美しい時間分析は、実は、実在そのものの記述ではなくて、いかにして実在的なものが実在性を失い色あせていくかを丹念に記述したことになる（*INC.* §9）。

原印象こそ実在であり、真の現象学の為すべきことは、色あせてゆく実在を記述することではなくて、いかにして原印象が到来するのか、その様を明らかにするところにある。アンリは、原印象を生命の出来事として、しかも生命の本質を情感性（affectivité）として解明しようと企てる（*PHM.* chap.1；*INC.* §9）。アンリの理解によれば、原印象の現象性すなわち現れの原理は、時間的脱自の超越に基づくのではなくて、内在にある。すなわち、生命が自己自身を根源的受動性において受け取ることを本質とする情感性にある。『受肉』において超越論的情感性と呼ばれる絶対的受容性において、生命は自己自身を受け取り、生命体として、肉として現れる。しかも、その肉の現れは情感としての、快苦としての、喜び、苦しみである限りでの現れである。各瞬間ごとに原生成するとフッサールが述べる原印象は、生命が肉として生まれることにほかならない。生命の肉としての誕生は情感性において実現されるから、肉の現れは情感として現れることにほかならない（*INC.* §22, §23）。肉、それは直接的には生命個体の現れを意味するが、このような肉を、アンリは、メーヌ・ド・ビランの意志された努力のうちに定義された身体と重ねることによって、さらに詳しく展開する。（*INC.* §28）

ビランにおいて身体は、意志として、力として理解された自我がその意志された努力を展開するときその努力に必要不可欠な抵抗として、まず、有機的抵抗として考えられた。有機的抵抗は正しく生き生きした抵抗として、我々の意志に従い意志を実現する身体の諸能力の現象学的記述にほかならない。この有機的抵抗としての身体の自由な運動を凌駕する抵抗が絶対的抵抗としての物体としての身体であり、さらに、何よりも我々の意志から独立した外部物質世界としての自然である。アンリが原印象を肉として理解するとき、肉の概念で捉えられているものは、これら全体である。まず、我々各人の事実的な身体能力すべてを可能にしている根本の経験「私はできる」がある。と同時に、ここの身体能力の事実的展開として努力の感情があり、この感情は有機的抵抗としてのいわゆる私の身体についての経験を私に与える。さらに、自由な努力の展開と同じ意味である有機的抵抗に屈しない新たな絶対的抵抗が、この有機的抵抗の、したがって生き生きした力である意志の限界として立ち現れる。それはまず、私の意志の思うままにならない私自身の身体の部分であり、他方、私の自由な意志の展開に従順に従う意志的運動が遭遇する絶対的、死せる抵抗としての物質であり、外部世界である。アンリが原印象を生命の根源的創造として情感性において理解するとき、これら三つの現象学的要素がすべて含まれている。

七　肉と他者

もう一つ大きな問題が残されている。生命は超越論的情感性と呼ばれる根源的受動性のうちに自分自身を受け取って、快苦の情感性のうちに肉として生まれる、現れる。この場合の生命は、肉は、個々の肉として、何よりも私の存在そのものを意味している。したがって、肉の情感性における現れは、「我あり」そのものであり、肉の快苦の情感性は、そのまま、我思うである。根源的な我思うとは、苦しみであり、喜びそのもののことである。ところで、肉である私の存在は、私の生命が、私が、自己自身を根源的受動性において受け取るところに成立する。この根源的受動性の意味をアンリはさらに考える。私は自分自身を根源的受動性において受け取ることにおいて、情感性のうちに、自分の存在を見いだす。その際、受動性が絶対的であるとは、その自分自身を受け取る働きがいかなる意味においても私自身によらないからである。それではどうして私は自分自身を、自分の存在を肉として受け取ることができるのか。それは、第一に、アンリが大文字で表す生命が、あるいは神が、自分自身を自分に与えるという強い意味での自己触発の運動において、成立しているからである（*PM*. III, 2; *CMV*. 6; *INC*. §34）。この大文字の生命の、強い意味での自己触発もまた、肉を産み出す。それが受肉、キリストとしての受肉である。肉は同時に根源的自我の生成を意味するから、この根源的肉としてのキリストの顕現は、神そのものの言葉としての顕現にほかならない。いずれにしろ、個々の生命を産み出す生命そのものが自己を自己に与えて受け取るという自己触発の上に成り立っているのであり、個々の生命は、この自己触発の運動に運ばれて、その大きな運動の中で、自分自身を受け取るという弱い意味での自己触発を遂行させられるのである。その意味で個々の生命にとって存在はまず、被るものであり、その意味で根源的受動性としての情感性をその本質とするのである。

このような意味での根源的受動性において、私は自己自身を私の生命として被り私は存在するから、私の肉の諸能力の根本にある「私はできる」という根源的力も、私の存在と同じく、またそれと同時に、根源受動性において与えられる。すなわち、一度肉の諸能力が「私はできる」という仕方で、私の諸能力のうちに与えられ、それらが私の所有のうちに入るならば、私はその力を自由な意志として行使することができる。しかしながら、その根源的力、「私はできる」を、自分自身に与えるのは、もはや、私の力ではない。それは、根源受動性のうちに、私を超えた大文字の生命の強い自己触発の運動に巻き込まれ、その運動の力で私のうちにもたらされるのである。私自身の力の所有が私自身によらないことは、その力が私に与えられる、あるいは、私がその力を所有するその仕方に現れている。その与えられ方、所有の仕方も、根源的である限り、情感性のうちに現れるのであるが、その根源的な力の我々のうちでの根源的な現れこそ、キルケゴールが不安の感情として記述したものにほかならないとアンリは、考える。

私の身体の根本的な力にほかならない「私はできる」を、私は、生命の強い自己触発の内部で初めて可能となっている弱い自己触発において、その意味で絶対的受動性において受け取る。その絶対的受動性における絶対的受容において私個人の生命と私の自己とが成り立っている。この弱い自己触発における根源的受動性が私の「私はできる」を与えるものである限り、私はこの「私はできる」に対して、まったくの無力であるしかない。私の「私はできる」は、自分の「私はできる」そのものを自分に与えることもできなければ、また、それを拒否して押し戻すこともできない。この意味で根源的受動性は、私の努力に、すなわち「私はできる」に対抗する外部世界の絶対的抵抗に直面したときに私が経験する受動性とは、根本的に異なるのである。根源的受動性における「私はできる」の情それ自身との関係は肉としての情感性の一様態である不安にほかならない。根源的受動性に規定された超越論的情感性の自己関係の一様態として「私はできる」の不安がある。この意味で、不安は、他の苦しみと喜びと並んで、超越論的情感性の三基本様態をなす。様態として不安と苦しみと喜びがあると考えることができる。

情感性を規定している絶対的受動性の意味を通して、私は、弱い自己触発において私の存在を決定している強い自己触発の存在を情感的に知る。すなわち、私の生命の外部に私の生命を可能にしている別の生命のあることを知る。しかし、それだけでは、私と同じような生命個体として他者が存在することの経験を私が持っていることにはならない。個体としての他者が問題となるとき現れるのは、有機的抵抗としての私の身体の極限に見いだされる絶対的抵抗としての他者である。一般的に絶対的抵抗に対しては私の力は、外的物体に対してそうであるように、受動として経験される。しかしながら他の生命体に対しては、とりわけ他者に対しては、私は能動と受動の二つの力の様態を経験しうる。このことは肌の現象において象徴的に見ることができる。肌は、アンリの定義では次のようになる（*INC.* §31）。私の根源的身体である力に従順な有機的抵抗としての身体は、その力に対する従順さが極限のゼロになるところでは、物体的身体として経験されるが、この物体的身体は絶対的抵抗として本質的には外部物体世界と同じである。しかし、このとき、有機的抵抗が絶対的抵抗に変わるちょうどそのとき、言い換えると、私の行使している力の経験で言えば能動から受動に変わるちょうどそのとき、その両方の境目に肌が出現する。肌の経験においては、力は能動と受動とが釣り合った状態で見いだされる。すなわち、感じるものであると同時に感じられるものとして現れる。他者の肌は愛撫においてそうであるように、感じられるものであると同時に感じるものである。他者の身体はエロチスムの経験において能動と受動との両方において現れる。有機的抵抗としての身体の定義によれば、能動性こそがその限界において受動的となりうる。言い換えると、感じるものだけが感じられるものでありうる。「私はできる」という存在だけが肌を持ち、能動と受動を自己の様態として持ちうる。他者とは私と別の「私はできる」である。私はその他者を、その他者の「私はできる」を、エロチスムにおいて能動と受動において経験する。しかしながら、他者を、他者のその「私はできる」その同じものにおいて経験しない限り、すなわち他者の「私はできる」を情感性の絶対的受動性において、他者自身が経験している同じ仕方で感受しない限り、真に他者を経験したことにならない。そして、この意味での厳密な他者経験は、アンリにとっても不可能である（*INC.* §41）。しかしこの不可能性は、アンリの場合、情感性の絶対的受動性を通して、絶対的な他性を生命として把握した後の不可能性であるから、その意味についてはさらに検討しなければならないだろう。

注

（1） 本論考で使用するメルロ＝ポンティからの引用文献の省略記号は以下の通り。

VI.: *Le visible et l'invisible*, Gallimard, 1964.

LOE.: *L'oeil et l'esprit*, Gallimard, 1979.

（2） Emmanuel Lévinas, “Séparation et Discours,” “Visage et étique,” *Totalité et Infini*, Martinus Nijhoff, 1966; “Langage et proximité,” *En découvrant l'existence avec Husserl et Heidegger*, J. Vrin, 1974.

（3） 本論考で引用するアンリの著作の略記号は以下の通り。

K.: *Voir l'invisible — sur Kandinsky*, Editions Francois Bourin, 1988.

PHM.: *Phénoménologie matérielle*, Presses Universitaires de France, 1990.

CMV.: *C'est Moi La Vérité*, Editions du Seuil, 1996.

INC.: *Incarnation*, Editions du Seuil, 2000.

（4） Henri Bergson, “La pensée et le mouvant,” *Œuvre*, Presses Universitaires de France, 1963, pp. 1344sq., 1386sq., 1392.

おわりに

本書は、拙著『感情の自然』（法政大学出版局、一九九三年）で、ほとんど論じることができなかった行為の問題を取り上げる。『感情の自然』では、表象から感情への存在論的移行を基礎づけることが仕事の中心となり、感情と行為との関係についての立ち入った考察は、ただ、表象の本質である時間化作用というきわめて限定された超越の作用と感情との関係に限られていた。

考察の端緒となったのは、言葉を行為として考察し直すことであった。しかしこのことが、いわゆる言語行為論の立場を取ることではないことは本書「はじめに」にすでに述べた通りである。声を発するという行為のうちに言葉の意味の源泉を探ることが目的であった。パリで同じ時期に留学生活を送っていた横浜市立大学教授の言語学者大野晃彦も言語学の立場から同じようなことを構想していて、一九九三年の秋、京都で久しぶりに話し込み、詩や小説の創造的言語を行為的言語として解明するという彼の企てに心底共鳴したことを今でもはっきりと覚えている。大野君はその後ほとんど失明するという不幸に見舞われながらも研究を続け、近々、その成果をまとめて世に問おうとしている。彼の存在は、本書の企画の初めから終わりまでのこの一〇年間と切り離すことができない。

行為のうちに言語の意味を探るという研究に着手したとき、私が将来の書物の表題として思い描いていたのは、『ピアニストの形而上学』というものであった。ピアノを弾くというピアニストの行為を意味発生のモデルとして考えようとしたが、本書においてはまだこの表題に値する内容にまでは至っていない。しかしながら、本書の「第

Ⅲ部」において、アンリの生命に基づく共同体や西田の行為的直観、さらにはレヴィナスの他者論を考察の視野に入れえたことで、展望を開くことができたと思っている。この次の書の一つでは、この表題の下に音楽をモデルにした言語論を、したがってある意味での芸術論を扱いたいと今から楽しい夢を見ている。ピアニストを意味発生のモデルにするという着想は、古新薫《こにい》先生との出会いに負っている。私のピアノが上達しないのは私のせいで、古新先生には多くのことを教えていただいた。とりわけ、ピアニストが音を作ることで意味を紡ぎだす過程や、ピアニストが教育によって獲得してきたと思われる、言葉で表現される意味（演奏に関する表現上の指示）を音楽的意味創造の行為に翻訳する機構の存在などを垣間見たことは大きい。

本書は、最初、第Ⅰ部と第Ⅱ部までを一冊の本として一九九九年に出版する予定であったが、諸般の事情でのびのびになっていたところ、萌書房から勧誘があり、それ以降の三年間の研究成果を第Ⅲ部として付け加えて、本書の体裁で刊行することになった。そういう事情も、第Ⅲ部の内容に第Ⅰ部第Ⅱ部とのいくらかの重複のあることの理由の一つとなっている。しかし本質的には、第Ⅰ部第Ⅱ部の議論を取り直し、その上で新たな議論を展開するという第Ⅲ部の論理構成上の問題が要請している重複であり、程度の差はあれ、避けがたい性格のものである。

本書の第一章、第二章、第三章、第四章、第十一章、第十二章、第十三章、第十四章は、すでに発表したものに、本書全体の調和を考慮して、削除ないしは加筆訂正を施した。初出は以下の通りである。

第一章　「コギトの声・現前する反復」『待兼山論叢』第二七号、大阪大学文学会、一九九三年
第二章　「声と生き生きした力」『現象学年報』第一〇号、日本現象学会、一九九五年
第三章　「時間意識と行為（キネステーゼ）」『カルテシアーナ』第一三号、大阪大学文学部哲学哲学史第一講座、一九九五年

第四章　「アンリの身体論——内在の概念とキネステーゼ——」京都大学哲学論叢刊行会編『哲学論叢』第二三号、一九九六年
第十一章　「生き生きした現在の幸福な生」『思想』第九一六号（特集現象学の一〇〇年）岩波書店、二〇〇〇年
第十二章　「生き生きした現在の傷つきやすさ」『媒体性の現象学』青土社、二〇〇二年
第十三章　「西田哲学における行為的自己とフランス哲学における自我と他者」『哲学研究』第五七四号、京都哲学会、二〇〇二年
第十四章　「現象学の形而上学化と他者の問題」『現象学年報』第一八号、日本現象学会、二〇〇二年

最後に、本書の出版に際してお世話になった方々に謝意を表したい。まず、同志社大学文学部助教授の庭田茂吉氏に。『現象学と見えないもの——ミシェル・アンリの「生の哲学」のために——』（晃洋書房、二〇〇一年）の著者である氏は、この書の出版に関心を持たれ、萌書房を紹介していただいた。また原稿の整理に関して、大阪大学大学院文学研究科後期課程の冨岡基子さんに、パリ社会科学高等研究院への留学前の多忙な時間を割いていただいた。校正と索引作成に関しては、岩崎陽子さんの助けを得た。美学の分野でメルロ＝ポンティを研究され大阪大学で学位を取得された岩崎さんには、本書の内容についても有益な助言を得た。萌書房の白石徳浩氏には、本書の出版を快くお引き受けいただいた。氏の督励がなかったら、この書が世に出るのはずいぶんと遅くなったことだろう。

なお、この書は、平成一五年度科学研究費補助金（研究成果公開促進費）課題番号一五五〇〇四を受けて出版された。

二〇〇三年秋

山形　頼洋

索　引

サ　行

*

タ　行

＊

ナ・ハ　行

*

マ　行

*

ヤ・ラ・ワ　行

■著者略歴
山形 頼洋（やまがた　よりひろ）
宮崎県に生まれる
1971年　京都大学大学院文学研究科博士課程単位取得退学
1973年　大阪外国語大学専任講師
1981年　大阪大学文学部助教授，同教授を経て
2003年　10月より同志社大学文学部教授

主要著作

『感情の自然』（法政大学出版局，1993年），アンリ『精神分析の系譜——失われた始源』（共訳：法政大学出版局，1993年），*Sprache und Pathos*, Alber Philosophie, 2001（共著），*Michel Henry, L'Epreuve de la vie*, Les Editions du Cerf, 2000（共著），*Self-Awareness, Temporality, and Alterity*, Kluwer Academic, 1998（共著）他多数。

声と運動と他者——情感性と言語の問題——

2004年２月10日　初版第１刷発行

著　者　山形頼洋
発行者　白石徳浩
発行所　萌《きざす》書房
〒630-1242　奈良市大柳生町3619-1
TEL（0742）93-2234 / FAX 93-2235
[URL] http://www3.kcn.ne.jp/~kizasu-s
振替　00940-7-53629
印刷・製本　共同印刷工業・藤沢製本

ISBN4-86065-7-7